교리학교 시리즈

참된 나를 찾아가는
하이델베르크 신앙교육서 1-21문

# 유일한 위로
Only comfort

교리학교 시리즈

Only comfort

# 유일한 위로

양신혜 지음

참된 나를 찾아가는
하이델베르크 신앙교육서 1-21문

크리스천 르네상스

머리말

나를 찾는 여정에서 만난
## 하이델베르크 신앙교육서

 독일은 낯선 땅이었습니다. 하지만 그곳은 '신학생'이라는 선입견, '모범생'이라는 꼬리표가 뒤늦게 찾아온 방황의 틈바구니에서 찾은 탈출구였습니다. 독일 베를린 후배 집에서 맞이한 아침, 창문 너머로 들려오던 청량한 새소리는 일종의 '해방감'을 선물로 주었습니다. 베를린 신학대학 건물 앞에 펼쳐진 풍경은 마치 로마제국의 위엄을 재현하듯 위풍당당했습니다. 안개 사이로 희뿌연 건물은 황홀하기만 했습니다. 계단을 오르내릴 때 나는 덜컹거리는 소리조차 그 시절엔 낭만으로 다가왔습니다. '진짜 나'를 찾아가는 길, 그 길목에서 독일은 참된 그리스도인의 삶이 무엇인지를 알려주었습니다. 이후로 '독일'이라는 말만 들어도 가슴이 따뜻하고 포근해집니다.

 '나'를 찾아 떠난 여정에서 참여했던 개혁교회의 예배는 낯설고도 신선했습니다. 우연처럼 보이지만, 하나님 안에서 '우연'이 없다는 자명한 진리 앞에서 다시 한번 감탄하였습니다. 베를린 도심의 한 개혁교회 예배당에서 '우연히' 참여하게 된 예배에서, 설교나

베를린 훔볼트대학 신학대학(위)과 신학대학 안에서 바라본 전경(아래)

예배 음악이 아닌 예배 순서가 마음에 파동을 일으켰습니다.

예배 순서에 신학이 담겨있다니!

이 탄성이 개혁교회와 신학으로 저를 이끌었습니다. 그제야 신학생의 손에 들려있던 두꺼운 책이 눈에 들어옵니다. 예배 모범과 신앙고백서, 교리교육서를 담은 책이었습니다. 독일 신학대학이 학문을 넘어 '교회를 위한 신학'을 추구하고 있음을 보여주었습니다. 그리고 그 신학은 가정에서 꽃을 피웠습니다. 아침 식사 후 하나님의 말씀을 읽으신 아버지는 지구 반대편에서 온 저를 보며 이렇게 말씀하셨습니다.

하나님께서 주신 영과 육의 양식을 먹어야지요.

그 음성에서 하이델베르크 신앙교육서 1문이 가슴으로 파고들었습니다: "몸과 영혼을 가진 나는 나의 것이 아니라 구원자 예수 그리스도의 것입니다." 이 교리가 단지 머리로 이해하는 사변이 아니라, 그리스도인의 정체성이자 삶이라는 사실에 전율이 일어났습니다. 그 기쁨을 나누고 싶었습니다.

독일에서 느꼈던 기쁨을 이 책에 담았습니다. 제가 그랬던 것처럼 '참된 나'를 즐거이 찾아가시길 기도합니다.

2025년 8월, 교리학교에서
양신혜

**목차**

| 머리말 | 나를 찾는 여정에서 만난
하이델베르크 신앙교육서 — 5

**1부
그리스도인인 나 : 자아 정체성**

| 서론 | 나를 잃은 시대 — 13
| 피조물인 나 | 영혼을 가진 나 — 22
몸을 가진 나 — 36
| 그리스도인인 나 | 그리스도의 것 — 50
구원자, 예수 그리스도 — 68
파수꾼, 예수 그리스도 — 83
성령, 예수 그리스도의 영 — 98

## 2부
# 그리스도와 연합한 나 : 실제적 적용

| 서론 | 자존감 회복 프로젝트 — 113
| 3-5문 | 자기 인식 — 125
| 6-8문 | 죄인인 나 (1) — 143
| 8-11문 | 죄인인 나 (2) — 162
| 12-18문 | 화해의 길 — 181
| 19문 | 신앙 고백의 기둥, 성경 — 200
| 20-21문 | 신앙 고백의 기둥, 참된 믿음 — 226

## 부록
# 하이델베르크 신앙교육서

왜 여전히 읽어야 하는가 — 247

어떻게 작성되었나 — 254

왜 작성하였나 — 267

어떤 구조인가 — 269

어떻게 교회에 적용되었는가 — 278

1부

# 그리스도인인 나:
# 자아 정체성

## 서론

## 나를 잃은 시대

근대사회가 남긴 역사적 족적은 '나'의 발견입니다. '하나님' 중심에서 '내' 중심으로 세상을 바라보기 시작했습니다. 인간이 세상의 중심이 되는 '코페르니쿠스의 전환'을 맞이했던 것이지요. 사고의 전환으로 세상이 변했습니다. 이제는 하나님께서 우리에게 보여주신 진리를 발견하는 것이 아니라, 적극적으로 진리를 만들어 내기 시작하였습니다. 하나님이 '나'를 만들었다는 사유의 대전제가 무너졌습니다.[1] 그후로부터 초월적 존재에 의한 삶이 아니라, '우연'이 만들어 준 삶을 살아가게 되었습니다. 삶의 시작과 마지막이 사라진 세상에서 '나'라는 존재만 확실할 뿐입니다. 그래서 오늘의 우리는 나를 드러내며 살아갑니다. 소위 '자기 피알(PR)의 시대'를 살아갑니다.

그런데 '나'를 드러내는 시대에 오히려 내가 누군지 모른다고

---

1   칼빈의 『제네바 신앙교육서』 1문에서는 인간 삶의 제일 된 목적을 인간을 창조하신 하나님을 아는 것이라고 하며, 『웨스트민스터 대·소교리문답』 1문에서는 하나님이 인간을 만든 목적을 '하나님을 영화롭게 하는 것과 영원토록 그를 즐거워하는 것이라고 합니다.

합니다. 심지어 나를 잃어버리는 병을 앓기도 합니다. 타인을 거부합니다. 대중이 두렵습니다(대인기피증). 더 이상 연예인이 자기의 일을 지속할 수 없습니다. 대중이 나를 두렵게 하거나 불안하게 만듭니다(공황장애). 지금은 연예인만이 아닙니다. 나를 드러내는 시대에 아이러니하게도 나를 숨기며 살아갑니다. 얼굴 없는 관계를 만들어갑니다(SNS). 세상은 넓어졌지만 나의 자리는 좁아졌습니다. 역설의 세상에서 우울증을 앓습니다. 왜 이렇게 되었을까요? 참된 '나'의 자리가 사라졌기 때문입니다. 나의 자리는 사라지고, '너'(대중)의 취향에 맞추어진 '나'만 남아 있기 때문입니다.[2] 절대적 하나님께 이어진 끈을 놓고 자아를 찾아 떠난 우리는 오히려 '나'를 잃어버렸습니다. 이젠 참된 자아를 찾아야 합니다.

## 자아 정체성

하이데거(Martin Heidegger, 1889-1976)는 인간을 세상에 던져진 존재(Geworfenheit-게보르펜하이트, 피투성)라고 정의했습니다.[3] 이 세상 안에서 살아가는 존재라는 의미입니다(In-der-Welt-Sein). 인간은 이 세상에서 주어진 시간을 살아갑니다. '지금'이라는 시간과 '여기'라는 공간은 '내'가 선택하지 않았습니다. '우연'의 결과일 뿐입니다. 이 땅에서 '나'는 삶의 주체로서 주어진 '지금'을 살아갈 뿐입니다. 그렇다면 지금 여기에 존재하는 '나'는 누구일까요? 이 물음의 포문을 연 철학자는 데카르트(René Descartes, 1596-1650)입니다. "나는 생각한다. 고로 나는 존재한다."(cogito, ergo sum)라는 명언을 남겼습니다. 그는 존재의 근거

---

2  정혜신, 『당신이 옳다』 (서울: 해냄, 2018), 37.
3  하이데거는 그의 책 『존재와 시간』(Sein und Zeit)에서 정의한 것입니다.

를 사유에서 찾았습니다. 그는 '내'가 사유의 주체임을 주장하였습니다. 데카르트의 발견은 인간에게 황금빛 찬란한 미래를 만들어 주었습니다. 하지만 평화로운 주일 아침에 지진이 교회를 덮치자, 인간은 무릎을 꿇었습니다(리스본 지진, 1755). 인간의 가벼움과 연약함에 절망합니다. 더 나아가 도덕적 판단의 척도인 이성이 욕망의 덫에 걸려 넘어졌습니다. 이성이 낳은 최고의 정점에서 인간은 세계대전을 일으켰습니다(제1, 2차 세계대전). 이웃을 향해 총부리를 겨누는 양심에 절망했습니다.

  이 절망으로 인간은 마음에서 일어나는 욕구의 근원을 탐구하기 시작했습니다. 이 주제로 심리학의 문을 연 사람이 지크문트 프로이트(Sigmund Freud, 1856-1939)입니다. 그는 '자아'(에고, ego)를 '이드'(id)와 초자아(super-ego)를 중재하는 그 무엇으로 정의하였습니다. '이드'(id)는 외부의 위험에 본능적으로 반응하는 반면, 초자아는 양심이 느끼는 도덕적 감정, 인간의 가치를 실현하기 위한 절제를 담당합니다. 이후, 에릭 에릭슨(Erik Homburger Erikson, 1902~1994)은 자아 정체성(self-identity)의 '형성 과정'에 주목했습니다. 그는 인간의 자아 정체성이 고정된 것이 아니라, 시간의 흐름과 환경에 따라서 변화하며, 객관적 자아와 또 하나의 자아(주관적 사유와 가치)가 서로 영향을 주고받는 과정 속에서 형성된다고 보았습니다. 이러한 변화의 과정이 오늘의 나를 만들고, 미래의 나는 변화의 가능성을 가지게 합니다.

이러한 사유와 변화를 따라, '나'가 어떻게 형성되고 발전해 나가는지 그 과정을 살펴보고자 합니다.

  (1) 우선, 인간에게는 객관적 자아와 또 하나의 주관적 또는 초월적 자아가 존재한다고 합니다. 객관적 자아는 일상생활에서 사회적 관계와 타인의 시선을 통해서 형성됩니다. 반면에 주관적

자아는 삶이 위기에 직면하게 될 때, 특히 두려움이나 불안이 밀려올 때 그동안 외면한 내면의 '낯선 나'를 직면하게 됩니다. 예를 들면 죽음이 나를 덮친다는 생각만 해도 금새 두려워집니다. 살아있음과 반대되는 죽음 앞에서 인간은 왜 두려움을 느끼는 걸까요? 이러한 죽음에 대한 두려움은 태어나면서부터 마주하는 원초적 감정입니다. 아마도 텅 빈 세상에 홀로 서서 감당해야 할 삶의 무게가 그 이유일 것입니다. 이 세상에 던져진 '나'는 오롯이 홀로 선택의 결단을 내리는 운명을 짊어집니다. 이 '맡겨짐'은 한편으로 권태감을, 다른 한편으로는 불안감을 안겨줍니다. 이것은 마치 배우가 무대에서 홀로 연기할 때 느끼는 부담감과 관객이 극의 결말을 알지 못해 느끼는 불안감 같습니다. 그러나 인간은 이 원초적 불안과 권태를 자기와 닮은 자녀를 통해서 극복합니다. 부모와 자녀는 '내가 너이고, 네가 나'라는 관계를 공유함으로써 나의 한정된 시간이 미래로 확장되며 불안을 극복할 수 있는 기반이 마련됩니다. 결국, 나의 자아 정체성이 자녀의 자아 정체성으로 확장됩니다. 이 연속적인 자아 정체성이 죽음의 원초적 두려움과 삶의 불안을 이겨내게 합니다.

　(2) '나'는 시간의 변화에 따라서 달라집니다. 어린 시절의 사진 한 장을 꺼내 봅시다. 사진 속에 나를 찾으면 금방 찾을 수 있습니다. 사진 속의 나는 지금의 나와 다름에도 불구하고, 나를 찾을 수 있습니다. 과거의 나와 현재의 나는 분명 다릅니다. 키도 커졌고 몸무게도 늘었습니다. 몸집도 커졌습니다. 하지만 '과거'의 나는 '현재'의 나와 '동일'합니다. 이 동일성이 과거의 사진에서 나를 찾을 수 있게 한 것이지요. 과거의 나와 현재의 나가 '동일하다'라고 규정하는 것이 자아 정체성입니다. 과거의 '나'와 현재의 '나'가 총체적으로 내일의 '나'를 만들어 갑니다. 시간과 공간을 넘어서

'나'를 인지하는 연속적인 의식이 자아 정체성의 본질입니다. 현재의 '나'가 미래의 '나'로 이어진다는 믿음에서 자본주의 경제 시스템이 성립됩니다. 은행에서 '나'[고객]를 담보로 돈을 빌립니다. 은행도 고객[나]의 신용을 담보로 돈을 빌려줍니다. 이처럼 '자아 정체성'은 보이지 않는 허구의 개념이지만, 자아 정체성을 보증으로 자본주의 사회구조가 형성됩니다.

(3) '나'는 환경에 따라서 달라집니다. 출신 지역에 따라 자아 정체성은 다르게 형성됩니다. 유럽인과 아시아인이 다른 게, 그 예입니다. 유럽인과 아시아인이 외모만 다르지 않습니다. 사고방식과 삶의 방식도 다릅니다. 어느 나라에서 태어났는지에 따라서 나를 다르게 규정합니다. 또한, 한 국가 내에서도 사회관계나 역할에 따라서 다르게 규정됩니다. 예를 들어서, 나이에 따라 학생을 초등학생, 중학생, 고등학교, 대학생으로 구분합니다. 이 규정은 학교를 졸업한 후 직장 등 사회의 다른 영역에서도 마찬가지입니다. 이처럼 외부의 다양한 조건으로 '무엇 무엇으로서의 나'를 정의하는데, 이를 자아 정체성이라고 합니다.

정리하면, 자아 정체성은 시공간 속에서 초월적 자아가 오늘의 나를 총체적으로 통합하는 개념입니다. 오늘의 나는 어제의 나와 다르면서도, 오늘의 나는 어제의 나와 동일합니다. 오늘의 나는 미래의 나와 다를 것입니다. 하지만 미래의 나는 오늘의 내가 바탕이 됩니다. 이렇게 나를 만들어 가는 과정이 우리의 삶입니다. 그 여정은 바로 자아 정체성을 형성해 나가는 과정이라고 해도 과언이 아니라 할 수 있습니다.

## 그리스도인의 나를 찾아서

"나는 누구인가?"라는 질문은 우리 시대의 중요한 화두가 되었습니다. 우리는 무엇으로 자신을 규정하고 있나요? 우리는 수많은 관계의 정체성에서 존재적 자아를 어떻게 규정하고 있나요? 나는 그리스도인입니다. 그리스도인으로서의 자아 정체성은 무엇일까요? 그리스도인으로서의 '나'는 어떻게 규정되어야 할까요? '나는 그리스도인이다'라는 자기 규정은 믿음에 토대를 두고 있습니다. 이 믿음의 주체는 내가 아니라, 그리스도입니다. 그리스도께서 나의 존재를 규정합니다. 우리는 그리스도 안에서 새로운 이름, 즉 그리스도인이라는 정체성을 얻었습니다. 우리는 그리스도를 믿음으로 하나님을 아버지로 부르는 특권을 얻었습니다. 우리는 또한 그리스도 안에서 하나님의 가족(교회 공동체)이 되었습니다. 아브람이 아브라함이 되고, 사래는 사라가 되고, 시몬은 베드로가, 사울은 바울이 된 것처럼, 우리는 그리스도 안에서 하나님과 새롭게 친밀한 관계를 회복함으로써 그리스도인이란 이름을 얻게 되었습니다.[4]

그리스도인의 자기 규정은 그리스도께서 어떻게 새롭게 규정하시는가에서부터 시작합니다. 이 변화의 과정이 어떻게 일어나는

---

4   하이델베르크 신앙교육서는 그리스도인을 (1) 그리스도와의 연합의 차원에서, (2) 그리스도의 직무가 그리스도인에게 전수되는 과정(31문과 32문)을 통해서 규정하고 있습니다. 그리스도와의 연합의 차원에서 하이델베르크 신앙교육서 1문에서는 나는 나의 것이 아니라 그리스도의 것이라는 규정으로 그리스도인의 존재를 규정합니다. 삼위일체 하나님이 그리스도인의 존재를 어떻게 규정하고 만들어 가는지를 설명합니다. 이와 달리 하이델베르크 신앙교육서 31문은 하나님과 그리스도의 관계를 하나님 아버지가 성령의 기름 부음으로 아들 예수 그리스도에게 직무를 세 가지-최고의 선지자와 선생, 유일한 대제사장, 영원한 왕-으로 설명합니다. 32문에서는 그리스도의 세 가지 직무가 그리스도인에게 전수되어, 이 땅을 살아가면서 그리스도인이 행해야 할 직무-증인, 감사의 제물, 그리스도인의 양심에 따라서 피조물을 다스림-를 설명하고 있습니다.

지, 하이델베르크 신앙교육서 1문을 통해서 살펴보고자 합니다.

> 1문 삶과 죽음에 있어서 당신의 유일한 위로는 무엇입니까?
> 답 몸과 영혼을 가진 나는 삶과 죽음에 있어서 나의 것이 아니라 나의 신실한 구주 예수 그리스도의 것입니다. 그리스도는 그의 보혈로 나의 모든 죗값을 완전히 치르고 나를 마귀의 모든 권세로부터 해방하셨습니다. 또한 하늘에 계신 나의 아버지의 뜻이 아니면 머리털 하나도 땅에 떨어지지 않도록 나를 보호하시며 참으로 모든 것이 협력하여 나의 구원을 이루도록 하십니다. 그러하므로 그의 성령으로 그분은 나에게 영생을 확신시켜 주시고 이제부터는 마음을 다하여 즐거이 그리고 신속히 그를 위해 살도록 하십니다.

하이델베르크 신앙교육서 1문은 '유일한 위로'를 묻습니다. 여기에서 유일한 위로란, 삶과 죽음에서 유일한 위로를 의미합니다. 이 질문에 1문은 '나는 나의 것이 아니라 신실한 구주 예수 그리스도의 것'이라는 그리스도와의 연합을 가르칩니다. '나는 그리스도의 것'이라는 고백이 이 땅에서 살아가는 동안 삶의 동력이 될 뿐만 아니라 죽음의 문턱을 넘을 용기를 줍니다. 이것이 바로 그리스도인의 존재 규정입니다.

또한, 하이델베르크 신앙교육서는 또 다른 차원의 존재 규정을 제시합니다. 나와 너의 관계에서 나를 '몸과 영혼을 가진 나'로 규정하는 것입니다. 나는 몸과 영혼으로 구성된 피조물입니다. 하나님께서 나에게 몸과 영혼을 주셨습니다. 창조주 하나님께서 몸과 영혼을 주신 목적은 무엇일까요? 나의 존재를 형성하는 몸과 영혼의 기능은 무엇일까요? 하나님께서 만든 존재의 목적에 따라서 몸과 영혼은 사용되어야 합니다.

하이델베르크 신앙교육서 1문은 몸과 영혼을 가진 피조물인 내가 어떻게 그리스도와 연합된 존재로 나아가는가를 신앙고백의 기초로 삼습니다. 창조주께서는 자신의 목적에 따라서 나를 만들었습니다. 그리고 자신의 존재 목적을 '올바르게' 알고, 그 목적에 '합당하게' 살아내는 참된 자아를 형성할 수 있도록 길을 열어주셨습니다. 하이델베르크 신앙교육서 1문은 이러한 여정을 '그리스도 중심의 삼위일체'로 설명합니다. 그리스도인으로서의 참된 '나'를 찾아가는 여정은 세 가지 축에 기초합니다. (1) 역사적 사실로서의 그리스도의 구속사역, (2) 하나님의 섭리 아래에서의 그리스도의 구원 성취, (3) 그리스도의 영(성령)의 적용. 이 세 가지를 통해서 어떻게 참된 그리스도인으로서의 '나'를 형성해 나갈 것인지 생각해 보려 합니다.

    하이델베르크 신앙교육서 1문에서 그리스도인으로서 '나'의 자리를 찾아보세요.

1문 | 삶과 죽음에 있어서 당신의 유일한 위로는 무엇입니까?

답 | 몸과 영혼을 가진 나는

삶과 죽음에 있어서 나의 것이 아니라

==나의 신실한 구주 예수 그리스도의 것입니다.==

**그리스도**께서는

(1) 그의 보혈로 나의 모든 죗값을 완전히 치르시고,

나를

(2) 마귀의 모든 권세로부터 해방하셨습니다.

또한

[**그리스도**께서는]

==하늘에 계신 아버지의 뜻이== 아니면 머리털 하나도 땅에 떨어지지 않도록

(1) 나를 보호하시며

참으로 모든 것이 협력하여

(2) 나의 구원을 이루게 하십니다.

그러므로

**그분의 성령**으로

그분[**그리스도**]은 나에게

(1) 영생을 확신시켜 주시며,

(2) 이제부터는 마음을 다하여 즐거이 그리고 신속하게 그를 위해 살도록 하십니다.

그리스도인인 나: 자아 정체성 나를 잃은 시대

## 피조물인 나

## 영혼을 가진 나

나는 '예수 그리스도의 것'임을 알 수 있는 능력(영혼)을 가졌습니다

하이델베르크 신앙교육서 1문은 우리에게 유일한 위로를 묻습니다. 그리고 삶과 죽음에 있어서 우리의 '유일한' 위로는 "나는 나의 신실한 예수 그리스도의 것"이라고 고백합니다. 이 고백은 예수 그리스도 안에서 변화된 존재로서의 '나'에 대한 선언이며, 새롭게 주어진 자아 정체성이 나의 유일한 위로임을 보여줍니다. 그러니까 '내 존재의 근원'과 '내 존재의 이유'에 관한 물음입니다. 이 질문에 대한 답은 다음 질문의 답에서 찾을 수 있습니다.

"첫째, 나는 어떤 존재입니까? 나는 무엇으로 구성되어 있습니까? 나는 몸과 영혼을 지닌 자로 하나님께서 지으셨습니다. 하나님은 왜 영혼을 주셨을까요?" 이 질문에서 우리는 자신이 단순히 육체가 아닌, 하나님을 인식하고 관계할 수 있는 능력을 지닌 영적 존재로 지음받았음을 확인하게 됩니다. 둘째, 하이델베르크 신앙교육서는 삶과 죽음을 넘는 '유일한 위로'를 묻고 있습니다. 이 위로는 단지 이 땅에서의 삶을 위한 위로에 그치지 않고, 우리가 왜

살아야 하며 어떻게 죽음을 맞이할 수 있는지에 대한 이유와 목적이 됩니다. 그리고 죽고 난 뒤에도 존재하는 영혼의 의미를 통해서 우리가 나아가야 할 삶의 방향을 알 수 있습니다.

### 나, 삶과 죽음의 존재

하이델베르크 신앙교육서 1문이 삶과 죽음에서 유일한 위로가 무엇인지 묻는 것은 인간이 삶과 죽음에 매여있는 존재이기 때문입니다. 인간은 '어떤 의미에서는' 죽음을 향해 가고 있는 존재입니다. 지금도 한 발짝 더 가까워졌습니다. 인간에게 삶과 죽음은 동전의 양면 같습니다. 태어나면서 바로 삶이 시작되며, 그 삶은 죽음으로 마무리됩니다. 절대적 신에 대한 신뢰 없이 살아가는 인간에게 삶은 '거품'과 같습니다. 그래서 인생을 덧없다는 말을 '호모불라'(ho-mobulla, 인간은 거품이다)라고 합니다. 이 문장은 짧지만, 인생의 덧없는 허무함을 잘 드러냈습니다.

왼쪽 그림은 인생의 덧없음을 상징적으로 잘 그려내고 있습니다. 아기가 비눗방울을 불고 있습니다. 아기는 희망을 상징하며, 미래가 열려있는 존재입니다. 아기는 비눗방울 부는 것을 좋아합니다. 비눗방울 놀이는 아기들이 즐겨해서 그런지 삶의 시작, 순수함, 가능성을 떠오릅니다. 그런데 뭔가 이상합니다. 아기가 해골에 기대어 있습니다. 해골은 죽음을 상징합니다. 생명을 상징하는 아기와 죽음을 상징하는 해골이 함께 있다니 어울리지 않는 조합입니다. 그림이 나타내고자 바가 무엇인지 아리송합니다. 그때 그림 밑에 있는 글귀가 눈에 들어옵니다. '퀴비스 에바데트(Qvis evadet)?', 이 문장은 '누가 피할 수 있을까?'란 뜻입니다. 이제야 비눗방울의 의미가 이해됩니다. 이제 막 태어난 아기라 할지라도 죽음을 비껴갈 수 없습니다. 비눗방울은 언제 터질지 모릅니다. 거품에 매혹된 아이의 시선은 비눗방울을 따라갑니다. 아이는 비눗방울을 따라가며 즐겁게 놉니다. 인간은 이 땅의 즐거움에 빠져서 죽음을 잊고 살아갑니다. 아기가 비눗방울에 매혹되어 해골에 기대어 있다는 사실을 잊고 있듯이 말입니다. 아기도 죽음을 피해 갈 수 없는 현실입니다. 인간은 태어나면서 죽음을 향해 걸어가고 있습니다. 죽음은 인류 역사 내내 반드시 해결해야 할 삶의 문제였습니다. 인간은 오래도록 이 문제의 해답을 찾고자 애써 왔습니다. 16-17세기 유럽에서는 건물의 주춧돌이나 무덤에 아래 '비눗방울 부는 해골'의 형상을 새겨 넣었다고 합니다. 그것은 삶의 한복판에서 죽음을 생각하라는 경고의 메시지였습니다. 시간은 어김없이 착실히 흘러갑니다.

시간이 흐르면 비눗방울은 언젠가 터질 것이고, 꿈은 사라질 것입니다. 인간은 결국 죽음 앞에서 인생이 얼마나 덧없는지를 절실히 깨닫게 됩니다.

　　모든 사람은 죽습니다. 누구도 죽음에서 도망칠 수 없습니다. 하지만 사람마다 죽음을 대하는 태도는 다릅니다. 죽음의 때는 인간의 손에 달려 있지 않습니다. 그 시기는 오직 하나님의 손에 달려있기에 언제 찾아올지 아무도 모릅니다. 그러나 죽음을 어떻게 맞이할 것인가는 자신에게 달려있습니다. 죽음의 의미는, 죽음을 맞이하는 사람의 태도에 따라서 달라집니다. 어떤 태도로 죽음을 맞이할 것인지는 나의 과제입니다. 그러니까 우리는 죽음을 삶의 자리로 적극 끌어들여 그 의미를 도출해야 합니다. 바로 여기에 하나님께서 우리를 몸과 영혼을 가진 존재로 창조하신 이유가 있습니다. 하나님께서 우리에게 몸과 영혼을 주신 목적은, 단지 생존하는 것이 아니라 '살아내는 것', 곧 그분의 뜻을 알고 이 땅에서 그분의 뜻을 구현해 내는 데 있습니다. 그러므로 우리에게 주신 사명은 분명합니다. 하나님께서 영혼을 주신 목적이 무엇인지 분별하고, 그분이 주신 기능과 능력을 바르게 알고, 하나님의 뜻이 이 땅에서도 이루어지도록 우리의 삶 속에서 실현해 가는 일입니다.

**어리석은 부자의 이야기**

하나님께서 우리에게 영혼을 주신 목적은 무엇일까요? 우리가 이 땅에 사는 동안, 영혼은 어떤 임무를 수행해야 될까요? 누가복음 12장 16-21절에 기록된 예수님께서 말씀하신 '어리석은 부자'의 비유를 통해 이 질문의 실마리를 찾아가 보고자 합니다.

> 16 또 비유로 그들에게 말하여 이르시되 한 부자가 그 밭에 소출이 풍성하매
> 17 심중에 생각하여 이르되 내가 곡식 쌓아 둘 곳이 없으니 어찌할까 하고
> 18 또 이르되 내가 이렇게 하리라 내 곳간을 헐고 더 크게 짓고 내

모든 곡식과 물건을 거기 쌓아 두리라

19 또 내가 내 영혼에게 이르되 영혼아 여러 해 쓸 물건을 많이 쌓아 두었으니 평안히 쉬고 먹고 마시고 즐거워하자 하리라 하되
20 하나님은 이르시되 어리석은 자여 오늘 밤에 네 영혼을 도로 찾으리니 그러면 네 준비한 것이 누구의 것이 되겠느냐 하셨으니
21 자기를 위하여 재물을 쌓아 두고 하나님께 대하여 부요하지 못한 자가 이와 같으니라

어리석은 부자의 이야기는 누가복음에만 기록되어 있는데, 독특한 언어와 구조를 지니고 있습니다. 무엇보다도 이 이야기에 등장하는 부자는 철저하게 '나'에 집중되어 있습니다. 누가복음 12장 17-21절을 읽어보면 부자가 자신을 지칭해서 '나'를 얼마나 많이 사용하는지 알 수 있습니다. 특히, 18절에 유달리 '나'라는 단어가 많이 나옵니다.

내가 이렇게 하리라. 내 곳간을 헐고 더 크게 짓고 내 모든 곡식과 물건을 거기 쌓아 두리라.

이 짧은 한 구절에서 부자는 3번이나 '나'를 직접 드러내어 자신의 탐욕을 드러냅니다. 부자는 열심히 일했습니다. 곳간에 쌓아 둘 수 없을 정도로 풍성한 곡식을 추수했습니다. 그러자 그는 스스로에게 말을 겁니다. 그리고 결정을 내립니다. 지금 있는 곳간을 헐고, 더 큰 곳간을 지어, 그 안에 자신의 곡식과 물건을 모두 쌓아두겠다는 것이었습니다. 부자의 관심은 오직 자기 자신에게 집중되어 있습니다. 그는 모든 일을 "자신을 위해" 계획합니다. 그 일의 목표는 "자기 자신"입니다. 더 큰 곳간을 짓고, 더 많은 재산을

쌓아, 이 땅에서 부유하고 안락한 삶을 누리려는 것, 그것이 그가 삶을 바라보는 방식입니다. 우리는 이 짧은 이야기만으로도, 부자의 관심이 얼마나 철저하게 자기 자신에게만 집중하고 있음을 곧바로 알 수 있습니다. 하나님도, 이웃도 그의 삶 속에는 보이지 않습니다. 오직 '나'만이 존재할 뿐입니다.

두 번째로, 자신에게 집중한 부자는 매우 특별하고도 이상한 행동을 합니다. 누가복음 12장 19절에서 보면 그는 이렇게 말합니다.

내가 내 영혼에게 이르되 영혼아….

부자가 자신의 영혼에게 말을 겁니다. 부자가 말을 거는 '주체'이고, 부자가 말을 건 '대상'은 영혼입니다. 이 대화는 단순한 독백이 아닙니다. 이 구절에서 영혼은 또 하나의 독립된 주체로 등장합니다. 마치 부자와 구분되는 또 다른 주체처럼, 영혼은 부자와 대화를 나누는 상대가 됩니다. 이로써 영혼이 단순히 '몸 안에 깃든 기운'이 아니라, 몸과 구별된 실체, 즉 독자적인 인격성과 기능을 지닌 영적 존재임을 알 수 있습니다. 영혼은 몸과 분리되어 독자적으로 존재합니다. 이렇게 시작된 부자와 영혼의 대화에서, 부자는 자신의 영혼을 향해 "영혼아!"라고 부르고, 말을 건네는 것입니다. 이렇게 부자와 영혼의 대화에서 부자는 영혼에게 말합니다.

여러 해 쓸 물건을 많이 쌓아 두었으니 평안히 쉬고 먹고 마시고 즐거워하자.

부자의 관심은 자신이 먹고 마시며 즐기는 향락에 집중되어 있습니다. 영혼은 단지 부자의 안락함과 쾌락을 누리기 위한 도구처럼 취급됩니다. 부자는 영혼에게 말하지만, 그 말의 목적조차도 '자기 자신'의 평안과 만족에 있습니다.

자기 자신에게 집중하고 있는 부자에게 하나님께서는 누가복음 12장 20-21절의 말씀으로 책망하십니다.

> 어리석은 자여 오늘 밤 네 영혼을 도로 찾으리니 그러면 네 준비한 것이 누구의 것이 되겠느냐 하셨으니 자기를 위하여 재물을 쌓아 두고 하나님께 대하여 부요하지 못한 자가 이와 같으니라

여기에서 우리는 두 가지의 교훈을 얻게 됩니다.

(1) 하나님께서는 부자를 "어리석은 자"라고 꾸짖으십니다. 그리고 이어서 "오늘 밤 네 영혼을 도로 찾겠다."라고 선언하십니다. 이는 곧 영혼의 주인이 하나님이심을 분명히 보여주는 말씀입니다. 영혼을 주신 분도, 그 영혼을 거두어 가시는 분도 하나님이십니다. 우리가 살아있는 이유는 하나님께서 우리에게 영혼을 허락하셨기 때문이며, 그 영혼을 거두어 가시는 순간, 우리는 죽음을 맞이하게 됩니다. 우리에게 영혼을 주시고 살게 하시는 분도, 그리고 그 영혼을 도로 가져가 죽음에 이르게 하시는 분도 하나님이십니다.

영혼의 주인은 하나님이십니다. 우리의 영혼을 거두어 갈 때를 결정하시는 분도 하나님이십니다. 영혼이 있음은 우리가 살아있다는 증거입니다. 그 영혼을 도로 찾아가시면 죽음을 맞이하게 됩니다. 영혼은 우리의 생명, 그리고 죽음과 연결되어 있습니다. 하지만 부자는 지금 죽음을 외면한 채 이 땅에서 살아가는 자신의 평안과 향락에만 집중하고 있습니다. 풍성한 곡식을 해결할 방법을 찾는 기준도 '나의 평안과 즐거움'이었습니다. 부자의 삶 속에는 영혼의 자리가 없습니다. 더 나아가, 영혼을 주신 하나님의 자리는 철저히

배제되어 있습니다. 이 구절에서 우리는 두 가지 중요한 사실을 깨닫습니다. ①영혼은 인간의 생명과 밀접하게 연결되어 있으며, 하나님은 생명의 수여자이십니다. ②인간의 삶과 죽음은 인간의 통제 아래 있지 않으며, 오직 하나님께 속한 일이라는 점입니다.

(2) 하나님께서는 부자에게 죽음 이후를 묻고 있습니다. 하나님께서는 이렇게 질문하십니다.

> 오늘 밤 네 영혼을 도로 찾으리니, 그러면 네가 준비한 것이 누구의 것이 되겠느냐?(20절)

이 질문의 의도는 무엇인가요? 이 질문은 경고의 메시지입니다. 하나님께서는 부자가 중대한 잘못을 저지르고 있으니 각성하라고 지적하십니다. 하나님께서는 부자에게 이 땅에서 재물을 소유하는 것보다 더 숭고한 그 무엇이 있으니, 지금이라도 정신을 차리고 돌이키라고 말씀하십니다. 하나님께서는 부자에게 이 땅에서 재물을 소유하는 것보다 더 숭고하고 영원한 가치가 있음을 가르치십니다. 재물에만 관심을 두지 말고, 영혼에 관심을 가지라고 경고하십니다. 이 경고로 우리는 중요한 사실을 깨닫습니다. 이 땅에서 누리는 부요함은 잠시이며, 영혼은 죽음 이후에도 계속된다는 사실입니다. 우리는 지금 살아있는 존재이지만, 언젠가 죽음에 직면하게 될 것입니다. 그러므로 우리는 죽음 이후의 삶, 즉 영원한 삶과 하나님의 심판대 앞에 서게 될 날을 준비해야 하는 존재입니다. 죽음 이후에도 남아 있는 영혼은 마지막 때에 심판대 앞에 서게 될 판결의 근거가 되기에 하나님께서 영혼을 주신 이유를 기억하며, 그날을 소망하면서, 동시에 하나님의 심판을 기억하며 살아야 합니다.

(3) 부자의 재물은 하나님의 나라에서 아무 소용이 없습니다. 하나님께서 우리의 삶을 결산하실 때, 이 땅에서 얼마나 많은 부를 가졌는지가 심판의 기준이 되지 않습니다. 하지만 부자는 '자기 자신'을 위해서 끊임없이 재물을 축적하고자 했습니다. 이것은 탐욕이며 하나님의 법에서 벗어나는 죄입니다. 부자는 자신이 획득한 물질이 자신을 안전하게 지켜줄 것이라고 믿었습니다. 부자는 재물을 하나님보다 더 의지했고, 그것이 곧 자기 인생의 기반이라고 생각했습니다. 부자의 생각에는 하나님도, 이웃도 자리할 공간이 없습니다.

우리는 결국 죽음 이후에 하나님의 심판대 앞에 서게 될 존재입니다. 그때 우리는 예수 그리스도의 부활체를 입고, 하나님 앞에서 심판을 받게 될 것입니다. 우리의 영혼은 독립된 실체로서 죽음 이후에도 계속 존재하므로 우리가 마지막 날에 받을 심판의 중심적 근거입니다. 이처럼 하이델베르크 신앙교육서 1문에서 찾고 있는 유일한 위로는 이 땅에서의 삶에만 적용되는 위로가 아닙니다. 그 위로는 죽음 이후에도 여전히 유효하며, 영원한 생명과 소망을 향한 약속입니다.

**몸과 영혼의 나: 영혼의 기능**

하이델베르크 신앙교육서 1문은 인간의 존재를 먼저, "몸과 영혼을 가진 나"로 규정합니다. 나는 하나님의 피조물로서, 몸과 영혼으로 구성된 존재입니다. 둘째로, 나는 '삶과 죽음'이라는 피할 수 없는 현실 앞에 서 있는 존재입니다. 이 땅에서 살아가는 '나'는 공간과 시간의 제약을 받습니다. 나는 아담의 죄로 죽음을 맞이할 수밖에 없는 존재입니다. 하나님과의 관계가 끊어진 존재로 살아가는 존재입니다. 하지만 하나님께서는 우리에게 영혼을 주셨습니다. 우리는 그리스도 안에서 하나님과의 관계를 회복할 수 있는 능력, 즉 영혼의 기능을 갖춘 존재입니다. 영혼은 하나님의 형상이자, 하나님을 알 수 있는 능력으로 주어진 선물입니다. 비록 우리의 육체는 죽음으로 인해 결국 흙으로 되돌아가겠지만, 영혼은 보이지 않는 '영적 실체'이기에, 하나님을 알 수 있는 길이 우리 앞에 열려 있습니다.

(1) 영혼은 하나님께서 주신 영적 실체입니다. 영혼은 세상과 육체를 초월하여 독립적으로 존재합니다. 삶의 끝자락이자 죽음으로 들어가 입구에서 우리는 몸과 영혼의 분리를 경험합니다. 그러나 영혼은 죽음 이후에도 남아 있으며, 영원히 존재합니다. 영혼은 영적 실체로서 보이지 않지만, 영혼이 존재한다는 것을 우리의 삶에서 다양한 경험을 통해서 알 수 있습니다. 예컨대, '사랑'은 눈에 보이지 않지만, 부모와 자식의 관계, 연인 간의 관계 속에서 사랑을 느낄 수 있습니다. 사진에서도 사랑을 느낍니다. 바람도 보이지 않지만, 흔들리는 갈대에서 그 존재를 확신하게 됩니다. 목소리 역시 파장을 통해서 전달되지만, 그 파장을 본 적이 없습니다. 그럼에도 파장이 있다는 것을 확신하는 이유는, 우리가 그것을 학교에서 배웠고 그것을 가르쳐준 선생님을 신뢰하기 때문입니다. 이처럼 우리는 우리의 선생님에 대한 신뢰에 근거하여 지식을 얻습니다. 영혼도 마찬가지입니다. 우리는 영혼을 눈으로 볼 수 없지만, 우리는 영혼의 기능을 통해서 그 존재를 확신하게 됩니다. 종교개혁자 칼빈은 『기독교강요』 1권 5장 5절에서 영혼의 기능을 다음과 같이 설명합니다.

하늘과 땅을 관찰하며 과거와 미래를 연결시키고, 오래전에 들은 것을 기억 속에 두며 또한 무엇이든 원하는 것을 머릿속에 그리는 등, 여러 가지 방면에서 영혼의 영민함이 나타납니다. 그뿐만 아니라 놀라운 것들을 발견해 내고, 굉장한 것들을 고안해 내는 기술에서도 똑같은 점을 보게 되는데, 이 모든 것들은 사람 속에 심겨 있는 신적인 지혜를 보여주는 움직일 수 없는 증표입니다.

칼빈이 설명한 영혼의 기능은 우리의 이성과 연결되어 있습니다. 우리는 이성적 존재로서, 과거를 기억하고, 현재를 해석하며, 미래를 상상할 수 있습니다. 이 놀라운 능력으로 우리는 하나님의 손길과 역사를 발견하게 됩니다. 이 능력은 인간이 다른 어떤 피조물과 구별된 고귀한 존재라는 증거입니다. 우리는 하나님께서 주신 영혼으로 말씀을 기억하고, 창조 세계에 나타난 하나님의 흔적에서 그 성품을 유추하여 고백할 수 있는 존재입니다.

(2) 인간의 영혼은 어떤 행위의 옳고 그름을 판단하고 반성하는 능력을 지녔습니다. 이 기능은 인간의 양심이 담당합니다. 그리스도인의 양심은 하나님의 말씀을 아는 데서부터 시작합니다. 하나님의 말씀이 옳고 그름을 판단하는 기준이 되기 때문입니다. 양심이라는 말은 라틴어로 '콘스키엔티아'(conscientia)라고 합니다. 이 단어는 '콘(con, 함께)+스키엔티아(지식, scientia)'의 합성어로, 곧 양심은 지식과 함께 작동하는 것임을 의미합니다. 칼빈은 『기독교강요』 3권 19장 15절에서 이 지식을 "마음과 지성으로 이해한 사물에 관한 인식"이라고 설명했습니다. 이 지식에서 양심이 작동합니다. 그래서 우리는 하나님께서 창조한 목적을 알아야 합니다. 그 목적에 대해 바로 알아야 양심이 그 목적에 합당한 일을 선택할 수 있으니까요! 그래서 칼빈은 양심을 하나님과 인간의 "일종의 중간자"(『기독교강요』 3.19.15)라고 표현한 것입니다.

(3) 영혼은 죽음 이후에도 존재하는 불멸의 실체입니다. 인간의 영혼은 단지 육체에 갇혀 있는 것이 아니라 몸과 독립된 영적 본체로서 불멸성을 지닙니다. 그러므로 우리는 죽음 이후의 삶을 기대하고 소망해야 합니다. 우리는 이 땅에 살면서 육체를 지닌 채 살아가지만, 늘 죽음 이후의 삶을 바라보며 살아갑니다. 이때 우리는 언젠가 반드시 하나님의 심판대에 선다는 사실을 기억해야 합니다. 이 심판대에서 우리의 삶은 우리의 양심을 통해 판결받습니다. 이 자리에서 우리의 양심은 "일천 명의 증인"(『기독교강요』 3.19.15)이 되어 우리를 보호할 것입니다. 우리는 그리스도의 다스림 아래에서 살아가는 자들이기에, 이 심판의 자리는 두려움이 아닌 영원한 위로의 자리가 될 것입니다.

하이델베르크 신앙교육서 58문은 이렇게 묻습니다.

> 58문 영생이라는 조항은 당신에게 무슨 위로를 줍니까?
> 답 내가 지금 영원한 기쁨을 내 마음속에 경험했기 때문에 이 세상이 끝난 후에는 완전한 행복(vollkomme Seligkeit)을 소유하게 되리라는 것입니다. 이 완전한 구원은 눈으로 보지 못하고 귀로도 듣지 못하고 사람의 마음으로도 생각지 못한 것으로 하나님을 영원토록 찬양하기 위한 것입니다.

우리는 하나님을 갈망하는 존재입니다. 그리고 죽음 이후에도 "눈으로도 보지 못하고 귀로도 듣지 못하고, 사람의 마음으로 생각지 못한" 영생(58문)을 갈망하며 살아갑니다. 이 영생은 하나님께서 우리에게 베푼 선의의 결과입니다. 우리가 죽음 이후 누리게 될 영생을 지금, 이 땅에서도 맛보며 누리게 됩니다. 다윗은 이 기쁨을 "내 마음에 두신 기쁨이 저들의 곡식과 새 포도주가 풍성할 때보다 더하다."(시 4:7)라고 노래했습니다. 우리가 이 땅에서 맛보는 영생에 대한 기쁨은 "최고의 선을 얻은 기쁨"입니다. 이 기쁨은 이 땅에서의 어떤 것과도 비교할 수 없는 감정입니다. 그 기쁨 안에서 우리는 두려움에서 벗어나 안전하고 깊은 평안을 누리게 됩니다.

하나님께서는 우리에게 이 기쁨을 맛보게 하기 위해서 영혼을 주셨습니다. 영혼은 그 기쁨을 이 땅에서 누리게 할 능력입니다. 우리는 이 능력에 기대어 하나님께서 자신을 계시하신 성경에서 '내가 그리스도의 것'(그리스도와의 연합)이라는 사실을 발견하게 됩니다. 이 앎은 그리스도인의 사유의 대전제로, 사유의 출발점입니다. 이 인식에서부터 우리의 참된 사유가 시작합니다. 여기에서부터 우리는 그리스도와 함께 살아가는 여정을 시작하게 됩니다.

대구에 가면 "청라언덕"이라는 곳이 있습니다. 언덕 위 선교사 주택의 담쟁이 덩쿨을 보고 푸를 청(靑), 담쟁이 라(蘿)를 써서 "청라언덕"으로 불렀습니다. 하지만 "봄의 교향악이 울려 퍼지는 청라언덕 위에 백합 필 적에…."로 시작하는 가곡이 먼저 떠오르지 않을까 싶습니다. 이곳은 선교사가 정착한 삶의 터전이었습니다. 선교사는 대구읍성에서 벗어나 언덕 위에 집을 지었습니다. 언덕 위의 집으로 가는 계단을 오르면서 그들은 천국을 그렸습니다. 그곳은 낯선 조선의 삶에서 유일하게 그들을 위로한 가족이 있는 작은 천국이었을 겁니다. 그 청라언덕에 "은혜정원"이라고 곳이 있습니다. 이곳은 서울에 있는 양화진외국인선교사 묘지 같습니다. 대구에서 복음을 위해 헌신한 선교사, 대구에서 태어나자, 하나님의 부름을 받은 어린 유해가 안장되어 있습니다. 그들 가운데 우리는 대구 선교사의 아버지라고 불리는 선교사 안의와(James Adams, 1867-1929)의 아내 넬리 딕(Nellie Dick Adams, 1866-1909)의 묘지를 만나게 됩니다. 그 묘석에는 "그는 죽은 것이 아니라 잠자고 있다."(She is not Dead but sleepth)고 적혀 있습니다. 그의 영혼이 잠자고 있다는 것이 아니라 그녀가 평안하게 있다는 것을 뜻합니다. 우리는 죽음을 비껴갈 수 없습니다. 죽음 앞에서 우리는 능동적으로 우리의 죽음을 맞이할 시간이 필요합니다. 하나님께서 우리에게 주신 영혼은 죽음 이후에 사라지지 않고 아브라함의 품에 안겨 평안하게 마지막 때를 기다릴 겁니다. 영혼은 사라지거나 없어지지 않고 죽음 이후에도 독립된 실체로 마지막 때에 예수님이 부활한 몸과 같은, 그 부활체의 몸으로 부활할 것입니다. 그 믿음이 이 땅에서 살아가는 그리스도인에게 위로이며 당당하게 죽음에 맞서는 용기입니다.

**피조물인 나**

# 몸을 가진 나

하나님은 우리에게 그의 뜻을 행하여 실현하도록 몸을 주셨습니다

나는 '삶과 죽음'에 직면해 있습니다. 나의 몸과 영혼이 삶과 죽음이라는 경계 안에 있습니다. 우리는 아담이 지은 죄의 결과로 죽음을 맞이할 수밖에 없는 존재이며, 하나님과 관계가 단절된 채 살아가는 존재가 되었습니다. 그러나 하나님께서는 우리에게 영혼을 주셨습니다. 영혼은 보이지 않는 '영적 실체'로서, 죽음 이후에도 존재합니다. 나는 몸을 가진 채 살아가지만, 이 영혼은 내 안에 거부하며 나의 존재를 구성하는 또 하나의 차원입니다. 이 영혼은 미래의 영생을 소망하게 합니다. 죽음 이후의 영생을 갈망하며 살아가게 합니다. 언젠가 하나님의 심판대 앞에서 영생이라는 완전한 행복을 누리게 될 것입니다. 그러나 사실 우리는 그 영생의 완전한 행복을 이 땅에서도 부분적으로 맛보며 누립니다. 이 세상의 그 어떤 것과도 비교할 수 없는 기쁨을 맛보았기에, 그리스도인은 이 땅에서 하나님의 영광을 위하여, 하나님께서 우리를 만든 목적에 합당하게 살아가야 합니다.

하나님께서 이 놀라운 일을 이루기 위해 영혼을 주셨습니다. 영혼을 가진 (1) 나는 하나님을 알 수 있으며, 그 하나님을 나의 창조주로 고백할 수 있습니다. 그러나 이것이 영혼의 유일한 목적이 아닙니다. (2) 둘째, 하나님께서 주신 영혼은 하나님의 말씀에 따라 참과 거짓을 분별하고, 그 참된 진리를 추론할 수 있는 능력을 갖추게 합니다. (3) 셋째, 영혼은 내가 선(善)을 선택하도록 인도하며, 그 선이 우리의 몸을 통해 실현되도록 이끄십니다. 우리의 몸은 하나님의 도구입니다. 이것이 하이델베르크 신앙교육서를 작성한 우르시누스가 가르친 참된 위로입니다. 이 위로는 죽음을 맞이하는 우리의 태도를 결정합니다. 이 태도가 우리의 몸으로 나타납니다. 우리는 몸을 가진 존재로 이 땅을 살아가기 때문입니다. 그러므로 하나님께서 우리에게 몸을 주신 목적을 바르게 아는 것이 중요합니다. 목적을 바로 알아야, 어떻게 실현할 수 있을지를 배울 수 있기 때문입니다.

이제 우리에게 세 가지 질문을 던져 봅시다. ① 하나님께서 몸을 주신 목적은 무엇인가? ② 하나님의 나라를 위한 도구로서, 어떤 직무를 가지고 있는가? ③ 하나님께서 주신 직무를 온전하게 행하기 위해, 이 세상을 어떻게 살아가야 하는가? 이 질문들과 함께 하나님께서 주신 몸과 영혼을 다시 생각해보고, 그분의 뜻 안에서 충실히 살아가는 법을 배워봅시다.


**폴리캅의 순교 이야기**

그리스도인은 하나님께서 주신 힘에 기대어 세상의 악에 대항하여 선한 행위를 실천해야 합니다. 그러하기에 기독교의 역사는, 세상이 유혹하고 억누르는 악을 견뎌낸 역사였습니다. 초대교회의 역사에서 일어난 박해 가운데 폴리캅의 이야기는 우리에게 널리 알려져 있습니다. 폴리캅(Polycap, 69-155)은 로마 제국 치하에 살았던 교부로, 신앙 때문에 붙잡혀 심문을 받게 되었습니다. 로마 총독은 80세를 훌쩍 넘긴 그에게 나이를 생각하라고 회유했습니다. 그리고 자신을 따라 "무신론자를 없애라!"라고 말하면 살려주겠다고 유혹했습니다.

총독이 말하는 '무신론자'는 기독교인을 가리킵니다. 신의 존재를 거부하는 사람이 무신론자가 아닌가요? 하나님을 믿는 사람에게 무신론자라고 하니, 무신론자의 정의에 모순됩니다. 왜 기독교인들을 무신자라고 불렀을까요? 당시 로마제국의 신 이해는 지금과 달랐습니다. 로마의 신은 보이지 않는 존재가 아니라, 우리와 비슷한 모습을 지녔습니다. 그들은 감정도 있고, 기분에 따라 행동하기도 했습니다. 반면, 하나님은 보이지 않는 분이시기에, 로마인에게는 신으로 여겨지지 않았습니다. 그리하여 '신이 없는 자', 즉 무신론자라고 불렀던 것입니다.

총독은 끈질기게 폴리캅을 설득했습니다. "그리스도를 저주하라! 그러면 살려주겠다." 그러자 폴리캅은 총독에게 담대하게 다음과 같이 대답합니다.

> 지금까지 여든여섯 해 동안 예수님을 섬겼습니다. 그동안 그분은 저를 부당하게 대우하신 적이 없습니다. 어떻게 저를 구원해 주신 왕에게 불경스러운 말을 할 수 있겠습니까?

이 말에 화가 난 총독은 "나에게는 야수가 있다."라고 협박했습니다. 총독의 협박에 폴리캅은 다음과 같이 대답합니다.

야수를 부르십시오. 더 좋은 것에서 더 나쁜 것으로 돌아서는 것은 저에게 용납되지 않습니다. 하지만 사악한 것에서 의로운 것으로 바뀌는 것은 고귀한 것입니다.

폴리캅은 '더 좋은' 하나님을 포기하고 '더 나쁜' 로마의 신으로 돌아설 수 없다는 의지를 표명합니다. 폴리캅의 대답에 화가 난 총독은 그를 불에 태워버리라고 명령합니다. 이에 폴리캅은 담대하게 말합니다.

당신은 단지 한 시간가량만 타다가 얼마 안 가서 꺼지고 말 뿐인 불로 협박하고 있습니다. 그것은 당신이 불신앙인을 위해서 준비된 다가오는 심판과 영구한 형벌의 불을 모르기 때문입니다. 왜 지체하십니까? 자, 어서 당신이 원하시는 것을 행하십시오.

폴리캅은 죽음 앞에서도 당당했습니다. 그는 그렇게 자신의 신앙을 고백하고 믿음을 지키며 순교했습니다. 폴리캅은 그렇게 주 예수 그리스도의 품에 안겼습니다.

## 몸, 하나님의 도구

하나님께서 나에게 주신 유일한 위로는 그리스도와 연합한 존재라는 사실에 있습니다. 이 연합의 사건은 하나님의 선물입니다. 결코 내 안에서 일어나는 능력이 아니라 외부에서 들어오는 힘입니다. 이 힘은 그리스도께서 십자가에서 이루신 구속의 사건에서 연원(淵源)합니다. 나는 성령의 역사로 그리스도 안에 거하는 선물을 받았고, 그 은혜로 하나님과 화해하였습니다. 그리스도 안에서 나는 하나님을 나의 아버지로 고백하는 새로운 관계를 맺었습니다. 이것이 바로 이 땅에서 살아가는 동력이며, 죽음을 넘어서게 하는 결단으로 이어집니다. 과학자 갈릴레오 갈릴레이는 천동설에 대항하여 지동설을 주장했지만, 종교 재판에서 자신의 목숨을 선택했습니다. 하지만 그리스도인은 다릅니다. 기꺼이 진리를 위해 자신을 던질 수 있는 용기를 가집니다. 이 용기는 하나님께서 주신 힘입니다. 이 힘은 이 세상의 어느 것과 비교할 수 없는 강력한 능력입니다. 이처럼 외부에서 내 안에 들어온 힘은, 다시 세상을 향해 맞서는 용기로 나타납니다.

그러면, 외부에서 내 안으로 들어온 이 힘으로, 하나님께서 나를 통해 어떻게 그의 나라를 이루어 가시나요? 이 질문에 대한 답은 바울이 디모데에게 보낸 편지에서 얻을 수 있습니다. 감옥에 갇힌 바울은 그의 영적 아들이자 후계자인 디모데에게 편지를 씁니다. 디모데후서 4장 1-8절의 내용으로, 바울은 마지막 심판 앞에 서게 될 날을 생각하며 디모데에게 권면합니다.

1. 하나님 앞과 살아있는 자와 죽은 자를 심판하실 그리스도 예수 앞에서 그가 나타나실 것과 그의 나라를 두고 엄히 명하노니
2. 너는 말씀을 전파하라 때를 얻든지 못 얻든지 항상 힘쓰라 범사에 오래 참음과 가르침으로 경책하며 경계하며 권하라
3. 때가 이르리니 사람이 바른 교훈을 받지 아니하며 귀가 가려워서 자기의 사욕을 따를 스승을 많이 두고
4. 또 그 귀를 진리에서 돌이켜 허탄한 이야기를 따르리라
5. 그러나 너는 모든 일에 신중하여 고난을 받으며 전도자의 일을 하며 네 직무를 다하라

6 전제와 같이 내가 벌써 부어지고 나의 떠날 시각이 가까웠도다

7 나는 선한 싸움을 싸우고 나의 달려갈 길을 마치고 믿음을 지켰으니

8 이제 후로는 나를 위하여 의의 면류관이 예비되었으므로 주 곧 의로우신 재판장이 그 날에 내게 주실 것이며 내게만 아니라 주의 나타나심을 사모하는 모든 자에게도니라

우리는 모두 하나님의 심판대 앞에 서야 합니다. 예수 그리스도는 산 자와 죽은 자를 심판하기 위해서 오시기 때문입니다(1절). 그 심판을 우리가 소망하는 이유는 명확합니다. 그날 예수 그리스도께서 그의 나라를 완성하시고, 우리에게 영광의 면류관을 주실 것이기 때문입니다(8절). 이 면류관은 주의 나타나심을 간절히 사모하며 살아간 모든 자를 위한 약속입니다. 그러므로 우리는 그리스도 안에서, 이 땅의 마지막을 소망하며 살아가야 합니다.

**우리의 자리**

우리는 이 땅에서 예수 그리스도가 다시 올 때를 소망합니다. 우리의 삶은 종말을 향해 나아갑니다. 하나님께서는 창조부터 종말까지 모든 역사를 다스리십니다. 그러므로 우리가 지금 서 있는 자리는 하나님의 다스림 아래에 있다는 사실을 인식해야 합니다. 우리는 하나님의 형상으로 지음 받은 존재이며, 이 땅에서 해야 할 사명이 있습니다. 이 사명은 하나님께서 우리를 창조하셨을 때 의도하신 목적에 근거합니다. 우리는 하나님께서 정하신 그 목적에 합당하게 우리의 사명을 감당해야 합니다.

웨스트민스터 소요리문답 1문에서 사람의 제일 되는 목적을

다음과 같이 가르칩니다.

> 1문  사람의 제일 되는 목적은 무엇입니까?
> 답  사람의 제일 되는 목적은 하나님을 영화롭게 하고 하나님을 영원토록 즐거워하는 것입니다.

우리는 하나님께서 맡기신 사명을 바르게 발견해야 합니다. 이 사명은 그리스도인으로서의 자리와 하나님의 나라를 위한 자리입니다. 그러므로 우리는 하나님께서 우리 각자에게 주신 은사와 달란트를 찾고, 하나님의 영광을 위해 무엇을 해야 할지, 그리고 그 사명을 어떻게 수행해야 할지를 점검해야 합니다. 예수 그리스도께서 다시 오시는 그날까지, 우리는 하나님의 사명을 꾸준히 감당해야 합니다.

바울은 그리스도인이 따라야 할 삶의 모델입니다. 그는 하나님의 부름을 받은 사역자였습니다. 바울은 하늘에서 내려온 빛이 그를 둘러 비추는 것을 보았고, 예수 그리스도의 음성을 들었습니다. 눈은 떴지만 보지 못한 채 다메섹에 이른 바울은, 그곳에서 아나니아에게 자신의 직무를 듣게 됩니다.

> 이 사람은 내 이름을 이방인과 임금들과 이스라엘 자손들에게 전하기 위하여 택한 나의 그릇이라 그가 내 이름을 위해 얼마나 고난을 받아야 할 것을 내가 그에게 보이라 (행 9:15-16).

바울은 하나님께서 주신 사명을 충실하게 감당하였습니다. "때를 얻든지 못 얻든지 항상 힘써"(2절) 말씀을 전했고, 마땅히 해야 할 일을 가르치며, 잘못을 바로잡고, 끝까지 인내하며 사명을 완수했습니다. 우리는 바울이 사명에 따라 가르친 진리를 배워야 합니다(지성). 그 진리에 양심을 비추어 선과 악을 판단해야 합니다(양심). 그리고 선을 선택하며 살아가야 합니다(의지). 바울은 하나님의 부르심으로 자신의 정체성을 알고, 사명을 자각하며 살았습니다. 그는 양심의 판단에 따라 의의 길을 걸었고, 인내로서 사명을 이루었습니다.

우리도 하나님께서 그리스도 안에서 부르신 자들입니다. 그러므로 하나님의 뜻을 바로 알고, 그 뜻에 따라 명하신 사명을 충실히 감당해야 합니다. 하나님의 말씀을 선과 악을 분별하는 기준으로 삼고, 오로지 선을 택하고, 실천하며 살아가야 합니다.

**우리의 환경**

바울은 디모데에게 사명을 감당하는 길이 만만치 않다고 경고합니다. 디모데가 살아갈 세상은 바른 교훈을 받지 않을 뿐만 아니라, 한 걸음 더 나아가 진리에서 귀를 돌리고 자신의 사욕을 만족시켜 줄 선생을 따르는 시대입니다(3절). 사람은 자신의 욕망에 따라 선택한 스승을 따르기에, 그 스승이 진정한 선생으로서의 본분을 다하지 못할 것은 뻔합니다. 오히려 그들은 진리에서 멀어지도록 유혹하고, 허탄한 이야기를 만들어내어 진리를 거짓으로 여기게 만듭니다(4절). 바울이 사용한 '귀를 돌리다'라는 동사는 본래 의학적으로 팔다리의 관절을 비트는 행위를 묘사하는 데 쓰이는 표현입니다. 이것은 '인간의 이성으로 이해할 수 없음에도 불구하고 억지로 그들의 마음을 갈취하여 이끌어가는' 이단에 빠지는 모습을 그립니다. 그래서 이단에 빠진 사람을 이성적 판단이나 권면으로 인도하는 일이 힘듭니다. 그들은 하나님의 진리에 대한 갈증을 채우기 위해서 이단에 빠진 것이 아니기 때문입니다. 오히려 자신의 불편함을 달래주는 사람 내지는 자신의 욕구를 채워줄 사람을 찾았고, 결국 그 욕망을 채워주는 말에 현혹되어 진리에서 멀어진 것입니다. 그래서 그들은 자신이 진리에서 떠났다는 사실조차 자각하지 못합니다. 이런 이유로 바울은 디모데에게 언제나 깨어 있으라고 간절히 권면한 것입니다.

바울이 묘사한 디모데가 맞닥트릴 세상은 우리가 살아가는 세상과 크게 다르지 않습니다. 진리를 거짓으로 만드는 사이비 교주의 말에 쉽게 현혹되고, 진리를 가르치는 선생보다 자신의 기호와 욕구를 만족시켜 줄 사람을 스승으로 삼으려 합니다. 결국, 진리를 향한 갈망보다 개인의 만족이 앞설 때, 인간은 언제든 진리에서 멀어질 수 있습니다.

**우리의 자세**

바울은 디모데에게 "모든 일에 신중하여 고난을 받으며 전도자의 일을 하며 네 직무를 다하라."(5절)고 권면합니다. 그는 디모데가 하나님께서 부르신 사명을 온전히 감당하길 바랐습니다.

우선, 디모데는 자신에게 맡긴 하나님의 사명을 분명히 알고 있었습니다. 그는 하나님의 말씀을 전하는 사명자로서의 직분을 받았습니다. 우리 역시 하나님께서 우리 각자에게 맡기신 사명이 무엇인지 분명히 알고, 그 사명이 요구하는 자리와 책임을 바로 인식해야 합니다.

둘째, 바울은 디모데에게 '모든 일에 신중하라'고 권면합니다. 여기에서 '신중하게'란 말은 단순히 조심하라는 뜻이 아니라, '과도한 감정이나 욕망의 지배에서 벗어나 이성적으로 판단하라'는 의미이며, '술에 취하지 말고 깨어 있으라'는 경고도 포함합니다. 당시 디모데가 살아간 시대는 이단의 속삭임이 극심했던 때였습니다. 사람들은 귀가 가려워 바른 교훈을 거부하고, 자신의 욕망을 채워 줄 거짓 스승을 따르던 시대였습니다. 진리에서 억지로 귀를 돌려 이단의 속삭임에 귀 기울이는 세대를 향해, 바울은 디모데에게 항상 깨어 있으라고 당부한 것입니다.

이런 권면은 삶에서 우러나온 말입니다. 그는 지금 죽음 앞에 서 있음을 자각하였습니다. 예수 그리스도께서 십자가에 달려 죽으심으로 영생의 복을 주신 것처럼, 바울도 이제는 자신의 피를 흘릴 시간이 다가왔음을 인식하고 있습니다(6절).

그는 죽음의 바다에 닻을 올렸습니다. 이제 죽음을 향해 출항합니다. 하나님께서 이 땅에 보낸 본향으로 돌아갑니다. 바울은 하나님의 사명을 받은 사역자로 이 땅에서의 삶을 담담히 회고합니다. 바울은 '선한 싸움을 다 싸웠고, 달려갈 길을 마쳤고, 믿음을 지켰습니다'(7절). 바울은 이 땅에서 '싸우고, 마치고, 지키는' 사역을 감당했습니다. 그는 선과 악의 싸움에서 결과보다는 하나님께서 정해주신 길을 끝까지 달렸습니다. 그리고 바울은 믿음을 지켜, 충성스럽게 사명을 감당해 온 자기 삶을 되돌아보며 감사하였습니다.

**바울의 전수**

바울은 하나님의 사명을 온전히 감당하였습니다. 그는 악한 세대에서도 하나님의 사명을 감당해야 할 새로운 병사 디모데에게 다음과 같은 메시지를 남깁니다. 이 메시지는 진리에서 멀어진 세대를 살아가는 그리스도인에게도 동일하게 적용됩니다.

나는 주님의 진전과 그 뜻의 선함을 알았습니다. 나는 나의 싸움을 아주 즐겁고 만족스럽게 회상할 수 있습니다. 그러므로 네가 만나게 되는 어려움들을 두려워하지 마십시오. 생명의 면류관이 네 머리에 씌워진 것처럼 확실하게 너를 위하여 예비되어 있습니다. 그러므로 고난을 견디고 네 목회 사역을 완수하십시오.

죽음을 앞둔 바울의 이 고백은 오늘 우리에게도 위로이자 큰 격려가 됩니다. 그는 죽음을 두려워하지 않았습니다. 오히려 죽음을 이 세상의 감옥에서 벗어나서 "내세의 즐거움"을 향해 떠나는 문으로 받아들였습니다. 바울은 죽음의 문턱에서 자신의 삶을 되돌아보며, 주님의 은혜 안에서 부여받은 사명을 분명하게 인식했습니다. 바울은 하나님의 은혜 안에서 삶의 목적을 분명하게 알았고, 그 목적을 성취하는 길에서 겪게 되는 고난을 묵묵히 감당했습니다. 그는 결코 고난의 여정에서 흔들리지 않았고, 그 믿음을 굳건하게 지켰습니다(7절). 이처럼 그리스도인의 삶은 세속의 욕망과 싸우며, 진리를 굳게 붙들고 인내하는 여정입니다. 만일 죽음을 앞에 둔 그리스도인이 바울처럼 "선한 싸움을 싸우고 나의 달려갈 길을 마치고 믿음을 지켰다."(7절)고 말할 수 있다면, 그것은 분명 하이델베르크 신앙교육서가 가르치는 '유일한 위로'를 진정으로 누린 증거일 것입니다.

바울이 디모데에게 한 당부는 지금의 우리에게도 적용됩니다. (1) 우리는 하나님께서 우리 각자에게 주신 직무를 충실하게 수행해야 합니다. 하나님은 목적을 가지고 우리를 지으셨습니다. 그러므로 우리는 하나님께서 주신 영생을 소망하며, 이 땅에서 그분의 뜻을 이루기 위해 힘써야 합니다. (2) 하나님께서 맡기신 직무를 몸으로 실천해야 합니다. 이 과정에서 만나는 수많은 고난과 유혹을 인내로 견뎌내야 합니다. 그러기 위해서 우선, 우리는 하나님의 진리를 바르게 알아야 합니다(지성). 그리고 그 진리에 우리의 양심을 비추어 하나님의 선과 악을 분별하고, 올바른 길을 선택하여 실천해야 합니다(의지). 이것이 바로 그리스도인이 감당해야 할 책무입니다(행위). (3) 또한 이 책무를 온전히 감당하기 위해서 항상 깨어 잘못된 진리를 가르치는 이단을 경계해야 합니다. 이단은 끊임없이 우리를 넘어뜨리려 하기 때문입니다. 진리에서 벗어난 거짓 가르침에 미혹되지 않도록 항상 경계하고 분별할 줄 아는 영적 민감성을 지녀야 합니다.

우리도 바울이 디모데에게 당부한 말씀을 마음에 새기고, 우리의 삶을 돌아보며 스스로의 자세를 점검해야 합니다.

첫째, 우리는 바른 교훈을 따르고 있는지 자신을 점검해야 합니다. 참과 거짓이 뒤섞이고, 거짓이 참으로 둔갑하는 세상에서 어떻게 참된 그리스도인으로 사는 삶을 살아갈 수 있을까요? 바울은 이 땅에서 허탄한 이야기에 빠져들지 않고 바른 교훈을 붙잡으라고 권면합니다. 바른 교훈은 우리를 하나님의 말씀에서 멀어지게 하지 않습니다. 오히려 우리로 하여금 하나님의 말씀 앞에 자신을 내려놓고 겸손하게 하나님의 말씀에 귀를 기울이도록 인도합니다. 우리가 바른 교훈을 분별할 수 있는 힘은 하나님께서 주신 영혼의 기능입니다. 하나님께서는 우리에게 참과 거짓을 분별할 수 있는 영적 능력을 주셨습니다. 하나님의 영이 우리 안에 개입하여 성경을 통해 하나님의 뜻을 올바르게 추론하도록 도와 주십니다. 이 과정을 통해 우리는 하나님의 시선으로 세상을 분별할 수 있는 눈을 갖게 됩니다.

둘째, 고난을 두려워하지 말아야 합니다. 바울은 참을 선택하고 그것을 붙잡으며, 마지막 때를 바라보고 나아갔습니다. 이 세대의 유혹을 참고 견뎠습니다. 하나님의 말씀에서 참된 진리를 추론하여 그 진리를 붙잡았습니다. 그래서 세대의 유혹에도 참고 견딜 수 있었습니다. 바울은 자신이 이 땅에 존재하는 이유, 즉 하나님께서 자신을 이 땅에 보낸 목적을 바로 알고 있었습니다. 그리고 그 목적을 이루는 하나님의 주권적인 다스림을 확신했기에, 그는 고난에도 용기 있게 행동했고, 인내로 모든 것을 견딜 수 있었습니다. 바울은 자신이 바라보고 나아가야 할 목적지. 즉 인생의 끝에서 자신이 서야 할 심판의 자리를 알고 있었기에, 죽음조차 두려워하지 않았습니다.

하지만 우리가 하나님께 받은 사명을 수행하는 과정에서 언제나 합당한 길을 찾기가 쉽지 않습니다. 하나님의 뜻에 합당한 길을 찾아서, 그 사명을 다하는 그날까지 인내하며 나아가야 합니다. 바울은 이 길을 마라톤에 비유합니다. 42.195km를 달리는 마라톤처럼, 이 길은 단번에 완주할 수 있는 여정이 아닙니다. 그것은 꾸준한 훈련과 절제, 끈기가 필요한 여정입니다. 마라톤 선수가 완주를 위해 매일 체력을 기르듯이, 그리스도인도 신앙의 근력을 길러야 합니다. 평소에 훈련하지 않는 마라토너가 결승선을 통과할 수 없듯, 말씀과 기도로 준비하지 않는 성도는 어려움 앞에 쉽게 무너질 수밖에 없습니다.

우리에게 주어진 사명을 감당하기 위해서 매일 몸을 단련해야 합니다. 42.195km를 달리는 마라톤 선수는 평상시에 무엇을 하며 경기를 준비할까요? 매일 꾸준히 완주하기 위해 체력을 기릅니다. 친구가 놀러 가자고 해도 유혹을 뿌리치며 훈련에 임합니다. 매일 운동을 하지 않으면 완주할 수 있을 만큼의 체력을 기를 수 없기 때문이지요. 우리의 신앙도 마찬가지입니다. 신앙의 근력을 길러야 합니다.

신앙의 근력을 키우기 위한 세 가지 핵심 요소가 있습니다. 첫째, 우리는 교회의 바른 가르침을 통해서 하나님의 뜻을 배워야 합니다(지성). 진리를 아는 것을 신앙의 출발점입니다. 둘째, 우리는 하나님의 말씀을 기준으로 참과 거짓, 선과 악을 분별해야 합니다. 성경은 하나님께서 주신 도덕적 판단의 기준입니다. 우리는 이 말씀에 비추어 양심의 판단을 받고, 올바른 삶의 방향을 선택해야 합니다(양심). 셋째, 하나님께서는 우리에게 각자의 자리(직무)를 주셨습니다. 우리는 이 땅에서 그 직무를 감당하며 하나님의 나라를 이루어가야 합니다. 이 일은 우리의 몸을 통해 이루어지는 실천입니다.

참된 가르침에는 책망과 교정도 따라야 합니다. 하지만 오래 참음이 없는 책망은 오히려 그리스도인의 대의를 해칠 수 있습니다. "오래 참음의 은혜가 없는 그리스도인의 책망은 종종 그리스도의 대의에 심히 해로운 가혹하고 검열적인 태도로 이어지곤 합니다…. 가르침 없이 책망하는 것은 오류의 근본 원인을 그대로 방치하는 것입니다." 따라서 건전한 교훈과 합리적 논증이 수반될 때, 책망은 참된 유익을 가져올 수 있습니다.

우리는 이 땅에서 하나님의 뜻이 이루어지고 있음을 잊지 말아야 합니다. 하나님은 지금도 우리 안에서, 그리고 우리를 통해 일하십니다. 그리스도 안에서 우리는 자신의 직무를 깨닫게 됩니다. 하나님께서는 우리가 세상의 풍파 앞에서 당당히 서서, 오직 예수 그리스도를 붙들고 하나님의 나라를 향해 나아가도록 하십니다. 그러므로 우리는 하나님의 뜻에 합당하게, 주어진 몸을 통해 이 땅에서 하나님의 나라를 세워 가야 합니다.

### 그리스도인인 나

## 그리스도의 것

**왜 '위로'에서부터 시작할까?**

하이델베르크 신앙교육서 1문은 우리에게 유일한 위로를 묻습니다. "삶과 죽음에서 당신의 유일한 위로는 무엇입니까?" 이 질문에서 가장 먼저 눈에 들어오는 단어는 '유일한'이라는 형용사입니다. 수많은 위로 중 하나가 아니라, 오직 하나뿐인, 진정한 위로를 묻고 있습니다. 이 위로는 단지 이 땅에서의 고통과 아픔을 덜어주는 수준의 위로가 아닙니다. 그것은 삶과 죽음, 그리고 죽음을 넘어선 곳에서도 여전히 유효한, 궁극적이고 영원한 위로를 가리킵니다. 그렇다면 삶과 죽음을 아우르는 이 유일한 위로란 무엇일까요?

하이델베르크 신앙교육서를 작성한 우르시누스는 유일한 위로는 다음과 같이 정의합니다.

선과 악을 서로 대비시켜 추론하여 얻게 되는 '선'을 선택하는 것을 뜻합니다. 이 선을 정당하게 고려함으로써, 우리가 이 땅에서 살아가는 우리의 비통함을 누그러뜨리고, 인내로 거짓을 견디는 것입니다.

우리는 이 땅을 살아가면서 끊임없이 거짓과 악에 대항해야 합니다. 하나님께서는 우리에게 선과 악을 분별할 수 있는 능력(영혼)을 주셨습니다. 우리는 당연히 선을 선택해야 하지만 종종 주신 능력을 외면하며 주저합니다. 심지어 양심의 소리에 귀를 닫고, 악의 유혹에 이끌려 가기도 합니다. 그러나 하나님께서는 우리 양심의 귀를 열어주십니다. 하나님께서는 그가 성취한 구원의 이야기를 들려주시고, 마음의 밭에 씨앗을 뿌려 주십니다. 우리는 하나님으로부터 선이 무엇인지 배웁니다. 하나님께서는 선과 악이 대비되는 훈련을 시키십니다. 그리하여 흑과 백이 선명하게 구분되듯이 선과 악을 분명하게 나눌 수 있습니다. 악은 언제나 우리를 죄의 늪으로 끌어내리며, 삶을 불안으로 몰아넣습니다. 불안으로 뒤흔들린 삶을 하나님께서 주신 '선'의 힘이 이 불안을 견디게 합니다. 더 나아가 마지막 때를 바라보는 소망은 죽음의 불확실성조차 이겨내게 만듭니다. 그 소망이 우리를 폭풍의 한가운데, 그 고요한 중심, 즉 폭풍의 눈에 머물게 하십니다. 이것이 하이델베르크 신앙교육서가 가르치는 유일한 위로입니다. 이 위로의 선물로 인해, 우리는 더이상 죽음을 두려워하지 않습니다. 오히려 죽음 앞에 당당히 서며, 세상의 불의와 혼란에 맞서 담대히 나아갑니다. 이 위로는 이 땅의 고통을 견디게 하는 힘이자, 죽음을 넘어 영원으로 향하는 믿음의 증표입니다.

### 프랑스의 위그노 박해[5]

하이델베르크 신앙교육서가 세상에 나온 해가 1563년입니다. 그런데 바로 일 년 전인 1562년, 가까운 나라 프랑스의 작은 마을 바시(Vassy)에서 박해가 일어났습니다. 프로테스탄트 신자 23명이 학살당하고, 130여 명이 부상을 입은 비극이 일어났습니다. 이 사건은 로마 가톨릭을 대표하는 귀족 기즈(Guises) 가문이 저지른 종교적 '학살'입니다. 이것이 바로 프랑스 종교전쟁의 서막입니다. 그런데 왜 바시에서 프로테스탄트 박해가 일어난 것일까요?

당시 프랑스는 하나의 왕, 하나의 종교, 하나의 국가를 추구하는 절대 왕정국가였습니다. 이를 견고하게 확립한 왕이 프랑수아 1세(François I, 1494-1547)입니다. 프랑스는 하나의 왕을 중심으로 하나의 민족이라는 독특한 민족성을 형성하였습니다. 이를 갈리칸주의[6]라 부릅니다. 프랑수아 2세(François II, 1544-1560)의 뒤를 이어 샤를 9세(Charles IX, 1550-1574)가 왕위를 계승하면서 변혁의 바람이 불기 시작했습니다. 샤를 9세의 나이가 9살 반이이라 왕비 카트린 드 메디시스(Catherine de Médicis, 1519-1589)의 섭정이 불가피했기 때문입니다. 하지만 귀족 기즈 가문은 카트린 드 메디시스의 섭정에 불만을 품었습니다. 왕비가 프랑스 출신이 아니라, 평범한 가문의 이탈리아 피렌체

---

5 참조. 양신혜, 『베자-교회를 위해 길 위에 서다』 (서울: 익투스, 2020).
6 갈리칸주의란 프랑스 국왕이 세속 사회에서 자주적 권리를 지니며 교황은 프랑스 내정에 대해 간섭할 권리가 없음을 공표한 것에 근거합니다. 갈리칸주의의 지지자는 교황의 내정간섭을 제한하기 위해 성직자와 국왕이 연합해야 한다고 주장합니다. 가톨릭교회가 왕권을 지지하고 교황의 개입을 막아주는 역할까지 담당하고 있었기 때문에 프랑스는 가톨릭 체제 내부에 남아 있는 것이 국가의 영향력과 왕권 강화에 유리하였습니다. 파리 고등법원과 파리 대학 신부부는 왕권과 가톨릭교회가 연대해 서로를 강화하는 프랑스 특유의 가톨릭 정체성을 현실 속에서 실천한 대표적 집단이었습니다.

카트린 드 메디시스
(Catherine de Medicis, 1519-1589)

태생이었기 때문이었습니다. 이런 상황에서 카트린 드 메디시스 여왕은 나이 어린 샤를 9세의 왕권을 보호하고 기즈 가문에 대항할 정치적 방안을 마련해야 했습니다. 카트린은 당시 기즈 가문이 로마 가톨릭을 등에 지고 세력을 확장하고 있었으므로, 로마 가톨릭에 대항할 정치적 대안으로 프로테스탄트를 활용하고자 했습니다. 프랑스에서는 프로테스탄트를 '위그노'(Huguenot)라는 별칭으로 부릅니다. 프랑스에서 프로테스탄트는 불법이고 이단이었습니다. 그런데 카트린이 자신의 정치적 입지를 공고히 하기 위해 프로테스탄트를 대안 세력으로 선택했다니, 놀랍습니다. 카트린은 로마 가톨릭과 위그노를 대표하는 신학자를 한자리에 모으고 회담을 열어, 신앙의 합의로 프랑스에서 위그노 세력을 합법화하고자 했습니다.

**위그노의 확장**

프랑스는 로마 가톨릭을 국가 종교로 삼은 절대왕정 체제에 기반한 국가입니다. 이런 나라에서 프로테스탄트의 세력이 정치적 대안으로 등장한 점은 매우 놀랍습니다. 프랑스에서는 프로테스탄트는 불법이고 이단으로 취급되었지만 로마 가톨릭 귀족 세력을 견제하는 대안 세력이 되었습니다. 우선, 앙리 2세(Henri II, 1519-1559, 재위 1547-1559)가 종교재판으로 프로테스탄트를 박해했지만, 1560년대에는 귀족의 절반 정도가 프로테스탄트였다는 사실을 기억할 필요가 있습니다. 이것은 당시 위그노로 개종한 대다수는 교육 수준이 높은 부르주아 또는 귀족 출신이었다는 사실이기도 합니다. 개종하게 된 이유가 궁금합니다. 이들의 개종은 칼빈이 고국 프랑스에 올바른 신앙을 효과적으로 전파하기 위해서 귀족을 선교의 대상으로 삼는 선교 전략에서 비롯되었습니다. 칼빈은 프랑스에서 효과적으로 복음을 전하기 위해 귀족의 개종을 중요하게 여겼습니다. 귀족의 개종은 개인보다 가족 전체의 개종으로 이어질 가능성이 높고, 사회지도층이라 글을 읽고 이해를 할 수 있기 때문입니다. 그리고 당시에는 프로테스탄트 박해가 심해 목회자를 직접 파송하기보다는 책과 문서를 통한 선교가 안전하고 효율적이었습니다. 이 전략은 인쇄술의 발달로 대량 출판을 할 수 있었기에 가능한 전략이었습니다.[7]

이런 칼빈의 선교 전략은 성공을 거두었습니다. 그의 신앙 서적은 프랑스에서 큰 인기를 끌었습니다. 칼빈이 프랑스 사람이기에 루터보다 더 호의적이었던 것도 있지만, 칼빈의 예정 교리가 박해로 불안하고 혼돈한 상황에서 더욱 매력적으로 다가갔습니다.

---

7 박효근, "프랑스 종교개혁과 파리 위그노 공동체", 「한성사학」 28(2013), 125.

콩데 공
(Louis de Bourbon, 1530-1569)

전능하신 하나님께서 미리 작정하신 구원이 고난의 시간을 견디게 하는 위로가 되었기 때문입니다.

칼빈의 선교 전략에 힘입어 프랑스 귀족 중에서도 위그노를 대표하는 인물이 등장했습니다. 콜리니 해군 제독(Gaspard de Coligny, 1519-1572)과 콩데 공(Louis de Bourbon, 1st Prince of Condé, 1530-1569)입니다.[8] 앙리

---

8 위그노가 프랑스에서 귀족층을 중심으로 확장된 시점은 1558년경으로 추정됩니다. 콩데 공은 정치적, 군사적 지도자로서 종교적 이해관계보다는 정치적 사안에 민감한 '비분파적' 정치인이었습니다. 하지만 그는 1555년 이탈리아와의 전쟁 후에 귀환하여, 자기 형인 앙투안느 드 부르봉의 영향으로 위그노가 되었습니다. 콜리니 해군 제독은 스페인과의 여러 전쟁에서 공을 세운 전형적인 군사 전략가로서 왕국에 대한 충성심이 강한 자였습니다. 하지만 그가 개종하게 된 계기는 자기 부인과 동생인 프랑수아 당들로의 종교적 관용에 대한 설득과 동생의 체포 사건 때문이었으며, 종국에는 위그노 파의 군사적, 정치적, 외교적 지도자로서 자리매김하게 되었습니다. Janet Glenn Gray, The French Huguenots – Anatomy of Courage (Grand Rapids: Baker Book House, 1981), 97-99.

2세가 종교재판소를 조직하여 프로테스탄트를 핍박하려고 했지만 실패하였습니다. 프로테스탄트였던 재판장이 기소된 이단자(프로테스탄트)의 판결을 미뤘기 때문입니다. 그 결과, 프랑스 프로테스탄트의 수가 교회를 설립할 정도로 늘어났고, 국가의 중심 종교인 로마 가톨릭을 위협할 정도에 이르렀습니다. 왕비 카트린은 세력이 커진 위그노를 자신의 정치적 기반으로 삼아 왕권을 보호하려 했습니다.

### 바시 학살(1562)

왕비 카트린의 계획으로 파리에서 멀지 않은 푸아시(Poissy)에서 위그노의 대표와 로마 가톨릭교회의 대표가 만났습니다. 역사적인 이 회담에서 교리의 합의를 이루려 했지만, 성만찬 교리에서 무산되었습니다. 왕비 카트린은 제네바에서 파송을 받은 베자(Theodore Beza, 1519-1605)와 프랑스 개혁교회 지도자 콜리니를 궁정에 불러 설득에 나섰습니다. 그녀는 프랑스에서 '로마 가톨릭을 자극하지 않는 범위' 안에서 위그노에게 예배의 자유를 허락했고, 베자는 이것에 응하여 로마 가톨릭과 생제르맹 칙령(Saint-Germain-en-Laye, 1562)을 체결했습니다. 이 칙령은 프랑스 왕국의 보존을 위해 위그노를 국민으로 인정하려는 국왕의 의지가 있었기에 가능했습니다.[9] 사실, 위그노의 대표자가 로마 가톨릭에 최대한 양보했기에 가능했습니다. 칙령에 따르면, 위그노와 가톨릭 모두 무기 휴대를 금지하여 서로 전쟁을 일으킬 여지는 배제했습니다. 하지만 위그노 목회자에게

---

9  Œuvres de Michel de l'Hopital, t.I, 451. 임승휘, "프랑스 종교전쟁과 관용 개념의 탄생", 298 재인용.

바시 학살
(Massacre of Vassy, 1562)

**푸아시 회담**
(Colloquy of Poissy, 1561)

순회 설교 금지, 미사 비방 설교 금지가 내려졌습니다. 그리고 위그노 목회자가 설교할 때는 사법관이 배석해야 하는 등 온전한 종교적 자유는 제한되었습니다. 종교회의 때도 사법관의 승인을 받아야 하고, 프랑스 국법과 가톨릭 규범을 준수해야 했습니다(1562년 1월 칙령). 비록 위그노에게 불리한 조건이었으나, 적어도 도시 밖에서 예배드릴 수 있는 자유를 얻었습니다. 이제 위그노도 프랑스의 종교로 자리매김할 기회가 생겼습니다. 이 칙령은 프랑스 역사에서 위그노를 공식적으로 인정한 첫 번째 칙령으로서 중요성을 지닙니다. 당시 위그노는 이단 취급을 받으며 로마 가톨릭교회와 첨예한 대립 상태에 있었던 점을 고려한다면, 크게 진보하였습니다.

그러나 로마 가톨릭은 푸아시 회담의 결의를 강하게 반발했습니다. 이들의 반발은 하늘을 치솟았습니다. 로마 가톨릭교회는 트리엔트 공의회(1563)에서 이단 문제와 성직자 지명 등의 문제를 교황청과 성직자 법정이 독점하도록 결정했습니다. 결국 위그노에 대한 유화정책은 로마 가톨릭교회의 공공연한 반대로 이어졌습니다.[10] 결과적으로 파리는 혼돈 속으로 빠지고 말았습니다. 가톨릭 군중은 개혁파 집에 불을 지르고, 남부 프랑스에서는 격분한 위그노 세력이 가톨릭교회를 공격하는 사태가 발생했습니다. 가톨릭교도와 위그노는 서로에게 전쟁을 위한 하나의 불씨만을 원하는 것처럼 보였습니다. 그리고 그리 오래 걸리지 않아 현실이 되었습니다. 1562년 3월, 기즈 공이 부하 장병과 함께 바시(Vassy)를 지나던 중, 위그노 기도회와 맞닥트렸습니다. 이를 본 기즈 공은 작은 곳간 문 앞에 불을 놓았습니다. 곳간에 모였던 위그노는 도망갈 곳이 없었습니다. 기즈 공은 불길 속에서 곳간을 빠져나오는 위그노

---

10  강남수, "프랑스 종교전쟁기의 조국애", 『대구사학』 115(2014): 353.

를 무차별적으로 처형하였습니다.[11]

## 죽음을 넘어선 유일한 위로

바시 학살 소식이 이웃 나라 팔츠의 선제후에게 전해졌습니다. 프리드리히 3세는 깊은 상념에 잠겼습니다. 그는 아마도 죽음 앞에서도 신앙을 지켰던 이웃 나라 그리스도인의 용기에 경의를 표했을 겁니다. 이 땅에서 몸은 다른 나라에 살고 있지만, 동일한 목적지를 바라보며 살아가는 그리스도인이 있다는 것이 위로였을 겁니다. 그는 바시의 위그노가 두려움없이 죽음을 맞이한 용기의 원천을 알았습니다. 그래서 교회의 참 개혁을 막으려고 레겐스부르크 임시 협정(Diet of Regensburg, 1541) 서명을 요구한 황제 카를 5세에게 단호하게 자기 신앙을 표방하였습니다. 그는 그리스도인으로서 다음과 같이 당당하게 고백했습니다.

> 이 문서에 서명하기보다는, 하나님의 도움으로 어떤 어려움이라도 감내하겠습니다. 만약 제 신앙 때문에 이 나라에서 안전하게 살 수 없다면, 다른 나라에서 하나님과 함께 사는 편을 택하겠습니다.[12]

프리드리히 3세가 용기있게 자기 신앙을 고백할 수 있었던 것은 하루아침에 이루어진 일은 아닙니다. 그는 사실 어린 시절부터

---

11   프랑스는 종교전쟁으로 인해 도시 밖에서 예배를 드리는 자유조차도 무참히 깨어지고 가톨릭교회와 개혁교회는 종교전쟁이라는 내전을 경험하게 됩니다. 쳐들어오는 사람도 프랑스인이고 그중에는 친척도 친구도 있는, 같은 국민, 같은 계급, 때로는 같은 가족끼리 싸우는 종교전쟁으로 번졌습니다.

12   F. Klooster, *The Heidelberg Catechism: Origin and History*, 76.

참된 신앙을 찾아다녔습니다. 로마 가톨릭교회의 부패를 직접 눈으로 확인하면서 깊은 회의에 빠졌습니다. 당시 로마 가톨릭의 부패는 바울이 예고한 종말이 오기 전의 어두움과 별반 달라 보이지 않았습니다. 바른 교훈을 배우려 하지 않을뿐더러 "귀가 가려워서 자기의 사욕을 따를 스승"(딤후 4:3)을 두는 것이 로마 가톨릭교회의 현실이었습니다. 로마 가톨릭교회는 "진리에서 돌이켜 허탄한 이야기"(딤후 4:4)를 만들어내고 있었습니다. 이 참담한 현실에서 프리드리히 3세는 참된 스승 요한 아 라스코(John à Lasco, 1497-1560)가 있는 브뤼셀까지 직접 찾아가 진리를 배우고자 했습니다. 그는 바울처럼 거짓을 경계하며, 참된 진리를 배우는 일에 게을리하지 않았습니다. 그는 하나님께서 자신에게 주신 사명을 되새김으로 하이델베르크의 선제후로서 감당해야 할 직무를 깨달았습니다. 그는 죽음 앞에서도 우리를 위로하는 이야기를 다음 세대에 전하고자 했습니다. 이웃 나라의 순교자의 이야기는 그에게 하나님께서 주신 사명의 무게를 상기시켰고, 그 사명을 감당할 힘과 용기를 부여해 주었습니다. 그렇게 하이델베르크 신앙교육서로 꽃을 피웠습니다.

하이델베르크 신앙교육서가 출판되자, 비바람이 몰아쳤습니다. 강경한 루터파 선제후 3명과 그들의 신학자가 하이델베르크 신앙교육서를 비판하는 글(1563)을 보냈습니다. 1566년, 아우크스부르크에서 열린 제국의회에 소환되어 신성로마제국 황제 막시밀리안 2세 앞에 서게 되었습니다. 프리드리히 3세가 제국의회에 가는 것을 주변에서는 만류했습니다. 선제후 요한 프리드리히가 카를 5세 앞에 무릎을 꿇고 감옥에 갇혔던 전례가 있었고, 트리엔트 공의회에서 칼빈주의를 따르는 개혁교회의 교리를 허락하지 않았기 때문입니다. 하지만 프리드리히 3세는 동생에게 편지를 남기고 이웃 나라 바시의 그리스도인과 같은 마음으로 아우크스부르크로 향했습니다.

나의 하나님, 사랑이 많으시고 신실하신 하늘의 하나님, 전능하신 하나님께서 이 마지막 때에 독일 민족의 신성한 제국에서 나를 도구로 사용하여 그분의 이름을 증언하실 것이라는 소망에서 위로를 찾는다. 고인이 된 처남, 작센의 선제후 요한 프리드리히가 얼마 전에 그렇게 하였던 것처럼, 말로만이 아니라 행동으로 증언하고자 한다. 물론 나 자신을 작고하신 선제후와 감히 비교할 수 없으나, 선제후 요한 프리드리히를 거룩한 복음의 참된 지식으로 지켜주신 하나님께서 여전히 살아 계시고, 그 동일한 하나님께서 나처럼 불쌍하고 미련한 사람도 안전히 보존하여 주실 수 있으며 그분의 성령의 능력으로 그렇게 하실 수 있고 반드시 그렇게 하실 것이라고 확신하기 때문이다. 설령 피를 흘려야 하는 상황이라도 말이다. 하늘에 계신 나의 하나님 아버지께서 나 같은 자를 그러한 방식으로 영광스럽게 하시기를 기뻐하신다면, 이 세상에서나 영원한 나라에서 감사를 드려도 결코 다 드릴 수 없는 영예를 누리고자 한다.[13]

프리드리히 3세는 하나님께서 주신 사명이 큰 위로임을 깨닫고 깊이 새겼습니다. 그리하여 프리드리히 3세는 황제 앞에서 자신의 신앙을 증언하고자 결단하였고, 하나님께서 자신을 보호하시고 그의 길을 지켜주시리라 확신했습니다. 살아 계신 하나님은 그렇게 하실 수 있는 능력을 지니고 계시기 때문입니다. 그리스도인으로서 그는 '선'을 향한 소망과 용기를 가지고, 가시밭길이라

---

13  O. Tielemann, *An Aid to the Heidelberg Catechism*, 464-465.

할지라도 소망의 주를 바라보며 나아갔습니다.

**그리스도와의 연합**

하이델베르크 신앙교육서는 성경에 근거하여 그리스도를 유일한 위로로 삼습니다.[14] 여기서 '위로'란 단어는 창세기 5장 29절에 처음 등장합니다. 라멕이 아들을 낳았을 때 "이름을 노아라 하여 이르되 '여호와께서 땅을 저주하시므로 수고롭게 일하는 우리를 이 아들이 안위하리라' 하였더라."(창 5:29)라고 하였습니다. 라멕이 아들의 이름을 노아(노아는 '위로하다'를 뜻하는 히브리어 단어와 발음이 비슷하다) 또는 위로자라 부르며, 다가올 홍수로부터 생명을 얻게 될 것을 예언하였습니다. 이처럼 홍수의 고통에서 벗어나 생명을 얻게 될 것이라는 예언의 메시지가 위로를 줍니다. 더 나아가, 홍수로부터 건져질 것이라는 위로는 창세기 3장 15절에 숨겨진 예수 그리스도와 연결됩니다. 이 구절은 구약 전체를 가로지르는 원시 복음, 즉 그리스도를 지시하는 '황금실'입니다. 하나님께서는 사탄에게 "내가 너로 여자와 원수가 되게 하리니 여자의 후손은 네 머리를 상하게 할 것이요, 너는 그의 발꿈치를 상하게 할 것이니라."라고 말씀하심으로써 타락한 아담과 하와에게 유일한 위로를 약속하신 것으로 해석됩니다. 이러한 구약의 위로와 그리스도와의 연결은 신약 고린도후서 1장 3-4절에서도 분명히 드러납니다.

하나님을 찬송하리로다. 그는 우리 주 예수 그리스도의 하나님이

---

14    F. Klooster, The Heidelberg Catechism: Origin and History

시요 자비의 아버지시요 모든 위로의 하나님이시며 우리의 모든 환난 중에서 우리를 위로하사 우리로 하여금 하나님께 받는 위로로써 모든 환란 중에 있는 자들을 능히 위로하게 하시는 이시로다.

하이델베르크 신앙교육서는 이와 같이 성경의 진리에 토대를 두고, 그리스도의 구원 사역과 위로를 연관지어 첫 문(대전제)을 엽니다.

삶과 죽음에 있어서 유일한 위로로 '나는 나의 것이 아니라 그리스도의 것'이라는 대전제는 이성적 추론을 넘어서, 이 땅에서 접할 수 있는 "최고의 선으로서의 행복"의 출발점입니다. 하나님의 선의로 발견하게 된 이 최고의 선은, 이 땅의 어떤 것으로도 표현할 수 없는 감정이며, 두려움에서 벗어난 안정감과 평온함의 상태를 의미합니다. 최고의 선으로서의 행복은 '모든 선이 합류하는 지점에서 생겨나는 것'으로, 일시적인 이 땅의 선과는 차원이 다릅니다. 물질적 선은 죄와 고통에 노출되어 있어 어떤 형태로든 완전한 행복을 가져다줄 수 없기 때문입니다.[15] 하이델베르크 신앙교육서가 가르치는 유일한 위로를 우르시누스가 '참(선)과 거짓(악)을 대비시켜 참(선)을 선택하게 하는 추론의 과정이며 거짓(악)을 견디게 하는 힘'으로 정의한 것이 이러한 맥락에서 이해됩니다.[16] 참을 추론할 수 있는 능력과 그 추론의 결과로써의 선을 붙잡고 거짓을 인

---

15  에임스는 시편 4장 6a 절을 토대로 하이델베르크 신앙교육서 1문의 위로는 설명하는데, 그는 다윗이 "여러 사람의 말이 우리에게 선을 보일 자 누구뇨 하오니"라는 고백으로 이 땅에서의 물질적 행복을 추구하는 것을 책망하는 것으로 해석한다. 그러므로 이 시공간에서 얻게 되는 물질적 행복, 감각적 기쁨 또는 명성에서는 결코 발견할 수 없는 "최대의 행복"으로 영혼에서의 복과 덕을 추구해야 한다고 설명한다. Ames, Catechism, 6.

16  우르시누스, 『하이델베르크 요리문답 해설』, 63.

내하게 하는 힘이 위로라니, 이 정의가 놀랍습니다. 이 힘은 '나는 나의 것이 아니라 구원자 예수 그리스도의 것'이라는 사실을 아는 데서 시작합니다. 성령은 참된 믿음을 통해서 그리스도 안에 있는 모든 축복에 동참하게 하시며, 우리를 위로하십니다(53문). 그리스도인은 그리스도 안에서 하나님께 대해 의로운 자가 되어 영생을 상속받으며(59문), 그리스도의 구원 사역으로 존재가 변화되었음을 증거합니다(60문). 이처럼 그리스도 안에 하나님의 충만이 영원히 머물고, 우리 모두가 그리스도 안에서 그분과 연합하여 충만한 생명을 누리게 됩니다.

하이델베르크 신앙교육서는 우리의 유일한 위로인 그리스도와의 연합을 세 가지 축으로 설명합니다. 첫째, 그리스도께서 이 땅에서 행하신 구원 사역을 알아야 합니다. 우리는 아담으로부터 온 원죄를 지닌 죄인입니다. 우리는 이 죄의 무게를 스스로 해결할 수 없습니다. 그래서 하나님은 아들 예수 그리스도를 이 땅에 보내셨습니다. (1) 하나님의 아들은 우리의 죄를 사하기 위해서 인간의 몸으로 십자가의 고난을 겪고 죽임을 당하셨습니다. 우리는 그리스도의 십자가로 구속의 은혜를 누립니다. 하나님께서 "내가 완전하게 순종했던 것처럼"(56문) 그리스도께서 이루신 순종을 우리에게 전가해 주심으로써(60문), '나'는 하나님의 자녀가 되어 하나님을 아버지라고 부르는 자격을 얻게 됩니다. (2) 예수 그리스도가 십자가에서 부활함으로써, 죄의 세력에 매여있는 우리를 죄의 경향성(5문)에서 자유롭게 하셨습니다. 예수 그리스도의 십자가는 우리가 예수 그리스도와 연합할 수 있는 객관적 근거입니다.

둘째, 예수 그리스도는 하나님의 작정 아래서 구원의 사역을 성취하셨습니다. 하나님께서는 죽음에서 부활한 그리스도를 하늘로 올려, 하나님 우편에 앉혀 왕으로서 이 땅을 다스리게 하셨습니다. (1) 그리스도께서는 영원한 왕으로서 자신의 권능으로 모든 원수에 대항하여 우리를 보호하고 지키십니다(31문). (2) 그리스도께서는 하늘에서 나의 구원을 위해서 일하십니다. 그분은 이 땅에서 살아가는 모든 피조물도 우리의 구원을 위해 일하도록 하십니다. 이 구원의 여정은 하나님께서 영원 전에 그리스도 안에서 선택한 그 때부터 마지막 때까지 이어집니다. 그래서 예수 그리스도는 하나님의 심판대에서 우리의 모든 저주를 제거하신 증인이 되십니다(52문). 이 모든 일은 하나님의 작정 안에 있으며, 하나님께서 그리스도 안에서 택한 자들과 함께 우리를 영원한 기쁨의 자리로 이끌어 주실 것입니다.

셋째, 예수 그리스도께서는 그분의 영을 이 땅에서 살아가는 그리스도인에게 부어, 구체적으로 일하십니다. 그 결과, 그리스도인은 영혼의 기쁨을 누리게 됩니다. 이 영혼의 기쁨은 이 땅에서 맛보는 영원한 기쁨으로, 그리스도의 영이 "구체적으로" 일하신 결과입니다. (1) 우선, 그리스도의 구원 사역으로 인해 우리는 하나님과 화해하여 새로운 존재로 태어납니다(60문). 그리스도 안에서 하나님께 대해 의로운 자가 되며 영생을 상속받습니다(59문). 이 기쁨을 선물로 받은 그리스도인은 (2) 이 땅에서 즉각적으로 그리고 즐거운 마음으로 하나님의 뜻에 순종합니다(86문). 이 기쁨은 이 땅에서 겪는 어떤 고난 앞에서도 견딜 내적 힘이 됩니다.

결론적으로, 하이델베르크 신앙교육서 1문은 '나는 나의 것이 아니라 구주 예수 그리스도의 것'이라는 유일한 위로에 대한 주석이자 설명입니다. 이 진술은 그리스도인의 자아 정체성을 나타내며, 이 땅에서 그리스도의 직무를 위임받아 걸어가는 신앙의 출발점이 됩니다. 이 과정을 통해 우리는 고통속에서도 하나님의 구원 사역으로 변화된 존재로 살아갈 힘을 얻습니다.

### 그리스도인인 나

# 구원자, 예수 그리스도

예수 그리스도께서는 하나님의 구원 작정을
십자가의 죽음으로 성취하셨습니다

하이델베르크 신앙교육서 1문은 삶과 죽음에서 나의 유일한 위로를 '나는 나의 것이 아니라 그리스도의 것'이라고 가르칩니다. 이 고백은 하이델베르크 신앙교육서 1문의 대전제입니다. 하이델베르크 신앙교육서 1문은 그리스도와 연합된 그리스도인의 존재에 대한 '주석' 내지는 '설명'입니다. 즉, 그리스도인의 자아 정체성을 그리스도 중심의 삼위일체 사역으로 가르칩니다. 첫째, 예수 그리스도께서 우리의 모든 죗값을 완전히 지불하고, 우리를 마귀의 권세로부터 해방시키기 위해서 기꺼이 십자가에 달려 죽으셨습니다. 이 사건은 이 땅에서 실제로 일어난 객관적 사실입니다. 둘째, 하나님께서는 예수 그리스도를 죽음에서 부활시키시고 하늘로 올리셨습니다. 하나님 우편에 앉으신 예수 그리스도께서는 모든 원수에 대항하여 우리를 보호하시고, 이 땅의 피조물과 협력하여 우리의 구원을 이루십니다. 마지막으로 그리스도의 영은 그리스도 안에서 우리에게 약속한 영생을 보증하시고, 우리가 이 땅에서 기꺼이 그리고 즐겁게 살게 하십니다.

하나님께서는 우리를 몸과 영혼을 가진 존재로 만드셨습니다. 영혼을 통해서 하나님을 아는 길을 열어주시고, 몸을 통해서 하나님의 뜻을 이루도록 인도하십니다. 따라서 몸과 영혼이 하나님의 뜻 안에서 '올바르게' 사용되려면 '나는 나의 것이 아니라 구원자 예수 그리스도의 것이다'라는 진리를 깨닫는 데서 시작해야 합니다. 하나님께서는 우리를 그리스도의 것으로 삼으시기 위해 구원의 계획을 세우셨습니다. 하나님의 구원 작정은 삼위일체 하나님이 일하셔서 이 땅에 나타납니다. 우선, 하나님께서는 우리의 구원을 위해 아들 예수 그리스도를 이 땅에 보내셨습니다. 예수 그리스도의 십자가 사역은 우리에게 두 가지 중요한 유익을 주십니다. (1) 우리의 죗값을 치르셨습니다(속죄). (2) 우리를 마귀의 권세로부터 자유롭게 하여 참된 자유를 누리게 하셨습니다(자유).

**인간의 오만: 뉘른베르크 재판**

근대철학의 대표자 데카르트는 이 세상의 모든 것을 의심의 대상으로 삼았습니다. 모든 것을 의심함으로써 확실한 것을 찾고자 했던 것이지요. 그는 이 세상의 모든 것을 의심해도 '내가 있음'은 의심할 수 없다는 확신을 갖게 되었습니다. 그는 '내가 있음'을 지식과 사유의 확실한 토대로 삼으며, 인간을 사유의 주체로 자리매김했습니다. '나는 생각한다. 고로 나는 존재한다'(cogito, ergo sum)라는 명제는 18세기에 이르러 계몽주의의 꽃을 피웠습니다. 이성은 사유의 주체이며, 선과 악을 판단하는 선택의 주체가 되었습니다. 하지만 인간의 이성이 선이 아니라 악을 선택할 수 있다는 가능성 앞에서 깊은 나락을 경험하였습니다. 세계대전을 거치면서 인간의 본성이 어디까지 타락할 수 있는지를 경험하였습니다. 독일인은 히틀러

**뉘른베르크 전범 재판**
(Nuremberg International Military Tribunal, 1945-1946)

치하에서 나치에 동조했을 뿐만 아니라, 기독교를 가장한 새로운 종교를 만들어 내기까지 했습니다. 유대인 학살에 이르러 인간다움조차 상실했습니다. 전 세계를 휩쓸아친 전쟁 속에서 인간의 타락을 눈으로 목도하였습니다. 참혹한 전쟁을 경험한 후, 반성의 시간을 갖게 되었습니다. 전쟁으로 인한 반성은 지금도 이어집니다. 전쟁의 원인 제공자였던 독일은 자신의 추악한 역사를 반성하며 수도 베를린 한가운데에 홀로코스트 기념관을 세웠습니다. 이 기념관은 과거에 대한 반성과 화해의 몸짓입니다.

    제2차 세계대전이 끝난 후, 독일이 저지른 죄에 대한 재판이 뉘른베르크에서 열렸습니다. 이것이 '뉘른베르크 전범 재판'입니다. 히틀러는 자살하여 이 재판장에 서지 못했으나, 히틀러의 만행에 동조했던 자들은 재판석에 세웠습니다. 이들은 재판석에서 "상관이 시키는 일에 복종했을 뿐"이라고 항변하였습니다. 군대에서 부하는 상관의 명령에 절대복종해야 합니다. 상관의 명령에 불복한다면 전쟁을 승리로 이끌 수 없을뿐더러 전투에 투입된 군사의 목숨도 보전할 수 없을 겁니다. 재판석에 선 전범들은 공무원으로서 수장인 히틀러 명령에 복종했을 뿐이라며 무죄를 주장했습니다. 재판관은 이들의 항변에 난감했습니다. 어떻게 하면 죄값을 치르게 할 수 있을까요? 어떤 근거로 처벌할 수 있을까요? 재판부가 내세운 처벌의 근거는 바로 이것입니다.

법 위의 법

재판부가 말한 '법 위의 법'은 무슨 뜻일까요? 이것은 하나님께서 인간에게 준 바로 양심을 말합니다. 히틀러가 명령한 유대인 학살은 인간의 양심을 거스르는 일이었기에, 인간은 자신의 행위를 양심의 판단에 따라 선택해야 합니다. 유대인 학살 명령은 양심에 찔리는 명령이기에 복종해서는 안 됩니다. 양심의 찔림은 하나님께서 우리에게 주신 선물입니다.

선물인 양심이 어떻게 해야 바르게 움직일까요? 하이델베르크 신앙교육서는 양심이 올바르게 움직일 수 있도록 예수 그리스도 십자가의 의미를 가르칩니다.

**루터의 십자가 신학: 하이델베르크 논쟁**
하이델베르크는 루터가 십자가 신학을 공표한 장소입니다. 1517년, 루터는 비텐베르크 성교회(Schlosskirche)에 95개 논제를 붙였습니

다. 그가 쏘아 올린 신호탄에 로마 가톨릭교회가 화들짝 놀랐습니다. 로마 가톨릭은 루터에게 변론의 기회를 주었는데, 이것이 바로 하이델베르크 논쟁(Heidelberg Disputation, 1518)입니다. 루터는 지방 대표 자격으로 아우구스티누스 수도원 대회에 참가하여 자신의 신학을 열정적으로 설파하였습니다. 열정적인 그 모습에 마틴 부써(Martin Bucer, 1491-1551)는 감동했습니다. 그는 루터의 신학에 감복하여, 곧바로 고향 스트라스부르로 내려가 종교개혁을 단행하였습니다. 그리고 그는 하이델베르크에서 자신의 신앙을 설파하는 루터의 모습을 다음과 같이 칭찬하였습니다.

> 질문에 대답하는 루터의 온화한 모습은 놀라웠다네. 남의 말에 귀 기울일 때 그의 인내심은 누구와도 비할 수 없었지. 그가 뭔가를 설명하는 걸 보고 있노라면 둔스 스코투스 정도가 아니라 바울 사도와 같은 통찰력을 느끼게 될 거야. 그의 답변은 아주 간결하면서도 아주 현명하고, 성경의 말씀을 자유자재로 인용하는데, 듣는 사람이 자연스럽게 감탄하게 되더군[17].

당시 루터의 신학은 아우구스티누스 수도원의 신학자에게 "낯선" 것이었습니다. 루터는 중세의 신학자가 제시한 이 땅의 '존재'를 통해서 하나님을 인식하는 방식이 아닌 새로운 길을 전했습니다. 중세 로마 가톨릭교회는 세상에 존재하는 사물의 유비를 통해서 보이지 않는 하나님을 인식할 수 있다고 보았습니다. 중세 스콜라 신학자는 로마서 1장 20절에서 그 근거를 찾았습니다: "창

---

17    Martin Bucer to Beatus Rhenanus, May 1, 1518, in *Correspondance de Martin Bucer* 1, 61.; *Luther's Correspondance* 1, 82.

하이델베르크 광장에는 하이델베르크 논쟁 장소를 알려주는 원형 동판이 있습니다. 동판에는 '1518년 4월 26일 아우구스티누스 수도원 체류와 하이델베르크 논쟁을 기념하기 위해 1983년 루터의 해를 지정하면서'라는 글귀가 새겨져 있습니다.

세로부터 그의 보이지 아니하는 것들 곧 그의 영원하신 능력과 신성이 그가 만드신 만물에 분명히 보여 알려졌나니 그러므로 그들이 핑계하지 못할지니라." 하지만 중세의 신학자는 보이지 않는 하나님과 하나님께서 만든 피조 세계 사이에 놓인 절대적 간격을 간과하였습니다. 인간은 본성적으로 죽음에 이르는 죄를 지은 죄인이라는 사실을 놓치고 말았습니다. 루터는 이러한 중세 신학의 한계를 비판하며, 로마 가톨릭교회와 논쟁을 단행하였습니다. 이 자리에서 루터가 제시한 "하이델베르크 논제"의 19-20 논제는 다음과 같이 선언합니다.

> 19. 하나님의 보이지 않는 것들을 일어난 일 속에서 꿰뚫어본다고 여기는 사람은 참된 신학자가 아닙니다.
> 20. 고난과 십자가를 바라봄으로써 하나님의 보이는 것, 하나님의 '등'(출 33:23)을 인식하는 사람이 도리어 신학자로 불릴 자격이 있습니다.

루터는 그리스도의 십자가를 통한 하나님 인식을 분명하게 주장했습니다. 그는 출애굽기 33장 23절에서 모세가 하나님의 은혜로 그의 '등'을 보았다는 구절을 인용하며, 모세가 경험한 하나님의 '등'이 어떻게 예수 그리스도의 십자가와 연결될 수 있는지, 성경의 세계로 들어가 봅시다.

### 하나님의 '등'
출애굽기 33장 17-23절에서 모세가 어떻게 하나님의 '등'을 보았는지 살피면서, 하나님의 '등'과 예수 그리스도와 어떤 관계에 있는지 생각해 보려 합니다.

> 17 여호와께서 모세에게 이르시되 네가 말하는 이 일도 내가 하리니 너는 내 목전에 은총을 입었고 내가 이름으로도 너를 앎이니라
> 18 모세가 이르되 원하건대 주의 영광을 내게 보이소서
> 19 여호와께서 이르시되 내가 내 모든 선한 것을 네 앞으로 지나가게 하고 여호와의 이름을 네 앞에 선포하리라 나는 은혜 베풀 자에게 은혜를 베풀고 긍휼이 여길 자에게 긍휼을 베푸느니라
> 20 또 이르시되 네가 내 얼굴을 보지 못하리니 나를 보고 살 자가 없음이니라
> 21 여호와께서 또 이르시기를 보라 내 곁에 한 장소가 있으니 너는 그 반석 위에 서라
> 22 내 영광이 지나갈 때에 내가 너를 반석 틈에 두고 내가 지나도록 내 손으로 너를 덮었다가
> 23 손을 거두리니 네가 내 등을 볼 것이요 얼굴은 보지 못하리라

모세가 하나님 앞에 섰습니다. 하나님께서는 모세에게 아브라함과 이삭과 야곱에게 맹세한 약속의 땅으로 가라고 명령하십니다(출 33:1). 그런데 함께하지 않겠다(출 33:3)고 하십니다. 모세는 명령에 따라 이스라엘 민족을 애굽에서 데리고 나왔는데 지금부터 하나님께서 함께하시지 않는다니, 무슨 일이 벌어진 걸까요?

하나님께서는 3절에서 "너희는 목이 곧은 백성"이라고 하시며, 이스라엘 민족을 진멸하겠다고 하십니다. 하나님의 말씀이 섬뜩합니다. 이 말씀은 출애굽기 32장에 기록된 금송아지를 섬기는 우상숭배 사건과 연결됩니다. 모세가 시내 산에서 하나님께서 직접 쓰신 돌판을 받아서 내려와 보니(출 31:18), 이스라엘 민족은 금송아지

에 절하는 우상숭배의 죄를 범하고 있었습니다. 화가 난 모세는 하나님께서 주신 돌판을 산 아래로 던져 깨뜨렸습니다. 모세의 분노가 얼마나 큰지 짐작할 수 있습니다. 하지만 모세는 곧바로 하나님 앞에 용서를 구합니다(출 32:30). 하나님 앞에서 죄를 범한 이스라엘 민족을 대신하여 용서를 구합니다. 모세는 기록하신 책에서 자기 이름을 지우시더라도 하나님께 이스라엘 민족을 구해달라고 합니다(출 32:33). 하나님께서는 모세에게 이렇게 말씀하십니다.

> 누구든지 내게 범죄하면 내가 내 책에서 그를 지워버리리라 이제 가서 내가 네게 말한 그곳으로 백성을 인도하라 내 사자가 네 앞서 가리라 그러나 내가 보응할 날에는 그들의 죄를 보응하리라(출 32:33-34).

하나님께서는 모세에게 약속의 땅을 향해 떠나라고 명령하십니다. 그러나 이제 하나님께서 함께하지 않겠다고 하십니다(출 33:3). 마른하늘에 날벼락과 같은 청천벽력(靑天霹靂)입니다. 이스라엘 민족은 하나님 앞에 자신의 장식품을 모두 떼어놓고 하나님의 결정을 겸허하게 기다립니다(출 33:4-5). 하나님께서 함께 하시지 않는다면 이 길을 떠날 수 없었습니다. 모세는 절실한 마음으로 "주의 길"을 보여 달라고 간구합니다(출 33:12-13). 이 길은 자신의 뜻대로 떠난 길이 아니라, 하나님께서 명하신 길이기 때문입니다. 하나님께서 모세의 간구에 친히 함께하시겠다고 응답하셨습니다(출 33:14). 그러나 모세는 하나님께 이스라엘 민족과 함께 행하신다는, 구별된 민족의 증표를 다시 보여달라고 합니다(출 33:16).

하나님께서는 이스라엘 민족이 약속의 땅으로 가는 그 길에 함께 하시겠다는 증표로 모세의 이름을 안다고 하셨습니다(출

33:12,17). 이 말씀이 선뜻 이해되지 않습니다. 사람의 존재를 나타내는 이름은 이스라엘 민족에게 중요합니다. 하지만 하나님께서 모세의 이름을 안다고 하신 것은 이런 차원이 아닙니다. 모세가 걸어온 삶의 여정을 알고 계신다는 말입니다. 애굽 땅에서 유대인의 아기로 태어나 강보에 싸여 물가에 버려진 아이를 하나님께서 건져내어 모세라는 이름을 주셨습니다. 모세라는 이름은 '물에서 건져냄'란 뜻을 담고 있습니다. 이는 하나님께서 모세를 통해서 행할 사명을 나타냅니다. 하나님께서는 모세를 애굽에서 노예로 살고 있는 이스라엘 민족을 '건져내어' 약속의 땅으로 인도할 자로 선택하셨습니다. 하나님께서는 모세의 이름과 그의 사명을 알고 계십니다. 하나님께서는 모세를 이 땅에 있게 하셨고, 그 길을 걸을 수 있도록 은혜를 베푸셨습니다. 그래서 하나님께서는 모세에게 이름으로도 너를 안다고 하신 것입니다. 하나님께서는 모세의 존재 이유와 그를 통해 이룰 일을 알고 계시며, 그 일을 이루실 것입니다. 그런데 모세는 18절에서 다시 증표를 요구합니다.

주의 영광을 내게 보이소서(출 33:18).

모세가 보고 싶어하는 하나님의 영광은 무엇일까요? 19절을 보면 하나님께서는 모세에게 두 가지를 약속하십니다.

첫째, "내 모든 선한 것을 네 앞으로 지나가게 하시겠다."라고 약속하십니다. 이스라엘 민족이 광야에서 생활할 때, 하나님은 불과 구름 기둥이나 만나로 자신의 '선'을 나타내셨습니다. 그리고 하나님께서는 자기 이름을 모세 앞에 선포하겠다고 하십니다(출 33:19). 자신이 어떤 분이신지, 이스라엘 민족에게 기대하는 것이 무엇인지를 알려주시겠다는 겁니다. 그러나 하나님의 얼굴을 보지 못한다고 하십니다(출 33:20). 하나님의 얼굴을 보고 살 자는 없기 때문입니다. 인간은 유한한 존재이고 죄와 비참함에 머물러 있기에 하나님의 영광을 감당할 수 없기 때문입니다.

하나님께서는 이제 모세에게 사랑을 베푸십니다. 21절에서 모세에게 "내 곁에 한 장소가 있으니 너는 그 반석 위에 서라."라고 하십니다. 하나님 옆에 있는 반석 위에 모세를 세우십니다. 그리고 하나님의 영광을 모세에게 나타내십니다. 모세의 간구가 이루어졌습니다.

> 내 영광이 지나갈 때 내가 너를 반석 틈에 두고 내가 지나도록 내 손으로 너를 덮었다가 손을 거두리니 네가 내 등을 볼 것이요 얼굴을 보지 못하리라(출 33:22-23).

하나님께서 모세를 반석 틈에 두신 일에 주목해야 합니다. 현란하게 비치는 빛과 삼킬 듯한 불로 나타나는 하나님의 영광에서 모세를 보호하려고 반석 틈에 두셨습니다. 이로써 반석이 무엇을 의미하는지 명확해집니다. 모세를 보호하시는 반석의 틈은 예수 그리스도이십니다. 하나님께서는 그 반석의 틈에 모세를 두셨습니다. 하나님께서 손으로 덮었다가 거둠으로써 하나님의 진노로부터 모세를 보호하십니다. 그 보호 아래에서 모세는 하나님의 '등'을 보았습니다. 이것이 바로 모세가 간구한 하나님의 영광이며, 하나님의 지식(이름)입니다. 이스라엘 민족이 하나님 앞에 죄를 범했으나, 하나님께서 함께 약속의 땅으로 가신다는 증거를 받았습니다. 여전히 이스라엘 민족 언약의 주권자이심을 보여주셨습니다(출 34:4-7). 모세는 하나님의 은혜로 단지 하나님의 '등', 즉 하나님의 부분을 경험할 뿐입니다. 이는 땅에서 성도가 받는 영원한 축복이 미래로 유보되었음을 나타냅니다. 하나님께서 주시는 영생의 선물은 이 세상의 삶이 끝난 이후에 온전하게 누리게 될 미래의 선물입니다. 우리는 그 선물을 예수 그리스도의 십자가로 받았습니다. 우리는 예수 그리스도의 십자가에서 하나님의 해같이 빛나는 영광을 보게 되었습니다.

**올바른 관찰 방향**

하나님의 '등'을 바라보기 위해서는 올바른 '관점'을 가져야 합니다. 우리는 오직 예수 그리스도의 십자가만을 바라보아야 합니다.

> 나는 며칠 전에 그리스도에 대해 완고한 한 이웃과 이야기를 나누고 있었습니다. 그가 말하기를 '왜 나는 그에 대하여 당신이 느끼는 것처럼 느끼지 못합니까? 나는 성경을 꽤 많이 읽었고 설교도 많이 들었지만, 당신이 너무도 많이 이야기하는 이 구세주에 대하여 아무런 열정을 불러일으킬 수 없었소'라고 하였습니다. 그래서 나는 그에게 다음과 같이 전해주었습니다. '당신의 말을 듣자니 수년 전에 화이트 산(White Mountains)에 간 일이 생각나는군요. 그곳에 놀라운 자연스러운 조각품, 곧 화강암 절벽에 인간의 얼굴이 새겨져 있다고 들었소. 그것을 보려고 거기에 이르렀을 때 우리가 기대했던 것은 절벽이었을 뿐 거기엔 아무런 인간의 형태도 보이지 않았을 뿐만 아니라 우리가 전에 들은 것과 같은 모양이나 그것과 비슷한 모습은 아무것도 볼 수 없었소. 우리가 실망하고 돌아서려 할 때 마침 안내원이 와서 하는 말이, '당신은 올바른 지점에서 그것을 보지 않았어요.'라고 하며 우리를 조금 더 높은 곳으로 데리고 가서 '이제 돌아서서 보세요.'라고 했소. 그래서 돌아서서 보니

우리 얼굴처럼 분명하고도 아주 큰 얼굴들이 거기에 있었소. 우리가 올바른 지점에 이르기 전까지는 다만 모서리 난 암벽만 보았을 뿐 균형 잡힌 얼굴은 볼 수 없었소. 그 형태와 아름다운 장면은 관찰하는 방향에 달려있소. 나의 친구여, 당신에게도 이와 같소. 나와 함께 십자가의 그늘 아래로 갑시다. 뉘우치는 죄인이 되어 그곳으로 갑시다. 다른 어느 인간보다 더 상한 그 얼굴을 바라보시오. 가시관을 쓰시고 피로 물든 그 얼굴을 보시오. 고난 겪는 자는 당신을 위하여 죽어가고 있으며 당신은 그분 속에 당신의 영혼을 황홀케 하는 아름다움을 보게 될 것이오.

하나님의 '등'을 보려면 모세처럼 반석 틈에 숨어 있어야 합니다. 다시 말해 예수 그리스도의 십자가 아래에 있어야 합니다. 그 아래에서 얻는 유익을 누려야 합니다. 하이델베르크 신앙교육서는 이 유익을 두 가지로 설명합니다. 첫째, 예수 그리스도의 십자가의 '구속 행위'입니다. 예수 그리스도는 '나의 모든 죄에 대한 값을 치르시기 위해서 보배로운 피를 흘리셨습니다'(벧전 1:19). 우리 죄는 단순한 개인적 위법행위가 아니라 하나님께 대항하여 반역한 의지적 행위이기 때문입니다. 그 죄의 크기와 깊이, 그리고 하나님의 위엄을 깨닫게 될 때 우리의 질문은 달라질 겁니다. 죄의 문제를 스스로 해결할 수 없는 나약한 존재임을 깨닫게 될 때, 하나님께 왜 우리 죄를 용서하지 않으시는지를 묻기보다 오로지 어떻게 우리의 죄를 용서해 주실 수 있는지로 질문이 바뀌게 됩니다.

하나님께서는 자기 의를 온전하게 지키시려고 우리의 죗값을 지불하셔야 했습니다. 그리고 우리를 온전히 사랑하시기 때문에, 우리를 대신하여 그의 아들 예수 그리스도를 보내셨습니다. 예수 그리스도의 십자가는 우리를 대신하는 대속적 속죄를 뜻합니다.

그래서 우리는 "그리스도께서 우리 죄를 대신하여 죽으셨다."라고 고백합니다. 그리스도께서 우리가 서 있는 죄의 자리를 취하셔서, 우리의 죄를 지시고, 우리가 치러야 할 죄의 대가를 치르시고, 우리 대신 죽으셨습니다. 이 사건은 바로 하나님께서 십자가에서 해결하신 신적 딜레마의 해결책입니다. 하나님의 아들 예수 그리스도께서 십자가에서, 그리스도 안에 계신 하나님께서 우리가 받아야 할 심판을 직접 받으셨기 때문입니다. 그리스도께서는 우리가 그러한 고통을 당하지 않도록, 우리를 대신해 지옥의 황폐함을 겪으셨습니다. 용서받을 자격이 전혀 없는데도 말입니다. 십자가 위에서 거룩한 사랑과 정의가 화해하게 되었습니다. 그래서 그리스도를 나의 죄를 속죄하신 구주로 고백합니다.

둘째, 예수 그리스도께서는 마귀의 권세로부터 우리를 자유롭게 하셨습니다. 창세기 3장 15절에서 예수 그리스도는 뱀의 머리를 짓밟으셨습니다. 십자가의 희생자가 실은 승리자고, 그 십자가는 왕좌로 변하여 예수님은 지금 왕으로 세상을 다스리십니다. 사도 바울은 골로새서 2장 15절에서 "통치자들과 권세들을 무력화하여 드러내어 구경거리로 삼으시고 십자가로 그들을 이기셨느니라."라고 선포합니다. 악의 세력이 어떻게 십자가의 예수 그리스도를 에워싸고 압박했는지, 그리고 예수 그리스도가 그것을 물리치시고, 무장 해제하여 십자가로 승리하셨는지 생생한 비유로 묘사합니다. 그는 우주적 전쟁이 정확하게 어떤 형태로 일어났는지는 설명하지 않습니다. 그러나 우리는 예수님이 십자가를 피하고 싶었던 유혹을 물리치고, 십자가의 길에 순종하셨음을 알고 있습니다. 모욕과 고문을 당하실 때도 예수님께서는 보복하기를 완강하게 거부하심으로써 선으로 악을 이기셨습니다(로마서 12:21). 또한, 예루살렘과 로마의 연합 세력이 예수님께 대항했을 때, 예수님께서는 세상의 권력을 사용하지 않으셨습니다. 예수님께서는 순종과 사랑, 온유함으로 어둠의 세력에 대해 결정적 승리를 거두셨습니다. 그러므로 예수님께서는 자유롭고 순결한 그리고 타협하지 않는 분이 되셨습니다. 마귀는 예수님께 결코 손을 댈 수 없었고, 패배를 인정할 수밖에 없었습니다. 이것이 예수 그리스도의 승리입니다. 예수 그리스도의 십자가는 죽음의 권세를 잡은 마귀를 멸하기 위한 것이었습니다(히 2:14). 죽음 앞에서 두려워하는 우리를 죽음으로부터 자유롭게 하기 위함이었습니다(히 2:15). 예수 그리스도의 십자가가 패배같았지만 승리였습니다. 하나님께서 십자가의 죽음에서 예수 그리스도를 부활시킴으로써 그 승리를 확인하셨습니다. 그리스도의 십자가로 우리 삶의 기준과 태도가 바뀌는 경험을 합니다. 그 경험이 바로 예수 그리스도의 십자가가 악의 세력을 이겨 우리를 자유인으로 만드는 승리의 상징임을 증명합니다.

  여기에 중요한 논점이 숨어 있습니다. (1) 나는 죄인입니다. (2) 나는 나의 죄에 대한 값을 지불할 능력이 없으므로 예수 그리스도께서 죽임을 당해야만 했습니다. 그가 십자가에서 죽을 수밖에 없었던 이유는 '하나님의 의와 진리'를 만족시킬 다른 방법이 없었기 때문입니다(12-18, 40문). 그리스도의 십자가는 죄인에서 의인으로서의 존재론적 전이의 근거가 됩니다. (3) 그리스도의 죽음으로 나는 죄에서 자유롭게 되어, 참된 그리스도인이 되었고 자유롭게 의를 선택할 수 있게 되었습니다.

# 그리스도인인 나

## 파수꾼, 예수 그리스도

하나님 우편에 앉아 계신 예수 그리스도께서
지금도 우리를 다스리십니다

---

하이델베르크 신앙교육서 1문은 삶과 죽음에서 나의 유일한 위로를 '나는 나의 것이 아니라 그리스도의 것'이라고 가르칩니다. 이 고백은 하이델베르크 신앙교육서 1문의 대전제입니다. 하이델베르크 신앙교육서 1문은 그리스도와 연합된 그리스도인의 존재에 대한 '주석' 내지는 '설명'입니다. 즉, 그리스도인의 자아 정체성을 그리스도 중심의 삼위일체 사역으로 가르칩니다. 첫째, 예수 그리스도께서 우리의 모든 죗값을 완전히 지불하고, 우리를 마귀의 권세로부터 해방시키기 위해서 기꺼이 십자가에 달려 죽으셨습니다. 이 사건은 이 땅에서 실제로 일어난 객관적 사실입니다. 둘째, 하나님께서는 예수 그리스도를 죽음에서 부활시키시고 하늘로 올리셨습니다. 하나님 우편에 앉으신 예수 그리스도께서는 모든 원수에 대항하여 우리를 보호하시고, 이 땅의 피조물과 협력하여 우리의 구원을 이루십니다. 마지막으로 그리스도의 영은 그리스도 안에서 우리에게 약속한 영생을 보증하시고, 우리가 이 땅에서 기꺼이 그리고 즐겁게 살게 하십니다.

하이델베르크 신앙교육서 1문은 '나는 그리스도와 연합된 존재'라는 대전제에서 출발합니다. 그리스도와 연합된 '나'는 그리스도의 보혈로 하나님 앞에서 의롭다 칭함을 받음으로써 하나님과 교제가 회복됩니다. 이로써 이 땅에서 '최대의 행복'을 맛보는 은혜를 누립니다. 하나님께서는 그리스도 안에서 자신과의 관계를 회복하기로 영원 전에 작정하셨습니다. 이 작정을 성취하기 위해 예수 그리스도를 이 땅에 보내셨습니다. 예수님께서는 고난의 자리에서 십자가에 달려 죽으셨습니다. 이 땅에 한 인간으로 오신 예수님께서 실제로 행하신 역사적 사건입니다. 이 사건으로 우리의 죄의 값을 지불(속죄)하셨고 죄의 권세로부터 우리를 자유롭게 하셨습니다(자유).

또한, 하나님께서는 십자가에 달려 죽은 예수 그리스도를 부활시키시고, 하늘로 올려 하나님 우편에 앉히셨습니다. 하나님 우편에 계신 영원한 왕이신 예수 그리스도께서는 지금도 우리를 위해서 일하고 계십니다. 그 일하심을 하이델베르크 신앙교육서 1문은 두 가지를 가르칩니다. ⑴ 영원한 왕이신 예수 그리스도께서는 자신의 권능으로 모든 원수에 대항하여 우리를 보호하고 지키십니다. ⑵ 그리스도께서는 하늘에서 우리의 구원을 위해서 일하십니다. 하나님께서 만든 피조 세계조차도 우리의 구원을 위해 일하십니다.


**고난에도 불구하고: 츠빙글리**

흑사병은 유럽의 중세 사회를 붕괴시켰습니다. 중세의 장원제도가 무너졌습니다. 사회의 붕괴는 새로운 체제를 향한 열망을 만들어 냈습니다. 항구를 떠나 망망한 대해로 깃발을 올린 항해는 새로운 대륙을 발견하였습니다(콜럼버스의 신대륙, 1492). 새로운 대륙의 발견은 유럽의 경제체제를 바꾸었습니다. '돈'을 중심으로 물건을 사고파는 시장이 형성되었고, 초기자본주의의 경제구조(중상주의)가 형성되었습니다. 경제구조의 변화는 사유의 변화를 낳았고 새로운 문화를 만들어 냈습니다(르네상스). 새롭게 등장한 경제구조가 안정화되고 다시 일어난 문화는 새로운 가치를 만들어 냈습니다. 하지만 중세의 체제를 무너뜨린 흑사병은 새로운 경제체제와 문화를 만들어 가는 과정에서도 종교개혁자의 발목을 붙잡았습니다. 개혁교회의 포문을 연 츠빙글리(Ulrich Zwingli, 1484-1531)가 취리히에서 사역을 시작한 지 얼마 되지 않아(1519년 8월과 1520년 2월 사이) 흑사병이 취리히를 강타했습니다. 취리히 인구의 3분의 1을 잃었습니다. 목회자로서 흑사병에 걸린 사촌을 돌보던 중, 츠빙글리 자신도 병에 걸려 누웠습니다. 죽음의 목전에서 올린 그의 기도는 다음과 같습니다.

주님, 나를 도우소서.
나의 힘, 나의 반석이시며
문밖에서는 죽음이 문 두드리는 소리
나를 위해 못 박히신
당신의 손을 높이 들어서
죽음을 정복하시고
나를 구원하소서.
그러나 당신의 음성이
내 생애의 한낮인 지금이라도
내 영혼을 부르신다면
나는 순종하겠나이다
신앙과 소망 안에서

이 땅을 포기하고

천국을 얻고자 하나니

나는 당신의 것이니이다(박경수, "오직 하나님 뜻이 이루어지이다.", 36).

츠빙글리가 '나는 당신의 것'이라는 고백은 하이델베르크 신앙교육서 1문의 대전제와 맞닿아있습니다. 이 경험은 그에게 삶의 전환점을 제공해 주었습니다. 죽음에서 건져진 그는 참된 신앙의 푯대를 붙잡고 목숨을 걸고 신앙을 지키겠다고 결단했습니다. 1519년 1월 첫 주, 그는 마태복음을 본분으로 강해 설교를 시작합니다. 그는 취리히의 교회가 바른 신앙의 토대 위에 세워지길 소망했습니다. 츠빙글리는 로마 가톨릭과의 전투(카펠 2차 전투) 중 병사에게 다음과 같이 외쳤습니다.

두려워하지 말라! 우리가 고통을 당하기는 하겠지만 우리는 옳은 편에 서 있다. 여러분의 영혼을 하나님께 맡기라. 그분께서 우리뿐 아니라 우리에게 속한 모든 것들을 돌보실 것이다. 오직 하나님의 뜻만이 이루어질지어다(박경수, "오직 하나님 뜻이 이루어지이다.", 39).

츠빙글리는 흑사병 앞에서 하나님의 뜻을 구했습니다. 그 뜻이 이 땅에 이루어지길 소망했습니다. 그 소망 가운데 사명을 감당하였습니다. 하나님의 뜻은 고난과 두려움의 시간을 지나면서 더욱 빛났습니다. 포기할 수 없는 그 길에 목숨을 걸고 다시 한번 부르짖었습니다. 그는 전쟁터에 선 동역자에게 하나님의 공의가 그들 편에 있음을 외쳤습니다. 죽음의 두려움을 넘어서 하나님의 뜻만을 바라보자고 촉구했습니다. 그리하여 하나님의 놀라운 계획이 전투에 임한 병사를 통해 이 땅에서 이루어질 것임을 확신했습니다. 비록 츠빙글리가 이 전투에서 하나님의 부름을 받았더라도, 하나님의 뜻을 따라 살았던 그리스도인으로서의 그의 삶에는 부끄러움이 없었습니다. 그는 당당하게 하나님의 뜻 안에서 죽음을 받아들였으며, 자신의 신앙을 굳건히 지켰습니다.

### 요셉을 통한 놀라운 구원 이야기

하나님께서는 우리의 삶에 직접 개입하셔서, 그가 작정하신 구원을 이루어 가십니다. 이 구원의 성취가 우리의 삶에서 어떻게 나타나는지, 요셉의 이야기를 통해서 묵상해 보고자 합니다. 하나님께서는 창세기 45장 7절에서 하나님의 놀라운 계획과 그 성취를 고백하게 하십니다.

> 하나님이 큰 구원으로 당신들의 생명을 보존하고 당신들의 후손을 세상에 두시려고 나를 당신보다 먼저 보냈나니(창 45:7).

요셉은 형제 앞에서 하나님의 계획을 고백합니다. 애굽의 땅으로 자신을 먼저 보낸 하나님의 계획이 자신을 통해서 어떻게 이루셨는지, 한편의 파노라마처럼 지나갔습니다.

### 요셉의 꿈

요셉은 어린 시절 하나님께서 주신 꿈을 받았습니다. 어느 날, 형제들의 볏단이 요셉의 볏단에 절하는 꿈을 꾸었습니다(창 37:7). 또 다른 꿈에서는 해와 달과 열한 별이 요셉을 향해 절하는 모습을 보았습니다(창 37:9). 이 꿈을 들은 형제들은 요셉을 시기하기 시작했습니다. 요셉이 자기들보다 높은 곳에 올라 왕이 되지 않고서야 어떻게 이런 일이 벌어질 수 있겠습니까!

그러나 하나님께서 주신 약속은 헛되지 않았습니다. 요셉의 인생은 꿈의 약속이 실제로 성취되기까지 순탄하지 않았습니다. 형제의 미움으로 인해 요셉은 노예로 팔려 애굽으로 가게 되었습니다. 그는 인생의 밑바닥을 경험하게 되었습니다. 형제에 의해 팔려 노예가 되었으니, 그의 신세가 처량하기 그지없습니다. 요셉은 애굽 보디발 장군의 집에서 노예로 일하게 되었습니다. 그곳에서 열심히 일한 것으로 보입니다. 보디발이 요셉을 가정 총무로 삼았으니까요! 종의 신분이지만 주인 보디발을 대신하여 가정일을 돌보는 총무가 되었으니, 어쩌면 그의 삶이 '어느 정도' 안정적 상태가 되었다고 볼 수 있습니다. 하나님께서는 인생이 어느 정도 안정적이라고 느낄 때 '바닥'을 다시 보게 하시는 듯합니다. 요셉은 노예에서 죄수가 됩니다. 정말 어처구니없이 누명을 쓰고 말이지요. 자신의 인생에서 더 깊은 밑바닥이 없다고 생각하고 있을 때, 요셉은 더 깊은 구렁텅이로 떠밀려 갔습니다. 누명을 쓰고 죄인이 되었으니, 억울하지 않았을까 생각됩니다. 하지만 요셉이 어떤 마음을 가졌을지 상상이 되지 않습니다. 성경은 요셉의 마음을 기록하고 있지 않습니다. 인생의 밑바닥이라고 생각한 그곳에서 하나님께서는 요셉을 돌보고 계셨습니다. 요셉은 간수장의 신임을 얻어 죄수를 관리하는 책임을 맡았습니다. 그곳에서 술 맡은 관원과 떡 굽는 자들의 꿈을 해석해 주었습니다. 정말로 그 꿈대로 술 맡은 관원은 원래의 자리로 돌아갔고, 떡 굽는 자는 처형되었습니다. 이후, 술 맡은 관원 덕분에 요셉은 애굽 왕의 꿈을 해석하게 되었고, 이를 통해 애굽을 기근에서 구하는 영웅으로 부상하며 인생의 최고 지점에 오르게 되었습니다.

**하나님의 함께 하심**

하나님께서는 요셉이 걸어간 삶의 여정에서 그와 함께 하셨습니다(창 39:2). 하나님께서 요셉과 함께하심이 주인 보디발의 눈에 보였습니다. 창세기 39장 2-3절에서 다음과 같이 기록되어 있습니다.

> 2 여호와께서 요셉과 함께 하시므로 그가 형통한 자가 되어 그의 주인 애굽 사람의 집에 있으니
> 3 그의 주인이 여호와께서 그와 함께하심을 보며 또 여호와께서 그의 범사에 형통하게 하심을 보았더라

간수장의 눈에도 하나님께서 함께하심이 보였습니다.

> 21 여호와께서 요셉과 함께하시고 그에게 인자를 더하사 간수장에게 은혜를 받게 하시매
> 22 간수장이 옥중 죄수를 다 요셉의 손에 맡기므로 그 제반 사무를 요셉이 처리하고
> 23 간수장은 그의 손에 맡긴 것을 무엇이든지 살펴보지 아니하였으니 이는 여호와께서 요셉과 함께하심이라 여호와께서 그를 범사에 형통하게 하셨더라

하나님께서는 요셉의 여정에 함께하셨습니다(창 39:2,21). 사람의 눈으로 볼 때, 요셉이 서 있는 자리는 절망의 자리였습니다. 그의 삶은 하나님의 약속에서 멀어진 것처럼 보였습니다. 하지만 하나님께서는 요셉과 함께 계셨습니다. 더 놀라운 것은, 하나님을 알지 못하는 이방인조차도 요셉에게서 그분의 임재를 목격했다는 사실입니다. 이방인의 눈에 요셉이 믿는 하나님이 보였다니! 놀랍지 않

나요? 절망의 자리에서 요셉은 어떻게 하나님께서 함께하심을 확신할 수 있었을까요? 그가 친위 대장의 집에서 가정 총무가 되었을 때, 깨닫게 되었을까요? 인생의 밑바닥에서 다른 사람이 요셉을 하나님의 사람으로 인정한 근거는 무엇이었을까요? 요셉은 하나님이 자신과 함께하신다는 증표를 어디에서 찾았을까요? 요셉의 인생에 숨겨진 수많은 질문에 대한 답을 찾아가고자 합니다.

요셉은 하나님을 전적으로 신뢰했습니다. 하나님께서 준 언약을 붙잡고 인내하였습니다. 만약 요셉이 하나님을 신뢰하지 않았다면, 하나님께서 준 약속을 신뢰할 수 있을까요? 결코 그렇지 못했으리라 생각합니다. 어린 시절부터 요셉은 할아버지 이삭과 아버지 야곱으로부터 하나님께서 가족을 인도하신 역사를 배웠습니다. 그래서 보디발의 아내가 유혹했을 때도 단호히 거절할 수 있었던 것입니다. 하나님께서 함께하심의 표징은 그가 얼마나 하나님을 신뢰하며 그분의 말씀에 순종하느냐에 달려 있습니다. 요셉은 하나님의 언약에 순종하며, 그 길에서 평안과 기쁨을 누렸습니다. 요셉의 삶에서 흘러나오는 기쁨과 평안은 요셉이 믿는 하나님께로부터 시작되었음을, 주변 사람들이 분명히 깨달을 수 있었습니다.

하나님께서는 요셉과 함께 일하셨습니다. 하나님께서는 자신의 뜻을 요셉의 꿈으로 보여주셨습니다. 요셉은 하나님께서 약속을 신실하게 이루실 것을 믿었습니다. 이제 그에게 주어진 것은 인내하는 일뿐이었습니다. 요셉도 하나님의 방식을 알지 못했습니다. 창세기 42장 9절에서 형들이 곡식을 얻으러 애굽으로 내려왔을 때, 요셉은 그제야 형들에 대하여 꾼 꿈을 떠올리며, 그 순간 하나님께서 주신 꿈이 성취되고 있음을 깨달았습니다. 우리는 하나님께서 어떻게 그의 약속을 이루실지 구체적으로 알 수 없습니다. 하지만 한 가지 분명한 사실은 하나님은 신실하기에 하나님의 뜻은 변함 없다는 것입니다. 하나님께서는 자신의 뜻대로 일하시며, 반드시 약속을 성취하십니다. 그러므로 우리도 하나님의 뜻만을 바라보고 그 길을 묵묵히 걸어가야 합니다.

하나님의 은혜는 하나님께서 허락한 그 길을 묵묵히 걸어간 요셉에게 더하였습니다. 하나님의 은혜는 여기에서 멈추지 않습니다. 그 은혜가 요셉과 함께 있는 자에게 흘러갑니다. 요셉이 보디발의 집에서 가정 총무로 임명된 순간부터, 하나님께서는 이방인의 집에 복을 내리셨습니다(창 39:8). 마찬가지로, 요셉이 감옥에 있을 때도 간수장에게 일어났습니다(창 39:21). 하나님께서는 "요셉을 위하여" 그렇게 하셨습니다(창 39:8). 이방인 보디발과 간수장은 요셉의 남다름을 보았습니다. 그 남다름이 그가 믿는 하나님께서 함께하신 증표임을 깨달았습니다. 그래서 그들은 요셉을 신뢰했고, 그에게 자신의 일을 맡기기까지 했습니다. 하나님께서는 요셉뿐만 아니라 이방인까지도 축복하셨습니다.


**하나님의 손길: 섭리**

하나님께서는 요셉의 삶에 직접 개입하여 자신이 계획한 일을 이루셨으며, 아버지로서 요셉의 삶을 인도하셨습니다. 요셉의 여정은 한순간에 이루어진 짧은 이야기가 아니라 긴 인생의 여정 속에서 하나님의 섭리가 드러나는 과정입니다. 삶의 긴 여정을 바라보는 눈이 필요합니다. 온 세상을 환히 들여다보시는 하나님께서 베푸시는 은혜를 발견하는 눈이 필요합니다. 하나님께서는 흉년 때 야곱의 가족이 양식을 공급받을 수 있도록 미리 준비하셨습니다. 그래서 시편 기자는 "그가 한 사람을 앞서서 보냈음이여 요셉이 종으로 팔렸도다."(시 105:17)라고 찬양합니다. 하나님께서는 영원한 시간을 바라보고 계시나, 우리의 시야는 오늘 하루에 머물러 있다는 것을 깨달아야 합니다. 우리의 삶은 큰 바퀴 속에 있는 작은 바퀴들과 같으며, 그 모든 바퀴는 서로 다른 눈과 생물의 영에 의해 방향을 잡습니다. 그러므로 하나님의 때가 오기 전에는 아무것도 성급하게 판단하지 말고, 이 단순한 진리를 붙잡으며 긴 호흡을 내쉬는 그리스도인이 되어야 합니다.

그리스도인으로서 걸어가는 이 땅의 여정은 때때로 모진 비바람을 온몸으로 맞으며 나아가는 길입니다. 요셉은 어린 시절부터 형제로부터 시기와 질투를 받았고, 심지어 가족의 손에 의해서 죽임을 당할 뻔했습니다. 하지만 그 시간은 가족을 구하는 기회가 되었습니다. 하나님께서는 이 땅의 거짓과 불의를 다스리십니다. 그것을 통해서 하나님의 뜻을 이루십니다. 우리가 하나님의 신실함을 신뢰한다면, 어떠한 일이 일어나더라도 하나님께 영광을 돌려야 합니다. 하나님께서는 자신의 때에, 그분이 택한 방법으로 반드시 뜻을 이루시기 때문입니다. 그래서 하나님께서는 요셉이 형제 앞에서 "나를 이리로 보낸 이는 당신이 아니라 하나님이시라."(창 45:8)라고 고백하게 하시고, 형제의 악행을 결국 선으로 바꾸셨습니다. 하나님께서는 우리가 내딛는 걸음보다 한 걸음 앞서 일하십니다. 그러니 이 땅의 고난으로 염려에 빠져서는 안 됩니다.

하나님은 신실하신 분으로, 우리에게 그의 뜻을 밝히 보여주십니다. 지금 우리는 성경을 읽음으로써 하나님의 뜻을 눈으로 확인할 수 있습니다. 성경은 우리가 이 땅에서 살아가는 동안 알아야 할 내용을 가르쳐 줍니다. 그 안에는 하나님께서 우리에게 베푼 호의가 기록되어 있습니다. 독특하게 하이델베르크 신앙교육서

1문은 하나님의 섭리를 직접 드러내기보다는, 하나님의 섭리 아래에서 일하시는 예수 그리스도의 사역에 집중합니다. 루터는 이를 예수 그리스도의 십자가에 '숨어계신 하나님'이라고 표현합니다.

> 십자가에 달리신 숨어계신 하나님을 말하는 자가 십자가의 신학자입니다. 그는 형벌, 십자가, 죽음이 다른 어떤 것보다 더욱 귀중한 보물이며, 주님께서 신성하게 하시고 축복하신 가장 거룩한 성물이라고 가르칩니다. 주님은 가장 거룩한 육체의 접촉뿐 아니라, 그분의 매우 거룩하고 신성한 의지를 포옹함으로써 그렇게 하신 것입니다. 주님은 바로 이러한 성물을 여기에 두셔서 입 맞추고, 추구하고 포옹하도록 하셨습니다…. 이러한 보물은 모든 사람이 누릴 수 있는 것이 아니라, 오직 하나님의 자녀 가운데 택함을 받은 자들만이 누릴 수 있는 은혜와 영광입니다.[18]

하나님께서는 십자가에 숨어계십니다. 하지만 하나님의 택함을 받은 자녀는 그것을 발견할 수 있습니다. 하이델베르크 신앙교육서 1문은 그리스도의 십자가에 숨어 계신 하나님의 구원론적 측면을 전면에 부각시킵니다. 예수 그리스도의 구속의 사건은 하나님의 뜻에 따라서 이루어진 그리스도와의 연합의 토대이며, 그 효력이 실제적으로 우리의 삶에 참여함을 보증합니다. 하늘에 계신 영원한 왕 그리스도께서 이 땅의 모든 이를 다스리기 때문에, 어떠한 어려움 속에서도 그리스도를 통해 하나님을 바라보는 우리의 행복은 더욱 굳건해집니다.[19] 이 모든 구속의 역사는 하나님의 뜻

---

18   *LW* 31, 225-26.
19   Ames, *Catechisme*, 8-9.

에 따라서 이루어집니다. 그리스도인은 하나님의 뜻에 따라서 이 땅에서 '선취'된 구원의 기쁨을 누리게 됩니다.

**구원의 성취**

우리는 예수 그리스도께 속한 자로서, 십자가에서 부활하시고 하늘로 승천하신 예수님께서 지금도 다스리고 계심을 믿습니다. 이러한 다스림은 하나님께서 우리의 삶에 직접 개입하신 하나님의 자비를 보증합니다. 예수 그리스도의 십자가를 통해 우리가 죄에서 자유로워짐을 맛보게 하십니다. 그 구원은 마지막 때에 완전한 행복으로 나타나며, 우리가 그리스도 안에서 하나님과 관계를 회복하심으로써 하나님을 아버지라 부르는 특권을 누리게 됨으로써, 우리는 하나님의 자녀가 됩니다.

> 하나님 아버지, 그동안 제가 당신의 부모되심과
> 사랑의 돌보심을 모르고
> 어떻게 존재해 왔는지 모르겠습니다.
> 그러나 이제 저는 당신의 아들입니다.
> 당신 집에 양자가 되었으니
> 하나님 아버지가 제 곁에 계시기 때문입니다(Ian Samle, Father God, I wonder).

이 모든 구원은 하나님의 작정하신 계획 아래 이루어지는 복음의 핵심임을 고백합니다. 말씀의 주체이신 전능하신 하나님과 신실하신 아버지께서는 결코 그 약속을 무너지게 하지 않으십니다. 우리가 의심의 돌부리에 넘어져 무릎이 까지는 아픔이 있다 할지라도, 하나님께서는 그의 손길로 우리의 아픈 부위를 감싸고 일으키며 구원을 완성하십니다. 우리가 세상에서 고난을 겪을지라도, 하나님께서는 그 고난으로 해를 당하지 않도록 도와주십니다. 고난도 우리의 구원을 위하여 협력하게 하십니다.

> 그러므로 너희가 그리스도와 함께 다시 살리심을 받았으면 위엣 것을 찾으라. 거기는 그리스도께서 하나님 우편에 앉아 계시느니라. 위엣 것을 생각하고 땅엣 것을 생각지 말라. 이는 너희가 죽었고 너희 생명이 그리스도와 함께 하나님 안에 감추었음이니라 (골 3:1-3).

그리스도께서 하나님 우편에 앉으심으로써 우리의 구원을 온전하게 이루어 가십니다. 그리스도께서는 이 여정에서 하나님의 형상을 회복시켜 주십니다. 우리는 하나님의 형상대로 창조되었음을 기억해야 합니다. 우리에게는 "하나님처럼 창조하고 사랑하는 역량과 열망"이 내재되었으며, 죄로 인해 그 힘을 잃었을지라도, 하나님께서는 그리스도 안에서 그 힘을 회복시켜 주셨습니다. 예수 그리스도의 십자가는 하나님의 의의 만족시키는 객관적 사건입니다. 이 사건이 나의 존재의 변화를 이끄는 힘이 됩니다. "그리스도께서는 자신의 부활로써 죽음을 이기셨고, 죽음으로써 얻은 의에 우리로 참여할 수 있게 하셨습니다."(45문). 예수 그리스도의 부활로 우리는 그 분이 성취한 의에 참여할 수 있게 되었습니다. 하나님의 은혜는 여기에서 멈추지 않습니다. 하나님께서는 우리를 그리스도의 의에 참여하도록 인도하시며, 부활한 그리스도를 하늘로 승천시키심으로써, 우리로 하여금 위엣 것을 구하도록 하십니다(49문).

하나님께서 그리스도를 통해서 우리의 구원을 어떻게 통치하시는지가 궁금해집니다. 첫째, 하나님은 그리스도를 부활시키셨습니다. 그리스도의 부활로 그리스도의 죽음은 나를 위한 죽음으로 만들었습니다. 우리는 믿음으로 예수 그리스도의 죽음을 통해 얻은 의에 참여하게 되었습니다. 이 참여로 우리는 새로운 생명을 얻었습니다. 이 새 생명으로 우리는 하나님의 가족이 되었습니다. 이 가족이 되었다는 것은 가족의 상속권을 가졌다는 뜻입니다. 그래서 그리스도의 부활은 우리의 부활의 확실한 보증이 됩니다(45문).

둘째, 하나님께서는 예수 그리스도를 하늘로 올리셨습니다. 하늘에 오른 예수 그리스도는 우리의 유익을 위하여 인성을 지닌 채로 하늘에 계십니다. 그렇지만 그리스도는 신성을 지니고 계시기 때문에 세상 끝 날까지 성령을 통해 우리의 구원을 위해 일하십니다. 성령은 그리스도와 우리를 잇는 끈입니다(47문). 그리스도께서 보내신 성령의 역사로 우리는 마지막 날에 있을 심판이 두려움이 아니라, 오히려 그것을 기대하고 소망하게 됩니다. 그리스도께서 하늘에 계신 하나님 아버지 앞에서 나의 증인이 되실 것이기 때문입니다. 그리스도께서 심판대에 선 나의 증인이 되어 나의 구원을 대언하실 것입니다(52문). 왜냐하면 그분은 하나님의 뜻에 따라서 자신에게 주어진 구속의 역사를 이 땅에서 이루셨고, 죽음으로 나와의 뒤틀린 관계를 다시금 회복하셨기 때문입니다. 이를 하이델베르크 신앙교육서는 '하나님 앞에서' 의롭게 하셨다고 분명하게 표현합니다(60문). 그리스도께서는 교회의 지체로서 우리를 부활시켜 그와 함께 하늘에 있게 하실 것이기 때문입니다. 그리스도의 유지와 보존의 통치는 하나님 우편에 앉아 계신다는 고백에서 이루어집니다. 하나님 우편에 계신다는 고백은 '그리스도가 교회의 머리이며 그리스도를 통해서 하나님께서 이 땅을 다스린다'(50문)는 뜻입니다. 그리스도가 교회의 머리가 되심으로써 교회의 지체인 나는 하늘의 은사를 성령을 통해서 얻게 됩니다(51문). 그리스도가 보낸 성령으로 이 땅에서 살아가는 내가 고난과 고통에 대항하는 힘을 얻게 되고 마지막 그날까지 하나님의 보호 안에서 인내하게 하십니다(51문).

하나님의 우편에 영원한 왕으로 계신 예수 그리스도의 일하심은 하나님께서 우리를 구원하고자 작정하신 그 계획의 실행입니다. 그분은 우리를 구원하고자 창세 전에 그리스도 안에서 우리를 택하셨습니다. 그 놀라운 구원의 계획을 실제로 성취하기 위해 우리를 하나님의 자녀로 부르시며 양육하시며 마지막 때에 하나님의 심판대에 설 때까지 보호하십니다. 이 보호하심이 부활하신 예수 그리스도의 사역으로, 이 세상의 피조 세계조차도 우리의 구원을 위해 협력하도록 만드십니다.

우리는 예수 그리스도의 십자가와 부활, 승천을 통해 하나님의 신실하심과 구원의 확신을 누리며, 고난 가운데서도 하나님의 은혜를 경험하는 복된 자들입니다. 이러한 복음의 진리는 결코 무너지지 않으며, 우리의 삶 속에서 하나님의 손길이 늘 함께하심을 증거합니다.

### 그리스도인인 나

## 성령, 예수 그리스도의 영

성령은 우리의 영원한 생명을 보증하고
이 땅에서 기꺼이 살아가게 하십니다

하이델베르크 신앙교육서 1문은 삶과 죽음에서 나의 유일한 위로를 '나는 나의 것이 아니라 그리스도의 것'이라고 가르칩니다. 이 고백은 하이델베르크 신앙교육서 1문의 대전제입니다. 하이델베르크 신앙교육서 1문은 그리스도와 연합된 그리스도인의 존재에 대한 '주석' 내지는 '설명'입니다. 즉, 그리스도인의 자아 정체성을 그리스도 중심의 삼위일체 사역으로 가르칩니다. 첫째, 예수 그리스도께서 우리의 모든 죗값을 완전히 지불하고, 우리를 마귀의 권세로부터 해방시키기 위해서 기꺼이 십자가에 달려 죽으셨습니다. 이 사건은 이 땅에서 실제로 일어난 객관적 사실입니다. 둘째, 하나님께서는 예수 그리스도를 십자가에서 부활시키고 하늘로 올리셨습니다. 하나님 우편에 앉으신 예수 그리스도께서는 모든 원수에 대항하여 우리를 보호하시고, 이 땅의 피조물과 협력하여 우리의 구원을 이루십니다. 마지막으로 그리스도의 영은 그리스도 안에서 우리에게 약속한 영생을 보증하시고, 우리가 이 땅에서 기꺼이 그리고 즐겁게 살게 하십니다.

우리의 구원은 하나님의 작정 아래에 있습니다. 하나님께서는 우리를 구원하기 위해서 예수 그리스도를 보내셨습니다. 그는 이 땅에서 구원 사역을 십자가로 성취하셨습니다. 지금도 하나님 우편에서 계시며 우리의 구원을 위해서 일하고 계십니다. 그 일하심은 마지막 때에 완성될 것입니다. 또한, 예수 그리스도께서는 하나님 우편에서 우리의 구원을 위해서 그의 영을 보내어 일하십니다. 이러한 예수 그리스도의 통치는 교회를 통해 눈에 보이는 그림 언어로 표현됩니다. 하나님께서는 예수 그리스도를 (1)교회의 머리로 삼으셔서 우리를 보호하게 하시고, 그의 영으로 우리를 교회의 한 몸으로 부르십니다. 교회 안에서 성도의 교제를 통해서 하나님께서는 우리를 양육하시고, 마지막까지 그 구원의 길에서 벗어나지 않게 보호하십니다. (2)교회를 통한 구원의 여정은 ① 우선, 교회의 머리이신 그리스도께서 그의 영을 우리에게 보내어 마지막에 성취될 영생을 보증하실 뿐만 아니라, 이 땅에서 맛보게 하십니다. ②그 경험이 주는 기쁨으로 인해 우리는 이 땅에서 즉각적으로, 그리고 기꺼운 마음으로 주를 위해 일하게 하십니다.

**칼빈의 첫 설교: 착한 그리스도인**

칼빈은 제네바에서 목회 사역을 시작했지만, 제네바의 시민에 의해 추방당하는 아픔을 겪어야만 했습니다. 그 아픔은 목회자로서의 겪게 되는 가장 큰 슬픔 중 하나였으리라 생각됩니다. 그러나 하나님께서는 그의 아픔을 위로하는 반전의 은혜를 준비하셨습니다. 칼빈은 제네바를 떠나 스트라스부르로 갑니다. 그곳은 그가 프랑스를 떠나면서 계획했던 도시였습니다. 하나님께서는 그곳에서 칼빈에게 목회자로서 누릴 최고의 기쁨을 허락하셨습니다. 그는 프랑스에서 종교적 자유를 찾아 망명한 성도를 돌보았습니다. 칼빈은 이들과 함께 고국어 프랑스어로 예배를 드리는 기쁨을 누렸습니다. 하나님께 영광을 돌리는 예배의 자리에서 함께 기도하고, 함께 찬양했습니다. 이 교회공동체의 경험이 칼빈에게 큰 위로를 주었습니다.

그러나 하나님께서는 칼빈이 그 위로의 자리에서 안주하도록 내버려 두지 않으셨습니다. 하나님께서는 칼빈을 다시 아픔의 자리인 제네바로 부르셨습니다. 기쁨과 위로의 자리를 떠나 고통과 아픔의 자리를 다시 직면한다는 것은 칼빈에게 쉽지 않은 일이었지만, 그는 하나님의 부르심에 응답했습니다. 그리고 제네바 시민을 향해 단호하게 첫 설교를 시작하며 이렇게 외쳤습니다.

> 만약 여러분이 나를 당신들의 목사로 원하신다면, 여러분의 생활의 무질서를 고치셔야 합니다. 만약 여러분들이 진심으로 망명 생활하는 나를 다시 부르신 것이라면 여러분 가운데 만연해 있는 범죄와 성적 방탕함을 청산하십시오…. 내 생각에 복음의 가장 큰 적은 로마의 교황도, 이단도, 유혹하는 자들도, 독재자도 아니고 바로 "나쁜 그리스도인"입니다…. 선한 행위가 없는 죽은 믿음이 무슨 쓸데가 있겠습니까? 진리인들 뭐가 중요하겠습니까? 사악한 삶이 깔려 있고 행하는 것이 말한 것을 부끄럽게 한다면 나를 두 번째로 이 도시에서 내치셔서 새로운 망명자로서 나를 고통의 쓰라림으로 준엄한 법이, 교회를 다스리게 하소서. 순전한 권징을 다시 세우소서(베자, *Life of Calvin*, 25-26).

칼빈은 제네바의 시민에 의해서 쫓겨난 아픈 경험이 있던 바로 그곳에서 당당하게 외칩니다. 나쁜 그리스도인으로서의 행동을 청산하라고 말입니다. 그는 '좋은 기독교인'을 양성하는 목회 방침을 세웠습니다. 복음의 가장 큰 적은 외부의 로마 가톨릭이나 재세례파 등 이단이 아니라, 바로 교회 내부에 있는 '나쁜 그리스도인'이기 때문입니다. 그렇다면 우리는 누가 좋은 그리스도인인지, 누가 나쁜 그리스도인인지 분별해야 할 필요가 있습니다. 이 분별의 기준 중 하나가 '선한 행위'입니다. 칼빈은 좋은 그리스도인을 양성하기 위해, '준엄한 법이 다스리는 교회'를 건설하고자 했습니다. 그는 착한 그리스도인의 양육을 위해 '권징'을 행하는 교회를 꿈꾸었습니다. 여기서 권징은 단순히 나쁜 행위에 대한 처벌을 목적으로 하는 것이 아니라, 회개하여 하나님의 뜻에 따라 바른 길을 걷게 하는 도구로 사용되어야 합니다.

우리는 왜 선한 행위를 해야만 할까요? 우리는 아무 공로 없이 그리스도를 통해서 죄와 비참함으로부터 구원을 받았는데, 우리가 왜 선한 행위를 해야만 하는지를 하이델베르크 신앙교육서 86문이 묻습니다.

> 86문  우리는 우리의 공로 없이 그리스도를 통한 은혜로 우리의 비참함으로부터 구원으로 받게 되는데, 왜 우리가 선한 행위를 해야만 합니까?
> 
> 답  그리스도께서 자기 피로 우리를 사신 후에 그의 거룩한 영을 통해서 우리를 그의 형상으로 새롭게 하기 때문입니다. 그리스도의 형상대로 새롭게 된 우리는 온 삶을 다해 하나님께서 베푸신 호의에 감사하고 하나님께서는 우리를 통해 찬양받으십니다. 그 후로 우리는 우리의 믿음을 스스로 열매로 확인하며 또한 우리의 경건한 행동으로 우리 이웃을 그리스도께로 인도하는 것입니다.

우리는 선한 행위를 해야만 합니다. 우리가 그리스도의 거룩한 영으로 새롭게 되었기 때문입니다. 우리는 그리스도의 형상을 따라서 하나님께서 베푸신 사랑에 감사하고 하나님을 찬양하며 예배해야 합니다. 우리는 선한 행위를 해야 합니다. 우리의 선한 행위가 전도의 통로이기 때문입니다. 우리의 이웃은 우리의 행위를 보고 그리스도인의 믿음이 무엇인지를 배웁니다. 우리의 경건한 행위로 우리의 이웃을 그리스도께로 인도해야 합니다. 선한 행위는 하나님께서 그리스도인으로 부르신 호의에 감사하는 마음에서 우러나는 것입니다. 이 사실을 잊지 말아야 합니다.

**양자의 영과 종의 영**

바울은 우리가 어떻게 예수 그리스도의 몸 된 교회의 지체로 부름을 받아 하나님의 자녀가 되는지를 가르칩니다. 로마서 8장 15-16절에서 바울은 우리가 양자의 영을 받아서 하나님을 "아빠 아버지"라고 부르는 특권을 지닌 하나님의 자녀가 되었다고 선언합니다.

> 15 너희는 다시 무서워하는 종의 영을 받지 아니하고 양자의 영을 받았으므로 우리가 아빠 아버지라고 부르짖느니라
> 16 성령이 친히 우리의 영과 더불어 우리가 하나님의 자녀인 것을 증언하시나니

바울은 '양자의 영'과 '종의 영'을 대조하여 설명합니다. '종의 영'을 받은 자는 '육신을 따르는 자'로, 그 생각은 '사망'(롬 8:6)을 낳고, 이 생각은 하나님과 원수가 되게 하는(롬 8:7) 결과를 낳고, 이로 인해 하나님과 원수가 되는 결과를 초래합니다. 이는 아담이

에덴동산에서 범한 죄로 인해, 아담과 하와가 하나님의 말씀에 순종하지 못하고 영적으로 죽음의 상태에 빠진 결과입니다. 육을 따르는 자는 하나님과의 관계가 단절되는 영적 사망선고를 받은 자입니다. 이런 자들은 결코 하나님을 기쁘시게 할 수 없습니다(롬 8:8).

반면, '양자의 영'을 받은 자는 '영을 따르는 자'로, 그리스도에 속한 자입니다. 이들은 예수 그리스도 안에서 하나님과 끊어진 관계를 회복하는 구원의 소망을 품은 자들입니다. 그리스도의 영을 통해 하나님의 작정과 일하심을 깊이 묵상합니다. 그 결과, 육신을 따르는 자와 달리 '생명과 평안'을 누리게 됩니다. 바울은 로마서 8장에서 하나님께서 예수 그리스도를 이 땅에 보내어 구원을 성취하심으로써, '영자의 영을 받은 자'에게 두 가지 선물을 제시하십니다. 첫째, 하나님께서는 율법의 요구를 성취하신 예수 그리스도와 연합함으로써, 우리 죽을 몸을 살리십니다(롬 8:11). 둘째, 그리스도의 영과의 연합을 통해, 우리는 하나님과의 영적 관계가 회복되어, 하나님을 '아빠 아버지'라고 부를 수 있게 됩니다. 이러한 변화된 존재의 확신은 마지막에 누리게 될 영생의 보증이 됩니다.

우리의 '존재'가 변화되었습니다. 하나님이 아버지이심을 알게 되었으니, 이제부터 그리스도인은 하나님의 사랑을 받은 자입니다. 아버지께서 자녀를 사랑하듯이 하나님도 우리를 사랑해 주십니다. 그러므로 바울이 빌립보서 4장 4-6절에서 권면하는 바와 같이 "주 안에서 항상 기뻐하라. 내가 다시 말하노니 기뻐하라. 너희 관용을 모든 사람에게 알게 하라. 주께서 가까우시니라. 아무것도 염려하지 말라."라는 말씀에 귀 기울이며, 어떠한 형편에서도 자족할 줄 아는 그리스도인의 기쁨과 자족(빌 4:11)은 바로 그리스도께 있습니다. 그리스도의 영이 우리를 다스리며, 우리의 마음을 하나님의 평안 가운데 쉬게 하십니다. "어제나 오늘이나 영원토록 동일하신"(히 13:8) 예수 그리스도의 평온함과 불변성이 그리스도인의 자존감을 이루는 근거입니다.

**성령이 우리와 함께! 거룩함의 부르심**
그리스도의 영을 따라 사는 자는 하나님을 "아빠 아버지"라 부르며, 하나님과 새로운 관계에 들어섭니다. 이 관계는 하나님의 영이 우리에게 주신 선물입니다. 성령은 우리와 함께 계심으로써 우리가 하나님의 자녀임을 증언합니다(롬 8:17). 우리가 예수 그리스도를 통해 하나님의 자녀가 되었다는 것은 성령이 우리와 함께 계신다는 확실한 증표입니다. 이 증표를 받은 자에게 하나님께서는 마지막 때의 영생을 선물로 약속하셨습니다.

이제부터는 하나님께서 일하시는 타이밍입니다. 아버지께서 자녀를 위해서 일하시도록 허용해야 합니다. 우리는 단지 하나님 아버지의 인도와 섭리를 신뢰해야 합니다. 하나님 아버지께서 땅의 아버지께서 자녀를 돌보듯, 우리의 필요를 잘 아시고 채워주십니다.

> 목숨을 위하여 무엇을 먹을까, 무엇을 마실까, 몸을 위하여 무엇을 입을까 염려하지 말라…. 너희 중에 누가 염려함으로 그 키를 한 자나 더할 수 있느냐? 또 너희가 어찌 의복을 위하여 염려하느냐? 들의 백합화가 어떻게 자라는가 생각하여 보라. 수고도 아니하고 길쌈도 아니하느니라. 그러나 내가 너희에게 말하노니 솔로몬의 모든 영광으로도 입은 것이 이 꽃 하나만 같지 못하였느니라. 오늘 있다가 내일 아궁이에 던지는 들풀도 하나님이 이렇게 입히시거든 하물며 너희일까 보냐? 믿음이 적은 자들아. 그러므로 염려하여

이르기를 무엇을 먹을까, 무엇을 마실까, 무엇을 입을까 하지 말라 (마 6:25-31).

자녀는 아버지께서 무조건 받아주시는 사랑의 대상입니다. 하나님 아버지께서는 우리가 잘못하거나, 또는 아버지를 떠나갈 때도 변함없이 우리를 받아주십니다. 하나님 아버지는 '무조건' 받아주시는 분이십니다. 하지만 하나님의 자녀로서 기대되는 명확한 행동의 '기준'도 함께 주십니다. 하나님께서는 거룩하신 아버지이시므로, 우리도 그분의 성품에 걸맞게 거룩한 삶을 살아야 합니다. 베드로전서 1장 15-16절처럼, "내가 거룩하니 너희도 거룩할지어다."라는 부르심을 기억하며, 우리 역시 아버지의 인도를 따라 거룩한 삶을 추구해야 합니다.

학생이 선생님의 인도를 받아 배우고, 여행자가 안내인의 안내를 받아 여행하며, 병사가 상관의 지시를 따라 복무하는 것과 같습니다. 우리는 성령의 인도 아래 하나님의 자녀로서 올바른 삶을 살아야 합니다. 하나님께서 우리를 영혼과 몸을 지닌 존재로 만드셨다는 것을 기억해야 합니다. 우리는 하나님의 자녀이기에 성령이 우리와 함께 하십니다. 하나님께서는 성령을 우리에게 보내어 하나님의 말씀 깨달아 알게 하십니다. 우리는 성령을 통해서 우리에게 말씀하시는 하나님을 신뢰하며 살아야 합니다. 하지만 하나님의 자녀로서 우리는 그리스도와 함께 영광을 받기 위해 고난도 받아야 합니다(롬 8:18). "어떠한 고난도 우리에게 비해 값이 없다."는 약속 안에서 기쁨과 자족을 누립니다.

이제부터 우리는 육신의 욕망에 이끌리는 삶이 아니라, 그리스도의 영이 우리를 다스리는 영의 삶, 즉 우리의 몸의 행실을 죽이고 성령에 따라 살아가는 삶을 선택해야 합니다(89문). 이렇게 변화된 존재로서 우리는 하나님 아버지의 사랑과 인도하심을 온전히 누리며, 하나님께 영광 돌리는 삶을 살아가게 됩니다.

**새 사람**

우리는 그리스도 안에서 선택받아 하나님의 자녀로 부름을 받았습니다. 이제부터 하나님 아버지의 자녀답게 살아가야 합니다. 우선, 그리스도께서 그의 영을 통해서 인간을 창조하실 때의 본래 모습, 즉 하나님의 형상대로 우리를 새롭게 하시기 때문입니다. 그리스도께서 그의 영을 보내어 회개하게 하시고, 그리스도 안에서 새롭게 태어나도록 하십니다. 그러므로 이제부터 그리스도인은 옛사람을 죽이는 연습(89문)과 새 사람으로 다시 사는 연습(90문)을 해야 합니다. 옛사람의 죽임은 "하나님을 진노케 한 우리의 죄를 진심으로 뉘우치고, 그것을 점점 더 미워하고 피하는 것"입니다(89문). 새 사람의 살림은 "하나님 안에서 그리스도를 통해 마음의 기쁨을 누리며, 하나님의 뜻에 따라 모든 선생 가운데 살기 좋아하고 사랑하는 것"입니다(90문). 회개를 통해 죄를 뉘우치고, 이 땅에서 영생의 완전한 행복을 선취하여 그 기쁨을 누리며, 하나님과 '부드러운 교제'의 길로 들어서야 합니다. 이 교제는 하나님의 뜻에 귀를 기울이고 그분을 바라봄으로써, 이 땅의 모든 염려와 왜곡을 전인격적으로 극복할 수 있게 합니다. 하나님과의 부드러운 교제는 그리스도인의 양심을 보호하여, 하나님의 뜻을 따르는 '참'을 선택하게 합니다. 하나님과의 교제가 주는 양심의 확신은 하나님의 현존과 무한하신 하나님께 속해 있습니다. 그 은혜가 말씀(읽기와 선포)과 기도의 수단을 통해서 우리에게 양심의 확신과 안전을 제공합니다. 인간의 전통에 근거한 허망한 안전과는 대조적으로 모든 염려와 절망에서 자유로움을 선사합니다. 하나님의 형상을 회복한 자는 스스로 믿음의 열매를 확인하며, 경건한 행동을 통해 이웃을 그리스도께로 인도합니다.

둘째, 우리는 하나님과의 관계를 회복케 하신 하나님의 호의에 감사하며, 하나님의 형상을 회복하는 성화의 삶을 살아야 합니다. 하나님의 호의에 감사하는 삶은 곧 하나님께 예배를 드리는, 하나님께 영광을 돌리는 삶입니다. 독일어 단어로 고테스딘스트(Gottesdienst)는 '하나님'(Gott)과 '섬기다'(dienen)가 결합된 말입니다. 하나님께서 일하시고 섬기시며 행동하신다는 의미입니다. 예배는 죄인인 우리를 위한 하나님의 은총의 사건입니다. 그 예배의 중심에 말씀 선포와 성만찬이 있습니다. 성령께서 선포된 말씀을 통해서 우리를 가르치시고, 성례를 통해서 믿음을 강화시키십니다. 말씀과 성례는 우리의 구원이 온전히 그리스도의 사역에 머물도록 합니다. 그래서 우리는 말씀이 선포되는 자리와 성찬의 자리에 참여해야 합니다. 말씀과 성례는 우리의 온전한 구원이 그리스도의 사역 위에 머물도록 하는 중요한 은혜의 수단입니다. 하나님께서는 성령을 통해서 우리를 말씀과 성례의 자리로 부르시며, 이 부름에 감사한 마음으로 응답할 때, 우리는 찬양과 기도로 하나님께 영광을 돌릴 수 있습니다.

### 선한 행위

우리는 그리스도 안에서 주신 구원의 은혜에 감사하는 마음으로 선한 행위를 해야 합니다. 우리의 구원에 대한 감사는 경건한 행동으로 나타나야 하며, 그러한 행위가 우리의 이웃을 그리스도께로 인도하는 결과를 가져와야 합니다. 하이델베르크 신앙교육서는 선한 행위를 "하나님의 율법에 따라서 참된 믿음으로" 행하는 것으로 정의합니다(91문). 하나님의 말씀에 따른 행위가 선한 행위입니다. 이는 당연한 논리적 귀결입니다. 하이델베르크 신앙교육서는 나는 '신실한 구원자 예수 그리스도의 것'이라는 대전제에서 출발합니다. 이는 우리가 이제부터 그리스도 안에서 사유하고 행동한다는 뜻입니다. 우리는 "택하신 족속이요 왕 같은 제사장이요 거룩한 나라요 그의 소유된 백성"이며 그리스도는 우리를 "어두운 데서 불러내어 그의 기이한 빛에 들어가게" 하셨습니다(벧전 2:9). 그러므로 우리의 행위를 선택하고 판단하는 기준은 우리 자신이 아니라 그리스도이십니다. 우리는 세상의 기준을 뒤로 하고 그리스도의 평가에 자신을 맡기도록 부름받았습니다. 바울은 빌립보서 3장 17-21절에서 우리에게 그리스도의 삶을 본받아 행하라고 권면합니다.

> 17 형제들아 너희는 함께 나를 본받으라 그리고 너희가 우리를 본받은 것처럼 그와 같이 행하는 자들을 눈여겨 보라
> 18 내가 여러 번 너희에게 말하였거니와 이제도 눈물을 흘리며 말하노니 여러 사람이 그리스도의 십자가의 원수로 행하느니라
> 19 그들의 마침은 멸망이요 그들의 신은 배요 그 영광은 그들의 부끄러움에 있고 땅의 일을 생각하는 자라
> 20 그러나 우리의 시민권은 하늘에 있는지라 거기로부터 구원하는 자 곧 주 예수 그리스도를 기다리노니
> 21 그는 만물을 자기에게 복종하게 하실 수 있는 자의 역사로 우리의 낮은 몸을 자기 영광의 몸의 형체와 같이 변하게 하시리라

세상 사람은 그리스도의 십자가를 원수로 여기고 배척하지

만, 그리스도인의 시민권은 하늘에 있습니다. 우리는 하늘나라 시민권을 가진 자이기에 세상의 법과 관습을 따르지 않습니다. 그리스도 안에서 우리는 새롭게 용서받고 변화된 미래의 신분을 확신하게 되었습니다. 그리스도께서 "우리의 낮은 몸을 자기 영광의 몸의 형체와 같이" 변화시키셨기 때문입니다. 그러므로 오늘을 살아가는 그리스도인은 그리스도를 본받아, 그분과 함께 있어야 합니다.

그리스도인은 하나님의 말씀에 따라 살아야 합니다. 하나님의 말씀은 우리의 행위의 기준이며, 하나님께서 그리스도인의 삶의 기준으로 십계명을 주셨습니다. 그리스도인은 십계명을 삶의 지침으로 삼아 실천해야 합니다. 세상을 올바르게 판단하기 위해 십계명이 지시하는 바를 분명히 알아야 합니다. 예수 그리스도께서 율법을 성취하여 십계명이 지시하는 온전한 의미를 드러내셨기 때문입니다. 오늘을 살아가는 그리스도인은 예수 그리스도께서 성취한 율법의 온전한 의미를 올바로 깨달아 알아 세상을 판단해야 합니다. 하지만 우리가 십계명이 가르치는 바를 온전하게 지키는 일은 불가능합니다. 하나님께서 주신 십계명이 여전히 오늘을 사는 그리스도인이 지켜야 하는 이유는 첫째, 우리가 이 땅에서 살아가면서 십계명에 내 마음을 반추함으로써 우리의 죄악된 성품을 더 잘 깨닫게 되고, 그렇게 될수록 더욱더 열심히 그리스도 안에 있는 죄 용서와 의를 구하게 되기 때문입니다. 둘째, 우리가 끊임없이 전심전력하고 하나님께 성령의 은혜를 간구하는 것인데, 그 결과 우리는 금생에서 완전이라는 목표에 도달할 때까지 점점 더 하나님의 형상으로 새로워져 가게 되기 때문입니다(115문).

우리는 이 땅에서 살면서 스스로가 만든 걸림돌에 넘어지는 자신을 바라보게 됩니다. 여전히 죄의 늪에서 허덕이는 자신을 보면서 탄식하며 아버지 하나님 앞에 무릎을 꿇고 절규합니다. 그러나 우리는 하나님의 자녀이기에 아버지를 신뢰하며 그 자리에 나갑니다. 우리는 혼자서 그 길을 걸어가지 않습니다. 우리는 그리스도의 영과 함께 걸어갑니다. 그래서 우리는 하나님의 약속의 말씀을 의지하며 하나님의 도움을 구하며 걸어가야 합니다. 하나님께서 우리의 기도를 들어주신다는 확신을 가지고 말입니다. 기도는 "감사하는 자들"에게 주어진 선물이기 때문입니다(116문). 따라서 우리는 하나님의 도움을 간구하며, 이 땅에서 하나님의 말씀에 따라 선한 행위를 하는 그리스도인이 되어야 합니다. 잊지 말아야 할 것은, 하나님께서 우리를 마지막까지 인도하신다는 사실입니다. 우리는 예수 그리스도의 다스림 아래에서 주를 위해서 살아야 합니다. 우리는 하나님이 주신 기준(십계명)에 따라 착한 그리스도인으로 살아가야 합니다. 이를 위해 하나님의 기준(십계명)에 자신의 양심을 비추어 점검하고, 선을 선택하여 기꺼이 행동으로 옮겨야 합니다. 하나님을 전적으로 신뢰하며, 하나님께서 정한 울타리 안에서 머물게 하심에 감사하며 당당하게 살아내야 합니다.

# 2부
# 그리스도와 연합한 나 : 실제적 적용

서론

# 자존감 회복 프로젝트

대학에서 교양과목을 가르칠 때 빠지지 않고 다루었던 주제가 '자존감'이었습니다.[1] 우리 사회는 자존감과 관련된 책과 강연으로 넘쳐납니다. 소위 '자존감 운동'에 휩싸여 있는 것처럼 보입니다.[2] 이 현상은 역설적이게도, 자존감이 떨어진 사람이 많다는 것을 반증하는 것이겠지요. 우리의 삶은 풍요로워졌습니다. 4차 산업혁명의 도래와 함께 원하는 물건은 집 앞에까지 배달됩니다. 생활이 점점 편안해지고 있습니다. 그럼에도 불구하고 우리 사회는 우울함에 빠져 있습니다. 청년은 실업으로 우울해합니다. 집안의 아내가 우

---

1  자존감은 '자만심'과 '자부심'과는 자아가 느끼는 감정과 연관되어 있어서 유사합니다. 하지만 이 용어에는 미세한 차이가 있습니다. 자만심은 자신 또는 자신과 관련된 것을 스스로 자랑해 뽐내는 마음입니다. 자만심이 높으면 자기 능력을 지나치게 높이 평가해 자신감이 지나치게 넘치게 됩니다. 이런 이는 타인의 의견을 받아들이지 않고 자신의 의견이 맞다고 주장하기 쉽습니다. 반면 자부심은 자신 또는 자신과 관련된 것을 자랑스럽게 여기는 마음가짐을 말합니다. 주로 상이나 칭찬을 받는 등 타인에게서 인정받을 때 느껴지는 기분이라고 할 수 있습니다.

2  로버트 프리츠, 웨인 스콧 엔더슨, 박은영 옮김, 『정체성수업』 [전자책] (라이팅하우스, 2023),

울해합니다. 아버지는 실업으로 불안해합니다.³ 왜 이렇게 되었을까요? 우리는 우울증과 불안에서 벗어나고자 작은 공간에 나를 맡깁니다. SNS를 통해 세상을 봅니다. 광활한 세상에 눈을 뜨며 빠져듭니다. 작은 공간이 펼치는 넓은 세계가 신기하기만 합니다. 타인의 삶과 이야기에 빠져듭니다. 그 세상이 위로를 줍니다. 그곳에 안착합니다. 그 세계가 행복해 보이기만 합니다. 모두 즐겁게 생활하는 것처럼 보입니다. '나'만 불행하다는 생각에 빠지기 시작합니다. 소셜미디어가 만들어 낸 세상이 천국으로 보입니다. 이 세계가 가면을 쓰고 있다는 것을 인지하지 못한 채 마음에 생채기를 내기 시작합니다. 결국 마음의 '감기'에 걸립니다.

사회가 걸린 마음의 병이 교회를 덮칩니다. 교회 건물은 거대하고 아름답습니다. 예배의 공간은 아름다운 멜로디로 울려 퍼집니다. 오르간과 피아노, 다양한 악기로 구성된 오케스트라가 공간을 채웁니다. 하지만 그리스도인이 세상 앞에서 고개를 숙입니다. 릭 워렌(Rick Warren)의 『목적이 이끄는 삶』이 한국 교회를 강타했습니다. 그런데 2013년 4월 그의 아들이 오랜 우울증 끝에 자살한 사건이 보도되면서 한국 교회는 다시 한 번 큰 충격에 빠졌고,⁴ 긍정적 신념으로 그린 찬란한 미래가 예상치 못한 결과로 나타나자, 당황

---

3   중앙일보에 실린 기사(23.4.22)입니다. 서울 강남구에 사는 여학생이 자살하는 장면을 소셜미디어(SNS)로 생중계했다고 합니다. 수십 명이 이 장면을 시청하게 되면서 논란이 되었습니다. 이 현상의 원인으로 '온라인 관음증'과 'SNS 의존증'을 꼽습니다. 심지어 이 영상 이후 극단적 선택을 암시하는 메시지가 광범위하게 퍼지기까지 했다니, 더 큰 충격으로 다가왔습니다. 20대 우울증 환자가 2017년 7만 8,016명에서 2021년 17만 7,166명으로 127% 급증했습니다. 불안장애 환자고 같은 기간에 5만 9,080명에서 11만 351명으로 87% 늘었다고 합니다. 그 원인으로 치열한 경쟁환경과 아직 자아가 확립되지 않은 상태에서 지나치게 SNS에 의존하는 일이 늘어나 상대적 박탈감을 느끼기 때문이라고 합니다.
4   2013.4.7. 「경향신문」 https://www.khan.co.kr/article/201304071127051(검색 24.12.20)

스럽습니다. 그리스도인도 우울증에 걸리다니! 이뿐 아닙니다. 우리 아이가 고개를 들지 못합니다. 예배의 자리에서 무기력 합니다. 세상을 향해 당당하게 나서라는 설교를 듣고 자란 우리 아이가 고개를 숙입니다. 왜 고개를 숙인 그리스도인을 만들었을까요?

입시와 신앙 모두 잘해야 한다고 강요받는 아이들을 보니 벼랑 끝으로 몰고 간 건 아닌지 고민하게 되었습니다. '입시에 밀린 신앙', '사교육 경쟁에 밀린 신앙 교육'의 현실에서, 기독교의 관점으로 입시 문제를 재조명하는 신앙 교육 운동을 시작했습니다. 신앙 훈련으로 교회 회복의 길을 모색하니, 다음 세대를 위한 부모 교육과 기독교 학교 운동이 시작되었습니다. 이 운동은 교회에 새로운 바람을 일으켰고, 지속되어야 한다는 목소리가 커졌습니다. 신앙 교육 운동이 결실을 보기까지 오랜 인내와 시간이 필요합니다.

하지만 여전히 한국 교회는 사회의 병폐를 그대로 답습하고 있습니다. 입시가 아이 신앙의 척도가 되고, 부모는 입시와 신앙 속에서 불안해 합니다. 부모의 불안은 고스란히 학생에게 전도됩니다. 이러한 상황에서 불안을 극복하고 자존감을 회복할 수 있도록 돕는 프로젝트를 이제 시작해야 할 때라고 생각합니다. 함께 이 회복의 여정에 나서 보시지 않겠습니까?

## 그리스도인의 자존감 회복 프로젝트[5]

그리스도인으로서 자존감을 회복하기 위해, 알리스터 맥그래스와

---

5   그리스도인으로서의 자존감에 대한 이해와 회복은 알리스터 맥그래스와 조애나 맥그래스가 공동 집필한 『십자가와 그리스도인의 자신감-자존감』을 중심으로 다루었습니다.

조애나 맥그래스가 공저한 『자존감-십자가와 그리스도인의 자신감』에서 정의한 자존감을 토대로 시작하려 합니다.

> 자존감이란 자기수용의 가능성과 사랑받을 가치에 대한 포괄적 평가 또는 판단으로 구성되며, 거기에는 유쾌하거나 불쾌한 감정이 수반됩니다. 자존감은 삶 속에서 중요한 타인에 의해 지각된 본인에 대한 시각과 깊은 관계가 있습니다.[6]

자존감은 '자기수용의 가능성'과 '사랑받은 가치'에 대한 판단 내지는 평가에 따른 감정에서 비롯됩니다. 이 판단과 평가, 그리고 그에 따른 감정은 (1)먼저, 나의 존재의 기원에 대한 질문과 연관되어 있습니다. 나는 어디에서 왔느냐는 질문은 혈통, 다시 말해서 가족과 연관되어 있습니다. 어린 아이가 "우리 아빠가 너희 아빠보다 더 커!", "우리 아빠가 더 중요한 일을 해!"하며 싸우는 것을 본 적이 있을 겁니다. 이 아이들에게 아버지의 존재 자체가 자존감의 근거이지요. 아버지와 아들의 관계(혈통)가 아이의 자존감을 높여줍니다.[7] 이 관계에서의 자존감은, 마치 입양아가 자신을 낳아준 부모를 찾아 고향을 찾는 여정과 같습니다. 자기 뿌리를 찾아 떠나는 여행은 존재의 확인(혈통)을 선물로 줍니다. 이 여정을 그린 대표적 소설이 알렉스 헤일리(Alex Haley)의 『뿌리』입니다. 미국에서 노

---

6   번역서에는 "인격적"라고 되어 있는데, 이를 자기 수용의 가능성이라고 번역합니다. 일반적으로 자존감과 관련된 논문이나 저술에서 자기수용의 가능성으로 번역하고 있기 때문입니다. 알리스터 맥그래스, 조애나 맥그래스, 『십자가와 그리스도인의 자신감-자존감』 (서울: IVP, 2003), 37.
7   자존감과 자존심은 다릅니다. 자존감은 있는 그대로의 나를 받아들이는 태도와 관련되어 있지만, 자존심은 타인과의 관계에서 남에게 굽히지 않고 자신의 품위를 스스로 지키려는 마음을 의미합니다.

예로 살아온 흑인 주인공은 자신의 뿌리를 찾아 먼 길을 떠납니다. 그리고 그곳에서 '쿤타킨테'라는 이름(혈통, 존재)을 찾아냅니다. 결국, 자존감은 '나는 누구인가'에 대한 답을 일부 담고 있습니다.[8]

가족관계에서 형성되는 자존감은 성경에서도 우리가 쉽게 찾아볼 수 있습니다. 예를 들어, 마태복음 1장 1-17절과 누가복음 3장 23-38절에 기록된 예수님의 족보가 그 실례입니다. 마태복음의 족보는 아브라함과 다윗으로부터 시작합니다. 이 계보로 예수님께서 참 유대인이심을 가르쳐줍니다. 이와 달리 누가복음의 족보는 예수님의 기원을 인류의 처음인 아담과 하나님에게로 연결합니다. 이를 통해 하나님으로부터 시작된 인류 구원의 계획이 예수 그리스도를 통해 성취하고 있음을 나타냅니다. 또한, 바울도 빌립보서 3장 4-5절에서 자신의 혈통을 근거로 유대인으로서의 우월성을 주장합니다.

> 그러나 나도 육체를 신뢰할 만하며 만일 누구든지 다른 이가 육체를 신뢰할 것이 있는 줄로 생각하면 나는 더욱 그러하리니 나는 팔일 만에 할례를 받고 이스라엘 족속이요 베냐민 지파요 히브리인 중의 히브리인이요 율법으로는 바리새인이요(빌 3:4-5)

---

8   혈통을 아는 것을 중시하는 행위는 민족에게도 나타납니다. 미국 사회에서 살아가는 유대인 공동체(게토)는 민족적 혈통을 보존하여 유대인의 민족성을 유지하고자 합니다. 이들은 가족의 혈통과 유월절이라는 종교적 행사를 통해서 공동체의 정체성을 유지합니다. 이런 행위는 한국인이 외국에서 살면서 한국인의 공동체를 형성하는 것과 흡사합니다. 세계 역사에서 나치의 히틀러가 유대인을 박해한 경우, 남아공에서 일어난 인종차별도 혈통의 순수성을 통해 정체성을 담보하고자 하는 행위라 할 수 있습니다.

바울은 유대인과의 논쟁에서 베냐민 지파의 후손이자 바리새 인파에 속해 있다는 사실을 들어 유대인으로서의 자기 정체성을 나타냈습니다. 유대인으로서의 자기정체성이 바울에게 권위를 부여하는 근거였습니다. 혈통은 존재의 우월성 내지는 순수성을 통해 권위를 드러내는 역할을 했습니다. 이와 같이 혈통은 자존감 형성의 중요한 요소로 작용합니다.

(2) 두 번째는 "나는 무엇을 할 것인가?"란 직무 수행과 관련이 있습니다. 자신의 직무를 어떻게 수행했는지에 따라 나타나는 능력과 성취가 자존감을 결정합니다. 우리는 일을 잘 해냈다는 느낌에서 자부심과 보람을 얻습니다. 무슨 일을 하든지는 상관없습니다. 국가의 주요 직무를 맡아 행하든, 화장실을 청소하든, 그 가치는 동등합니다. 만약 자신이 맡은 일을 잘 수행하지 못한다면 괴로움과 고통을 겪게 됩니다. 직무 능력과 성취가 고스란히 자신의 인생 이력서가 됩니다. 인생 이력서를 써가는 과정에서 기억해야 할 점은, 첫째, 우리는 일하는 과정에서 성취감을 필요로 하는 존재라는 사실입니다. 둘째는 직무에 따른 능력과 성취는 자신에게 가장 적합한 일을 아는 것과 밀접하게 연관되어 있다는 점입니다. 그러므로 그리스도인은 하나님께서 자신에게 주신 가장 적합한 직무를 찾아야 합니다. 이를 위해 우선, 자신의 마음을 들여다 보아야 합니다. 하나님께서 우리의 마음에 심어주신 그것을 찾기 바랍니다. 하나님께서는 각 사람을 통해 이루고자 하는 목적이 있으시기 때문입니다. 둘째, 하나님의 지혜를 구하는 기도를 드리십시오. 하나님께서 주신 사명을 깨닫기 위함입니다. 셋째, 하나님께서 주신 사인을 찾아보십시오. 하나님께서 심어주신 열망이 커지는 것을

통해 그분께서 주신 길을 찾을 수 있을 것입니다.[9]

성경에서도 직무(일)를 통해서 자신을 드러내는 사례를 찾을 수 있습니다. 예수님께서 누가복음에서 "자기를 의롭다고 믿고, 다른 사람을 멸시하는 자들"에게, 바리새인이 성전에 올라가 기도하며 자기를 높이는 행위를 비유로 말씀하셨습니다.

> 하나님이여 나는 다른 사람들 곧 토색, 불의, 간음하는 자들과 같이 아니하고 이 세리와도 같이 아니함을 감사하나이다. 나는 이레에 두 번째 금식하고 또 소득의 십일조를 드리나이다(눅 18:11-12).

바리새인은 가치에 따른 행위를 자신의 자존감으로 삼아서, 사회 규범인 율법 준수와 금식, 십일조와 같은 종교적 행위와 토색, 불의, 간음하지 않았다는 사회규범(율법)의 준수를 통해 자신의 우월감을 찾았습니다. 이처럼 사회의 규범이나 직무에 따른 행위가 자존감을 결정합니다.

그러나 한 사람의 직무 수행을 단순히 능력에 따른 성취의 인과관계로 설명하기는 어렵습니다. 자신의 직무 능력을 과대평가하면, 기대한 성취를 이루기 힘들기 때문입니다. 능력을 과대평가하는 것은 자신을 속이는 행위입니다. 자기 능력을 제대로 평가하지 못하고 무조건 "나는 할 수 있다.", "나는 강하다."라고 주문을 거는 것은 거짓말입니다. 이 거짓말은 자신의 삶을 속이는 행위로 자칫 우월 콤플렉스에 빠질 수 있습니다. 우월 콤플렉스는 "자기 능력을 지나치게 부풀리는 경향"으로, 일명 '허세'라고 합니다. 이 허세는 실상이 없는 기세이기에, 낮은 능력을 기대할 수밖에 없습니

---

9  알리스터 맥그래스, 조애나 맥그래스, 『자존감』, 45.

다. 이 경우, 높은 기대치를 얻는 길은 우월 콤플렉스인 허세를 포기하는 일뿐입니다. 예를 들어, 시험에서 60점을 받았다고 합시다. 60점은 객관적인 점수이자 능력치입니다. 60점을 받은 자신에게 "이번에는 운이 나빴던 것뿐이야. 진정한 나는 100점짜리야."라고 스스로를 위로하는 것은 과도한 자기긍정입니다. 이와 달리 60점을 받은 자신을 그대로 받아들이고, "어떻게 하면 100점에 가까워질 수 있을까."라고 방법을 찾는 것이 자기수용입니다.[10] 따라서 자존감에서는 변할 수 있는 것과 변할 수 없는 것을 구분해야 합니다. 우리는 태어나면서 주어진 것을 바꿀 수 없습니다. 하지만 주어진 것을 활용하는 방법은 바꿀 수 있습니다. 바꿀 수 없는 것은 있는 그대로 받아들여야 합니다. '자기인정'과 '자기수용'을 통해 변화시킬 수 있는 부분에는 용기를 내야합니다. 이것이 바로 자존감을 세우는 길입니다.

여기서 그리스도인의 자존감을 이야기할 수 있습니다. 기독교에서 허세를 포기한다는 것은 죄인으로서의 자아를 받아들인다는 것과 직결되며, 이는 인간 내면에 자리한 죄에 대한 확신으로 이어집니다. 이러한 인식은 선행을 통한 구원의 노력을 포기하고, '오직 은혜'의 교리를 받아들일 수 있는 기회를 제공합니다. '나의 나됨'은 선행이 아니라, 하나님께서 그리스도 안에서 부르신 은혜임을 사유하는 자리에서 시작합니다. 그리스도 안에서 우리는 하나님의 자녀로 거듭(존재의 정체성)날 뿐만 아니라 새사람으로서의 사명(달란트, 사명)을 깨닫게 됩니다. 우리는 그리스도 안에서 하나님과의 관계를 회복한 자로서, 하나님의 나라를 위한 달란트와 사명을 받은 존재

---

10  기시미 이치로, 고사 후미타케, 전경아 옮김, 『미움받을 용기』 (서울: 인플루엔셜, 2014), 260.

입니다. 하나님의 부르심에 대한 응답(믿음)과 새사람(칭의)으로서의 그리스도인의 삶은 이 땅에서 세상에 저항하며 살아가는 성화의 여정입니다. 그리스도인이 걸어가는 삶은 이 땅에서 저세상을 소망하며 하나님의 나라를 세워 나가는 과정임을 기억해야 합니다.

(3) 자존감은 타인과의 관계에서 그 사람만이 가지고 있는 매력이나 호감과 깊이 연결되어 있습니다. 우리가 남들에게서 사랑받고 있다고 느낄 때 자존감이 높아지고, 이는 직무 수행에서 실패할 확률을 낮추는 역할을 합니다. 외모, 성적인 면, 선, 덕, 가치 등이 호감이나 매력의 요소로 작용하며, 건강도 중요한 요인입니다. 옛날에는 한센병 환자를 마을에서 격리했습니다. 타인의 거부가 격리라는 형태로 나타난 것이지요. 이렇게 타인의 사랑이나 관심, 그리고 사회적 환경은 결국 우리의 자존감을 형성하는 데 큰 영향을 미칩니다.

(4) 자존감은 자기 자신과의 관계에서 형성된 내적 열망과 밀접하게 연관되어 있습니다. 수잔 하터(Susan Harter)는 외부 대상을 향한 내적 열망의 강도가 자존감에 영향을 끼친다고 설명하였습니다.[11] 한 개인의 자존감은 자신이 얼마나 열망하는지를 성공으로 환산할 수 있으며, 각자의 내적 열망이 자기가치를 결정합니다. 우리는 무엇이 우리의 내면의 열망을 불러일으키는지 스스로에게 물어야 합니다. 그 열망이 성공 여부에 기인한 것인지, 아니면 사회적 명성에 기반한 것인지 물어야 합니다. 물질적인 것, 정서적인 것과 영적인 것 중 어떤 것을 열망의 대상으로 삼을 것인지에 따라 자신

---

11  Susan Harter, "The Construction and Conversation of the Self: James and Cooley Revisited", 45. 김희영, "기독교인의 정체성 형성에 관한 연구: 자기항상성, 자율성, 자존감을 중심으로", 「선교와 신학」 44(2018): 244-45.

의 의지와 행동은 달라집니다. 이 기준은 비슷한 여건에 있는 사람에서도 자존감에 서로 다른 영향을 미칠 수 있습니다.[12]

과학자는 광활한 우주를 관찰하며 행성의 원리를 발견하고자 망원경으로 우주를 바라봅니다. 그 과정에서 인간으로서의 작음을 절실히 느끼게 됩니다. 이런 평가는 종교인에게도 나타납니다. 종교인은 절대를 기준으로 삼고 살아가는 존재입니다. 예를 들어, 기독교인은 '영원'을 갈망하며 불멸을 소망합니다. 이 갈망은 종교인뿐 아니라 인간의 보편적 욕망으로 나타나는데, 중국 진나라의 시황제가 불로초를 찾기 위해 자신의 생애를 바친 것도 그 예입니다. 인간은 영원을 갈망하는 존재입니다. 그리고 영원한 절대자 하나님이 만든 하늘 아래에서 우리는 작은 자임을 고백합니다. 시편 기자는 8편 3-4절에서 "주의 손가락으로 만드신 주의 하늘과 주께서 베풀어 두신 달과 별들을 내가 보오니 사람이 무엇이기에 주께서 그를 생각하시며 인자가 무엇이기에 주께서 그를 돌보시나이까."라고 고백합니다. 그는 여기에서 절대적 기준 아래에서 영원한 타자(하나님)에게 사랑받을 가치를 찾아야 함을 시사합니다. 내적 열망이 무엇인지를 파악하고, 그 열망과 현실 사이의 간극을 어떻게 받아들이느냐가 자존감 형성의 중요한 요소가 됩니다.

맥그래스 부부가 제시한 자존감을 구성하는 존재의 기원(혈통), 직무 수행, 타인의 사랑, 영원한 의미가 자존감 형성에 영향을 끼칩니다. 자존감이 어떻게 형성되는가는 오롯이 각 개인의 해석에 달려있습니다. 우리는 이 땅에서 살아가면서 다양한 경험을 합니다. 이 경험을 어떻게 해석하느냐에 따라서 자존감이 결정됩니다.

---

12    김희영, "기독교인의 정체성 형성에 관한 연구: 자기항상성, 자율성, 자존감을 중심으로", 245.

예를 들어, 어떤 사람은 연애하다가 헤어진 이유를 "내가 매력이 없어서 헤어졌어!"라고 생각하는 반면, 어떤 사람은 "내 안에 숨겨진 좋은 면을 보지 못했기 때문이야!"라고 원인을 외부 요인으로 돌릴 수도 있습니다. 시험에서 떨어진 이유를 어떤 사람은 스스로 "시험에 떨어진 이유는 내가 멍청하기 때문이야!"라고 자신에게서 찾는 이와, "편두통으로 시험에서 떨어졌어!"라고 그때의 상황에서 원인을 돌릴 수도 있습니다. 이것이 (벌어진, 생기한) 일(경험)에 대한 해석입니다. 우리는 자신에게 벌어진 일을 어떻게 해석해야 하는지를 배워야 합니다. 여기에서 그리스도인의 자존감 회복을 위한 첫걸음이 시작됩니다. 우리는 이 땅에서 살면서 경험하는 그 일을 그리스도인의 관점에서 해석해야 합니다. 이 해석이 그리스도인으로서의 우리의 자존감을 결정합니다.

 우리는 그리스도인의 자존감을 높이기 위한 해석의 틀을 배워야 합니다. 우선, 우리는 '있는 그대로 나'를 받아들이기 위해서 우리의 본성을 깊이 이해해야 합니다. 하이델베르크 신앙교육서는 우선, 두 가지 방향에서 우리의 본성을 자각하도록 돕습니다. 하이델베르크 신앙교육서 3-5문에서는 우리가 죄인임을 삶의 자리에서 깨닫게 합니다(실존적 인식). 그리고 죄인으로서의 본성이 어디에서 기인했는지를 6-11문에서 배웁니다(존재론적 인식). 이 두 가지 인식을 통해 우리는 죄의 본성에서 벗어날 길을 찾을 준비를 하게 됩니다. 둘째, 우리가 죄에서 벗어나기 위해 어떤 구원자를 찾아야 하는지를 12-18문에서 배웁니다. 우리는 이 과정을 통해서 하나님의 사랑을 받을 만한 자격이 있음을 깨닫는 구원의 서사를 찾고(19문), 그 서사의 문을 여는 열쇠를 기대하게 됩니다(21문). 이 두 가지 과정을 통해 구원의 은혜를 누리는 그리스도인의 정체성이 확립됩니다. 자, 이제 하나님의 은혜를 따라 그리스도 안에서 자존감을 회복하는 여정을 함께 시작해 보시지 않겠습니까?

### 3-5문

# 자기 인식

하이델베르크 신앙교육서는 '나는 죄와 비참함에 매인 존재'라는 고백에서 출발합니다. 이 고백은 시대의 문화를 거슬러 저항하는 외침이었습니다. 당대의 르네상스 문화는 영원을 바라보는 인간의 영혼에 주목하였습니다. 인간의 영혼은 하나님을 아는 지식과 하나님께 더 가까이 가고자 하는 의지를 불러일으킵니다. 인간은 스스로 하나님을 찾아 나섭니다. 그런데 하이델베르크 신앙교육서는 우리가 죄인이고, 우리가 처한 상황은 비참, 그 자체라는 인식에서 출발합니다. 기독교는 오히려 세상과 거슬러 나아갑니다. 기독교의 관점은 세상의 '관점'과는 다릅니다.

하지만 세상의 시류에 '거슬러' 가는 길은 쉽지 않습니다. 어떻게 이 길을 걸어가야 할까요? 당당하게, 때로는 도도하게![13] 여기서 '도도하게'라는 말은 단순히 잘난 체하는 것이 아니라, 자신의 능력을 과대평가하지 않고 오히려 변치 않는 진리를 붙잡은 선택받

---

13 도도하게라는 말의 뜻은 '잘난 체하여 주제넘게 거만하다'라는 의미를 지닙니다. 자신의 능력을 자기 능력보다 더 높게 평가하는 거만한 마음을 나타냅니다.

은 자로서 당당하게 서 있어야 한다는 의미입니다. 그리스도인은 변치 않는 진리를 붙잡은 선택받은 자이기에 '당당'해야 합니다. 우리는 여전히 죄인의 본성을 지닌 채 살아갑니다. 죄의 세력이 우리를 넘어뜨립니다. 죄가 우리를 유혹합니다. 우리 존재 자체가 죄에 매달려 흔들립니다. 양심과 욕망, 초월적 가치와 현실, 가치와 그 실현의 내적 긴장이 만들어 낸 장(場)에서 휘청거리며 살아갑니다. 하지만 이 내적 갈등이 미래라는 '시간'을 향해, 그리고 세상이라는 '공간'으로 전진하는 동력입니다. 우리의 내적 갈등은 활을 쏘는 궁수가 줄을 잡아당기는 장력에 해당합니다. 활을 쏠 때 적당한 장력이 있어야 활이 앞으로 나가는 것과 같은 이치입니다. 그렇다면 우리의 본성이 왜 이 내적 갈등을 짊어지고 살아가게 되었을까요? 그 원인을 찾아 떠나고자 합니다. 이 원인을 바로 알아야 과녁을 정확히 조준할 수 있기 때문입니다. 우리의 내적 갈등을 넘어서 올바른 방향을 조준하기 위해서, 우리의 마음이 펼치는 세계로 들어가 봅시다.

**마음의 거울, 하나님의 율법**

3문 당신의 비참함을 어디에서 압니까?

답 하나님의 율법에서 압니다.

4문 하나님의 율법이 우리에게 무엇을 요구합니까?

답 그리스도께서 마태복음 22장에서 요약하여 가르치십니다.

"네 마음을 다하고 목숨을 다하고 뜻을 다하여 주 너의 하

> 나님을 사랑하라 하셨으니 이것이 크고 첫째 되는 계명이
> 요, 둘째는 그와 같으니 네 이웃을 네 자신과 같이 사랑하라
> 하셨으니, 이 두 계명이 온 율법과 선지자의 강령이니라."(마
> 22:37-40).
>
> 5문  당신은 이 모든 것을 온전히 지킬 수 있습니까?
> 답   아닙니다. 나에게는 본성적으로 하나님과 이웃을 미워하는
>      경향이 있습니다.

하이델베르크 신앙교육서 3문은 나의 죄와 비참함을 '어디에서' 알 수 있는지를 묻습니다. 죄와 비참함은 2문의 세 가지 질문을 관통하는 주제입니다.[14] 죄는 활이 과녁에서 멀어지는 것을 말합니다. 이때의 감정이 바로 비참함입니다. 비참이라는 단어는 독일어로 엘렌트(Elend)입니다. 이 단어는 "본향을 떠나 타향에서 사는 상태"를 뜻합니다. 우리에게 본향은 어디일까요? 우리에게 본향은 당연히 하늘나라입니다. 우리는 하늘나라를 향해 가는 '길' 위의 사람입니다. 이 땅에서 살아가는 우리의 삶은 나그네의 삶입니다. 우리는 타향에서 사는 이방인(alien)입니다. 우리는 이 땅에서 고국을 떠난 난민이나 망명자(refugee)와 같은 삶을 살고 있습니다. 우리는 이곳 낯선 땅에서 외로움(loneliness), 멀어짐(estrangement), 소외감(alienation)을 느낍

---

14   하이델베르크 신앙교육서 2문. 이러한 위로 가운데 복된 인생으로 살고 죽기 위해서 당신은 무엇을 알아야 합니까? 대답. 세 가지입니다. 첫째, 나의 죄와 비참함이 얼마나 큰가, 둘째, 나의 모든 죄와 비참함으로부터 어떻게 구원을 받는가, 셋째, 내가 그러한 구원을 주신 하나님께 어떻게 감사를 드려야 하는가를 알아야 합니다.

니다. 이 감정이 고향에 대한 향수(homesickness)에 빠지게 합니다.

이스라엘 민족은 바벨론의 포로(주전 586년)가 되어 고향을 떠납니다. 그들은 이방인의 땅에서 비참함과 향수병을 절실하게 경험하였고, 그 감정을 시로 노래하였습니다. 시편 137편을 죄와 비참함을 생각하며 한 번 읽어봅시다.

> 1 우리가 바벨론의 여러 강변15 거기에 앉아서 시온을 기억하며 울었도다
> 2 그 중의 버드나무에 우리가 우리의 수금을 걸었나니
> 3 이는 우리를 사로잡은 자가 거기서 우리에게 노래를 청하며 우리를 황폐하게 한 자가 기쁨을 청하고 자기들을 위하여 시온의 노래 중 하나를 노래하라 함이로다
> 4 우리가 이방 땅에서 어찌 여호와의 노래를 부를까
> 5 예루살렘아 내가 너를 잊을진대 내 오른손이 그의 재주를 잊을지로다
> 6 내가 예루살렘을 기억하지 아니하거나 내가 가장 즐거워하는 것보다 더 즐거워하지 아니할진대 내 혀가 내 입천장에 붙을지로다

이스라엘 민족은 강변에 앉아 시온을 생각하며 울었습니다. 낯선 타국에서의 유배 생활은 슬픔과 서러움, 그 자체였습니다. 그들은 시온을 떠나 바벨론에 거주하는 이방인입니다. 그들은 그곳에서 하나님의 임재와 통치를 맛볼 수 없었습니다. 이스라엘 민족은 하나님께서 약속한 땅을 생각하며 서러움의 눈물을 강물에 흘

---

15 여러 강변은 유프라테스강과 티그리스강, 그리고 이 강들과 연결된 강들을 말합니다. Stek 2002, 941.

려보냅니다. 하나님의 성전(임재)이 있는 고향에 닿기를 바라는 마음으로 말입니다. 선지자 예레미야는 그의 동족에게 강가에 혼자 앉아서 잠잠하게 그 입을 땅의 티끌에 대도록 가르쳤습니다(애 3:28-29). 그들은 성전이 있는 시온을 생각하며 울었습니다. 하나님의 전에 대한 사모는 그들 자신의 집에 대한 관심을 삼켜버렸습니다. 그들은 시온이 누렸던 과거의 영광과 시온의 뜰에서 그들이 누렸던 만족을 기억하였습니다. 예루살렘이 고통을 당하는 날에 옛날의 모든 즐거움을 기억하였습니다(애 1:7).

이스라엘 민족을 사로잡은 바벨론은 이스라엘 민족에게 '시온의 노래'를 부르라고 요청합니다(3절). 이 요청은 하나님에 대한 모욕입니다. 하나님의 임재를 느끼지 못하는 황폐한 땅에서 이스라엘 민족은 더욱 절실하게 자신의 처지를 깨닫게 되었습니다. 바벨론이 '시온의 노래'를 부르라고 이스라엘 민족을 조롱합니다. 하나님께서 시온에서 그의 약속을 시행하셨음에도 불구하고, 이스라엘 민족은 하나님의 약속의 자리를 떠나 지금은 낯선 타국에 서 있는, 그 현실의 자리가 바로 비참, 그 자체입니다.

그렇다면 우리는 이 죄와 비참함을 어디에서 알 수 있을까요? 이 질문을 하이델베르크 신앙교육서 3문에서 합니다.

> 3문  당신의 죄와 비참함을 어디에서 압니까?
> 답   하나님의 율법에서 압니다.

하나님께서는 그의 뜻을 율법으로 나타내셨습니다. 율법은 우리가 바라보아야 할 삶의 기준이자 지표입니다. 하나님께서는 우리를 위해서 삶의 옳고 그름을 분별하는 기준으로 율법을 주셨습니다. 우리는 하나님의 율법에 자신을 비추어 보아야 합니다. 이 율법이 우리에게 무엇을 요구하는지를 하이델베르크 신앙교육서는 4문에서 질문합니다.

> 4문  하나님의 율법이 우리에게 무엇을 요구합니까?
> 답  그리스도께서 우리에게 마태복음 22장에서 요약하여 가르치는 것입니다. "네 마음을 다하고 목숨을 다하고 뜻을 다하여 주 너의 하나님을 사랑하라 하셨으니 이것이 크고 첫째 되는 계명이요, 둘째도 그와 같으니 네 이웃을 네 자신과 같이 사랑하라 하셨으니, 이 두 계명이 온 율법과 선지자의 강령이니라."(마 22:37-40).

하이델베르크 신앙교육서는 하나님께서 우리에게 요구한 내용을 예수 그리스도의 두 계명으로 가르칩니다. 이 두 계명은 '율법과 선지자의 강령'으로 이스라엘 민족에게 주신 십계명과 연속선상에 있습니다. 하나님께서 이스라엘 민족에게 십계명을 주셨고, 이 율법을 이스라엘 역사에서 제사장과 선지자를 통해 재해석하여 적용합니다. 제사장은 하나님께 드리는 제사로, 그리고 하나님의 부름을 받은 선지자는 시대를 향한 예언의 선포로, 시대의 변화에 따라서 율법을 적용합니다. 예수님께서는 최고의 해석자로서 계명을 두 계명으로 요약하여 해석하셨습니다. 하이델베르크 신앙교육서는 하나님의 율법을 예수님의 율법 해석으로 가르칩니다. 이 해석은 마태복음 22장에서 한 율법사가 예수님을 시험하여 "선생님, 율법 중에서 어느 계명이 크니이까?"(마 22:36)라고 한 질문에 대한 대답입니다. 예수님께서는 하나님을 사랑하는 것이 '크고 첫째 되는 계명'이라고 말씀하셨습니다. 이는 하나님을 사랑하는 것이 모든 계명의 근원이라는 의미입니다. 그래서 이 첫 계명은 "다른 계명에 순종하도록 만드는 유효적이며 최종적인 원인"이라고 합니다.[16] 그 이유는 명확합니다. 이 계명의 직접적 대상이자 주체가 하나님 자신이기 때문입니다. 이 율법의 주체이신 하나님보다 더 큰 무엇을 상상할 수 없습니다. 율법을 주신 주체가 가장 크신 하나님이시기에 다른 어떤 것과 비교가 되지 않습니다. 그러하기에 우리에게 주어진 행위의 목표가 하나님이시며, 하나님께 영광을 돌리는 삶이 우리의 목표가 됩니다.

예수님께서 "둘째도 그와 같으니"라고 말씀하셨습니다. 두 번째 계명도 첫 번째 계명과 동일한 의미를 지닙니다. 두 번째 계명의 이웃 사랑도, 첫 번째 계명에서 하나님을 사랑하는 방식대로, 이웃을 사랑해야 한다는 의미입니다. 이 하나님 사랑과 이웃 사랑의 두 계명은 불가분의 관계에 있습니다. 첫째, 이 두 계명은 도덕적이며 영적 예배를 요구한다는 점에서 그러합니다. 첫 번째 계명도, 두 번째 계명도 형식적인 예배의 행위를 거부하는 영적 행위와 연결됩니다. 둘째, 이 계명을 범하는 자에게 영원한 형벌이 부과됩니다. 셋째, 두 계명 중 어느 하나가 없이 다른 하나도 유지될 수 없다는 점에서 그러합니다.[17] 그러므로 하나님 사랑의 첫 계명에서 이웃 사랑의 두 번째 계명이 나옵니다. 하나님을 진정으로 사랑하지 않는 자가 어떻게 이웃을 사랑할 수 있겠습니까! 그럴 수 없습니다.

하지만 첫 번째 계명과 두 번째 계명은 다릅니다. 우선, 대상이 다릅니다. 첫 번째 계명의 대상은 하나님이고, 두 번째 계명의 대상은 이웃입니다. 둘째, 원인과 결과의 순서에서 이웃을 향한 사랑은 하나님 사랑에서 비롯됩니다. 그 반대는 성립되지 않습니다.

---

16 　우르시누스, 『하이델베르크요리문답강해』, 74.
17 　우르시누스, 『하이델베르크요리문답강해』, 75.

셋째, 사랑의 정도에서 하나님을 최고로, 최선을 다해 사랑해야 합니다. 이웃에 대한 사랑이 하나님의 사랑보다 우위에 있어서는 안 됩니다.[18] 마지막으로 하나님의 율법 명령에 있어서 차이가 있습니다. 십계명은 행위의 규정으로서 '무엇'(What)을 규정하지만, 예수님의 계명은 '어떻게'(How)에 주목합니다. '마음을 다하고, 목숨을 다하고, 뜻을 다하여' 하나님을 사랑하라고 요구는 율법의 행위자가 어떤 태도, 내지는 마음가짐으로 행동하느냐에 집중합니다. "마음은 애착과 욕망과 성향을 뜻합니다. 그러므로 하나님께서 우리의 마음을 요구하신다는 것은 오직 그만을 사랑할 것을 원하신다는 뜻입니다. 목숨은 우리의 존재를 구성하는 요소 중 의지를 담당하는 부분입니다…. 뜻은 깨달음 혹은 지각하는 작용을 의미합니다. 그러므로 이는 네가 하나님에 대해 아는 것만큼 그를 사랑하라는 뜻입니다. 즉, 하나님을 진정으로 온전히 알아서(뜻) 네 모든 생각을 기울이고, 그리고 그를 진정으로(마음) 사랑하라(의지)는 뜻입니다. 우리는 하나님을 아는 만큼 사랑할 수 있습니다."[19] 우리는 하나님과 절대적 거리에 있습니다. 그래서 우리는 하나님을 완전하게 알지 못합니다. 우리는 부분적으로 하나님을 알기에, 불완전하게나마 사랑할 수밖에 없습니다. 이웃을 사랑하는 것도 이와 같습니다. 우리의 도덕적 행위의 판단 기준은 우리의 양심을 따릅니다. 그래서 우리가 하나님 앞에서 어떠한 태도로 서 있는지가 중요합니다. 우리 마음의 모든 욕망과 성향이 하나님께로 향하고, 그 마음을 행동으로 옮겨야 합니다. 여기에서 우리의 내적 갈등의 구조가 하나님이 주신 양심에서 발생합니다. 우리는 양심의 내적 갈등

---

18   우르시누스, 『하이델베르크요리문답강해』, 75-76.
19   우르시누스, 『하이델베르크 요리문답 강해』, 73-74.

을 율법에 비추어야 합니다.

우리의 양심을 비추어야 할 율법은 두 가지 특징을 가지고 있습니다. (1) 첫째, 율법은 율법의 수여자인 하나님의 뜻은 거룩하고 의롭고 선합니다. 하나님께서 거룩하고 의롭고 선하므로 그의 율법도 선하고 거룩하고, 의롭습니다. 그리고 율법은 공평의 법칙과 온전한 이성에 부합합니다. 율법은 그 목적에 있어서 선합니다. 그것은 인류의 선을 위해, 세계의 평화와 질서의 보존을 위해 주어졌습니다. 하나님의 율법은 그것을 지키는 자를 선하게 만듭니다. 그것은 인류를 개선하고 개혁하려는 하나님의 뜻이 담겨있기 때문입니다.

(2) 율법은 신령합니다(14절). 율법은 우리를 신령하게 만드는 수단입니다. 그러므로 율법의 효과와 그 범위도 신령합니다. 율법은 우리의 영에 영향을 미치고 속사람의 동기를 억제합니다. 마음에서 일어나는 악한 동기조차 제어하며 통제합니다(히 4:12). 율법은 우리의 마음을 다스려 신령한 예배를 명령하고 마음을 요구하며 영으로 하나님께 예배하도록 강제합니다. 하나님께서 주신 신령한 율법은 우리의 영을 위한 법입니다. 하나님의 법이 신령하다는 것은 다른 어떤 법이나 규범을 능가한다는 의미입니다. 다른 법이나 규범은 마음에서 일어나는 죄악인 음모와 억측 등을 금할 수 있기는 하지만, 거기서 연원하는 어떤 행위가 외부로 나타나지 않는 한, 그 죄를 인식할 수 없습니다. 그러나 하나님의 율법은 그에 따른 행위가 없더라도 마음의 죄악을 직시하게 합니다. 하나님께서는 우리의 양심이 온전하게 하나님의 율법을 따르기를 원하십니다. 이와 같이, 예수님께서 요약하신 두 계명은 우리의 삶에 하나님과 이웃에 대한 사랑의 본질적 가치를 일깨워 주며, 하나님의 율법이 지니는 거룩함과 신령함을 통해 우리의 내면을 바로 세우도록

도와줍니다.

**악의 평범성**

하나님께서 인간을 창조하실 때 양심을 주셨습니다. 양심은 도덕적 판단의 기준입니다. 양심은 선과 악을 구분하도록 돕습니다. 그러나 세계대전을 거치면서 양심의 왜곡을 경험하였습니다. 선과 악을 판단하는 주체로서의 이성의 힘을 자만한 결과였습니다. 이 사실을 직시한 그 자리에서 인간은 오만을 내려놓았습니다. 제2차 세계대전 후에 뉘른베르크 전범재판을 경험하면서 양심의 법을 생각했습니다. 이 재판 후 15년이라는 시간이 흘렀습니다. 유대인 학살이라는 엄청난 상흔을 남긴 세계대전을 다시 떠올리는 일이 일어났습니다. 히틀러의 전범인 아이히만이 체포된 것이지요. 그는 뉘른베르크 전범재판 전에 도망하여 이름을 바꾸고 자신의 정체를 숨기면서 살았습니다. 히틀러의 만행에 동조한 아이히만을 지속적으로 추적하였고, 1960년에 체포한 아이히만을 예루살렘 법정에 세웠습니다. 세상의 눈은 그곳을 향했습니다.

아이히만은 재판장에서 자신을 변호하며 다음과 같이 주장했습니다. (1) 군대에서 부하는 상사의 명령에 절대복종해야만 합니다. (2) 복수는 하나님께 속한 것입니다. 그는 성경 구절을 인용하여 자신을 변호하였습니다. (3) 아이히만은 "나는 한 번도 스스로 결정을 내려 본 적이 없고, 크건 작건 히틀러나 다른 상급자의 지시에 아무것도 덧붙이지 않고 성실하게 임무를 수행했을 뿐"이라고 주장하였습니다. 이 법정에서 아이히만은 어떤 권한도 자신에게는 없는 배달부에 불과했다고 변론했습니다. 그는 히틀러가 만든 국가의 법률에 따라서 충실하게 시행했을 뿐이라고 항변했습니다.

히틀러가 만든 국가의 법률은 죄악의 도구로 전락했습니다. 이런 상황에서 아이히만은 그의 부관에게 "나는 기쁘게 웃으면서 내 무덤으로 뛰어들 것이다. 500만 명의 죽음이 개인적으로 양심에 걸린다는 사실이 대단한 만족감을 주기 때문이다."라고 말했다고 합니다. 그는 양심이 무뎌진 사람입니다. 그는 분명 유대인을 죽이지 않았습니다. 하지만 예루살렘 법정은 15가지 공소사실에 244가지 항목을 들어서 그의 유죄를 선고했습니다. 법정은 직접 학살에 참여하지 않은 아이히만에게 무슨 근거로 그의 범죄를 입증하였을까요?

> 이러한 범죄가 희생자의 수의 측면에서뿐만 아니라 범죄에 개입한 사람들의 숫자의 측면에서도 집단으로 이루어졌기 때문에, 이 수많은 범죄자 가운데 희생자가 실제로 죽인 것에서 얼마나 가까이 또는 멀리 있었던가 하는 것은, 그의 책임의 기준과 관련된 한에서는 아무런 의미가 없습니다. 그와 반대로, 일반적으로 살상 도구를 손으로 사용한 사람으로부터 멀리 떨어져 있을수록 책임의 정도는 증가합니다.[20]

하나님께서는 위정자에게 통치의 권한을 부여하십니다. 하지만 그 권위에는 반드시 책임이 따릅니다. 만약 통치자의 직무를 올바르게 수행하지 못한다면, 그로 인한 책임은 더욱 막대해집니다. 아이히만의 법정에 선 법조인은 얼마나 난감했겠는가! "복수는 하나님에게 속한 것"이라는 성경 구절을 인용하며 관대하게 처벌해 달라고 변론했으니 말입니다. 법정은 한 민족에게 저지른 반인도

---

20　한나 아렌트, 김선욱 옮김, 『예루살렘의 아이히만』 (서울: 한길사, 2006), 342.

적 범죄는 개별적으로 개인에 대한 범죄를 합친 것보다 더 무겁게 평가되어야 한다고 판시하며 사형을 선고했습니다.

> 논증을 위해서 피고인이 대량 학살의 조직체에서 기꺼이 움직인 하나의 도구가 되었던 것은 단지 불운이었다고 가정을 해봅시다. 피고인이 대량 학살 정책을 시행했고, 따라서 그것을 적극적으로 지지했다는 사실은 여전히 남아 있습니다. 그리고 (마치 피고인과 피고인의 상관들이 누가 이 세상에 거주할 수 있고 없는지를 결정할 어떤 권한을 갖고 있는 것처럼) 이 지구를 유대인 및 수많은 다른 민족 사람과 함께 공유하기를 원하지 않는 정책을 피고인이 지지하고 수행한 것과 마찬가지로, 누구도, 즉 인류 구성원 가운데 누구도 피고인과 이 지구를 공유하기를 바란다고 기대할 수 없다는 것을 우리는 발견하게 됩니다. 이것이 바로 당신이 교수형에 처해야 하는 이유, 유일한 이유입니다.[21]

이 재판의 판결에서 뉘른베르크 전범재판에서의 판결을 엿볼 수 있습니다. 국가의 법률이 죄악의 도구로 전락했을 때, 인간에게 주어진 선악에 관한 판단은 양심에 기대하는 일만 남을 뿐입니다. 국가의 법체계는 합의사항입니다. 이 합의에 따라서 상관의 명령에 복종해야 할 의무와 책무가 주어집니다. 이것이 아이히만의 논리이자 변론의 근거였습니다. 그러나 이 복종은 '최소한 양심'에 따른 판단을 전제해야 합니다. 양심은 하늘이 인간에게 준 보편적인 것이기 때문입니다. 인간의 생명에 대한 존중과 다른 문화의 관용은 자연법에 기초한 최소한의 요구이기에 전범재판에 기소된 자를 판결했습니다.

---

21  아렌트, 『예루살렘의 아이히만』, 382.

아이히만을 세운 예루살렘 법정의 재판 과정을 지켜본 한나 아렌트(Hannah Arendt, 1906-1975)는 우리에게 새로운 사유의 주제를 던져주었습니다. 그것은 "악의 평범성"입니다.

자신의 개인적인 발전을 도모하는 데 각별히 근면한 것을 제외하고는 그는 어떤 동기도 갖고 있지 않았습니다. 그리고 이런 근면성 자체는 결코 범죄적인 것이 아닙니다. 그는 상관을 죽여 그의 자리를 차지하려고 살인을 범하려 하지는 않았을 것입니다. 이 문제를 흔히 하는 말로 하면 그는 단지 자기가 무엇을 하고 있는지 결코 깨닫지 못한 것입니다. 그로 하여금 경찰 심문을 담당한 독일계 유대인과 마주 앉아 자신의 마음을 그 사람 앞에 쏟아부으며 어떻게 자기가 진급하지 못한 것이 자기의 잘못이 아니라는 것을 다시 또 다시 설명하면서 4개월 동안 앉아 있을 수 있었던 것은 바로 이 같은 상상력이 결여 때문이었습니다…. 그는 어리석지 않았습니다. 그로 하여금 그 시대의 엄청난 범죄자 가운데 한 사람이 되게 한 것은 (결코 어리석음과 동일한 것이 아닌) 순수한 무사유(sheer thoughtlessness)였습니다. … 이처럼 현실로부터 멀리 떨어져 있다는 것과 이러한 무사유가 인간 속에 아마도 존재하는 모든 악을 합친 것보다 더 많은 대파멸을 가져올 수 있다는 것, 이것이 사실상 예루살렘에서 배울 수 있는 교훈이었습니다.[22]

히틀러에 동조했던 자들이 내세운 변론에 대한 대답입니다. 아렌트는 "모든 인간, 혹은 법률책에 친밀하지 않은 사람이라도… 그의 눈이 멀지 않았고 또 심장이 돌덩이 같거나 타락한 것이 아니

---

22   아렌트, 『예루살렘의 아이히만』, 391-92.

라면 양심 속에 깊이 깔려있는 합법성의 느낌에 귀를 기울여야 한다."라고 하였습니다.[23] 아이히만은, 적어도 사람이라면, 아우슈비츠에 갇혀 있는 유대인과 가스실로 가는 유대인의 불안과 공포를 보면서, 히틀러의 명령이 어떤 결과를 가져올 것인지를 생각했어야만 했습니다. 하지만 그는 인간에 대한 존중을 외면한 채, 단지 상관의 명령에 복종하여 아무런 죄책감 없이 유대인 말살 정책에 동참하였습니다. 그 결과, 타인도 자신과 동일한 인격을 지닌 존재로 바라보는 눈을 잃었습니다. 하나님께서 하나님의 형상으로서 인간에게 주신 영혼의 기능을 잃어버렸습니다.

　아렌트가 제기한 "악의 평범성"은 적어도 아이히만이 "자기가 무엇을 하고 있는지 결코 깨닫지 못했는가?"라는 문제와 직결됩니다.[24] 아이히만이 대량 학살이라는 엄청난 죄악 앞에서 양심의 가책을 느끼지 않았을까요? 그 정도로 어리석지 않았을 겁니다. 하지만 그는 평범한 독일인보다 더 적극적으로, 공격적으로 히틀러의 명령을 따랐습니다. 아렌트는 아이히만이 엄청난 범죄자 중의 한 사람이 된 이유는 무엇일까, 이 질문에 답을 찾았습니다. 그녀는 아이히만이 적극적으로 범죄에 가담하게 된 이유를 "순수한 무사유(sheer thoughtlessness)"에서 찾았습니다. 아이히만은 어떠한 깊은 사유 없이, 단순히 상부의 명령에 따르는 로봇과 같은 상태에 머물러 있었기 때문에 히틀러가 지시한 범죄에 참여했다고 결론을 내립니다.[25] 어떤 일에 아무런 사유 없이 사는 것이 "인간 속에 존재하는 모든 악을 합친 것보다 더 큰 파멸을 가져올 수 있다."라는 사실

---

23　아렌트, 『예루살렘의 아이히만』, 397.
24　아렌트, 『예루살렘의 아이히만』, 391.
25　아렌트, 『예루살렘의 아이히만』, 392.

은 경고가 됩니다.

하나님께서는 우리에게 양심을 주셨습니다. 양심은 라틴어로 콘스키엔티아(conscientia)입니다. 이 단어는 콘(con, with, 함께)과 스키텐티아(scientia, science, Wissenschaft, 지식)가 결합한 합성어입니다. 이 지식은 "마음과 지성으로 얻은 사물에 관한 지식"을 뜻합니다. 어떤 사건에 대한 양심의 옳고 그름의 판단은 앎이 전제되어야 합니다.[26] 양심은 하나님과의 관계에서 내적 순수함을 지녀야 합니다. 양심의 순수함은 하나님을 바르게 아는 지식과 우리 자신을 아는 지식에서 작동합니다. 양심은 "하나님과 인간 사이의 중간자"[27]로서 자유로운 사유 활동을 통해서 의지로 나타납니다. 아이히만은 이 양심이 작동하지 않은채, 상부의 명령을 그대로 수행한 로봇에 불과했습니다. 거기에 아이히만의 죄가 있습니다.

**인간의 원죄**

아렌트가 던진 주제를 우리 자신에게 적용해서 다시 한번 생각해 봅시다. 우리는 이 땅에서 평범하게 살아가는 대한민국 국민이자 그리스도인입니다. 어떤 법적인 문제를 일으키거나 범죄를 저지른 적이 없이 평온하게 살아왔습니다. 그렇다면, "나는 의인인가?", "나는 바른길을 걸어가고 있다고 자부할 수 있는가?", "이 땅에서 일어나고 있는 '악'에 대한 책임이 없다고 할 수 있는가?", "한국 교회에서 일어나는 성추행, 횡령과 막말로 인한 명예 훼손 등의 책임이 나에게 없다고 할 수 있는가?", "아렌트의 지적에 나는 자유

---

26  칼빈, 『기독교강요』, 3.19.15.
27  칼빈, 『기독교강요』, 3.19.15.

한가?", "그리스도인으로서 세상을 거슬러 살아가는 우리에게 '아무 생각 없이' 살아가는 죄를 범하고 있지는 않은가?" 이 질문들은 누구나 스스로에게 던져야 합니다. 하이델베르크 신앙교육서는 이 동일한 질문을 다음과 같이 던집니다.

> 5문　당신은 이 모든 것을 온전히 지킬 수 있습니까?
> 답　아닙니다. 나에게는 본성적으로 하나님과 나의 이웃을 미워하는 경향이 있습니다.

여기에서 우리는 부사 "온전히"(vollkomlich)에 주목해야 합니다. 예수님의 계명을 온전하게 지킬 수 있는 자가 있을까요? "온전히"란 독일어의 "voll"이라는 접두어는 '가득 채워진' 상태를 의미합니다. 하나님의 말씀에 자기 자신의 양심을 비추어 점검할 때, "마음을 다하고 목숨을 다하고 뜻을 다하여" 하나님을 사랑했다고 말할 수 있는 자가 누구일까요? 이웃을 내 몸과 같이 사랑했다고 당당하게 말할 수 있는 자가 누구일까요? 이 질문에 당당하게 "Yes!"라고 대답할 수 있는 자가 있을까요? 아무도 이 질문에 "Yes!"라고 대답할 수 없을 겁니다. 하나님의 율법에 우리의 양심을 비추어 보면, 우리는 스스로 죄인임을 깨닫게 됩니다. 우리가 서 있는 자리가 하나님의 본향에서 멀리 떨어진 비참한 곳임을 알게 됩니다. 자신이 죄인임을 깨닫게 되는 그 자리에서 비참함을 느낍니다. 그래서 하이델베르크 신앙교육서가 죄와 비참함을 나란히 두었던 것이지요.

　　하나님의 율법은 '이상'일 뿐입니다. 하나님의 율법을 이 땅에서 현실로 완벽히 실현한다는 건, 불가능합니다. 하나님 앞에서 온전히 의로운 사람은 없습니다(롬 3:10). 모든 사람은 죄를 짓습니다.

하나님의 영광에 이를 수 없습니다(롬 3:23). 하이델베르크 신앙교육서는 자신이 이를 행할 수 없는 존재로 태어났음을 고백하게 인도합니다. 나는 "하나님과 이웃을 미워하는 경향"을 지닌 연약한 인간이구나 인정하게 됩니다. 하나님과 나의 이웃을 미워하는 쪽으로, 본성적으로(von Natur) "기울어져"(geneigt) 있는 존재(경향)라는 사실을 깨닫습니다. 하나님의 율법에 따라서 살아내려고 하면 할수록 더 멀어지는 자신을 보게 될 뿐입니다(13문). 그래서 바울이 로마서 3장 20절에서 "… 율법으로 죄를 깨달음이니라."라고 가르쳤던 것입니다. 인간이 하나님의 율법이라는 거울에 자신을 비추어 보면 똑바로 서 있지 못하는 자신을 보게 됩니다. 율법은 하나님을 향하여 완전하게 사랑하라고 요구하지만, 나 자신은 하나님을 향해 미움과 반감만을 가지고 있다는 것을 깨닫게 됩니다. 이는 동일하게 이웃에게도 마찬가지입니다. 이렇게 3문에서 5문까지는 우리에게 우리의 본질로서의 비참함을 인식하고 고백하게 이끕니다.

지금까지 하이델베르크 신앙교육서가 유도한 방법을 정리하면 다음과 같습니다. 첫째, 예수 그리스도께서 가르친 율법을 거울삼아 자신을 비추어 보라! 스스로를 점검하라! 율법이 요구하는 순결함을 자신이 지니고 있는지를 살피라! 둘째, 율법의 저주를 자신에게 적용해 보라! 그러면, "나는 죄인입니다."라는 고백에 이르게 될 것입니다. 이 과정은 바울이 로마서 7장 7절에서 한 고백으로 인도합니다: "그런즉 우리가 무슨 말을 하리요 율법이 죄냐 그럴 수 없느니라 율법으로 말미암지 않고는 내가 죄를 알지 못하였으니 곧 율법이 탐내지 말라 하지 아니하였더라면 내가 탐심을 알지 못하였으리라." 탐심은 우리 안에서 거하는 죄로서, 죄를 일으키는 최초의 동기이자 "타락의 원리"입니다. 율법을 통해 그는 탐심이 죄임을, 설령 행동으로는 아직 나타나지 않았더라도 마음에서 죄의 동기가 일어났다는 점에서 그 심각성을 인지하게 되었습니다. 내 안에 숨겨진 죄의 동기를 누가 알 수 있겠는가!

이렇게 하나님의 율법은 우리가 죄인이며 그 죄로 인해 저주 아래에 있음을 선포합니다. 이를 삼단논법으로 정리하면 다음과 같습니다.

대전제: 하나님의 율법 = "이 율법의 말씀을 실행하지 아니하는 자는 저주를 받을 것이라 할 것이요."(신 27:26)

소전제: 양심의 확증 = "나는 율법책에 기록된 대로 모든 일을 행하지 못했다." = 우리가 행한 일에 대한 지식

결  론: 나의 현재 모습 = 율법의 선고를 그대로 확정 짓는 것 - "그러므로 나는 저주 아래에 있는 자다." = 율법의 선고를 인정하는 것

자신의 존재를 인정하는 그 자리에서 새로운 도약이 시작됩니다. 바로 이곳에 희망이 길이 열려 있습니다.

### 6-8문

# 죄인인 나 (1)

하이델베르크 신앙교육서는 3-5문을 통해서 인간의 죄와 비참함을 하나님의 율법에 비추어 점검했습니다. 하나님의 율법은 우리의 양심을 비추는 거울입니다. 이 거울에 자신을 비추어 점검해야 합니다. 하나님은 온전하게 율법을 실행하기를 요구합니다. 그 이유는, 첫째, 하나님의 율법은 거룩하고 의롭고 선하기 때문입니다. 둘째 하나님의 율법은 신령하여 우리를 신령하게 만들기 때문입니다. 하나님의 율법은 다른 어떤 법을 능가합니다. 인간의 마음에서 일어나는 죄까지 직시하니까요! 이 온전함의 판단은 오롯이 양심에 달려있습니다. 하나님만 인간의 내부에 일어나는 죄의 동기를 아십니다. 하나님 앞에 양심을 비추어 나의 죄의 동기를 고백하게 하십니다. 이 요구 앞에서 누구도 자유롭지 못합니다. 우리의 양심은 시온을 향해 우는 이스라엘 민족의 비참함에 맞닿아 있습니다. 우리는 하이델베르크 신앙교육서 3-5문을 통해서 '나는 본성적으로 하나님과 이웃을 미워하는 경향을 지니고 있습니다'라는 실존적 고백에 이르게 됩니다.

## 깨어진 꽃병 1: 죄의 기원

> 6문 그렇다면 하나님께서 인간을 악하고 반역적인 모습으로 창조하셨습니까?
>
> 답 아닙니다. 오히려 하나님께서 인간을 선하게 그리고 자신의 형상대로 창조하셨습니다. 다시 말해서, 참된 의와 거룩함으로 창조하셔서 자신의 창조주 하나님을 바르게 알고, 진심으로 사랑하며, 영원한 행복 가운데서 그분과 더불어 살고 그분을 찬양하고 찬미하도록 하십니다.
>
> 7문 그렇다면 사람의 타락한 성질은 어디에서 오는 것입니까?
>
> 답 낙원에 있던 우리의 첫 조상인 아담과 하와의 타락과 불순종에 기인합니다. 거기서 우리의 본성도 부패하게 되었는데, 그 결과 우리는 모두 죄악 중에 잉태되고 출생하게 되었습니다.
>
> 8문 우리는 완전히 부패했기 때문에 어떠한 선한 행위도 전혀 행할 수 없으며, 또한 온갖 악한 것으로 기울어지는 성향을 지니고 있습니까?
>
> 답 그렇습니다. 우리가 하나님의 영으로 거듭나지 않는다면, 참으로 그렇습니다.

하이델베르크 신앙교육서 3-5문은 우리로 하여금 "나는 본성적으로 하나님과 이웃을 미워하는 경향을 지녔다."라는 삶의 고백(실존적 자기이해)을 하게 합니다. 이 고백에서 '자연스럽게'(논리적 추론) '왜 나는 본성적으로 하나님과 이웃을 미워하는 경향을 지닌 존재가 되었는가?'라는 인간의 본성에 대한 질문(존재론적 질문)으로 넘어갑니다. 하이델베르크 신앙교육서 6문은 나의 존재가 왜 깨어진 꽃병이 되었는지를 묻습니다.

> 6문  그렇다면 하나님께서 인간을 악하고 반역적인 모습으로 창조하셨습니까?
> 답  아닙니다. 오히려 하나님께서 인간을 선하게 그리고 자신의 형상대로 창조하셨습니다. 다시 말해서, 참된 의와 거룩함으로 창조하셔서 사람은 자신의 (1) 창조주 하나님을 바르게 알고, (2) 진심으로 사랑하며, (3) 영원한 행복 가운데서 그분과 더불어 살고 그분을 찬양하고 찬미하도록 하십니다.

하이델베르크 신앙교육서 6문은 인간의 본성을 5문보다 더 강렬하게 "악하고 반역적"이라고 표현합니다. 5문에서 인간의 본성을 하나님과 이웃을 미워하는 경향, 즉 기울어졌다(geneigt, 경향)는 표현보다 더 저돌적으로 들립니다. 6문의 "반역적"이란 독일어 단어는 형용사 "verkehrt"로, '잘못된 길로 돌이킨다'라는 의미를 담고 있습니다. 하이델베르크 신앙교육서 5문은 우리의 본성에 내재된 하나님과 이웃을 미워하는 경향, 즉 잠재적 내지는 내재적 본성으로 표현했습니다. 하지만 6문에서는 우리가 잘못된 길에 들어서서 적극적으로 하나님을 배반하고 악을 행하는 존재로 규정합니다. 그러니까, 6문에서 "왜 나를 이렇게 악하고 반역적인 모습으로 만들었습니까?"라는 질문은 하나님을 향한 항변에 가깝습니다. "하나님, 왜 나의 마음을 이처럼 좁고, 잘난 척하기 좋아하는, 비뚤어진 성품을 지닌 존재로 지으셨습니까?" "왜 우리를 하나님의 존재를 잊고 자기중심적으로 사유하는 존재로 만드셨습니까?"라는 항변이 그것입니다. 하이델베르크 신앙교육서 6문은 우리의 죄와 비참함의 책임을 하나님께 전가합니다. 이러한 항변조차 어쩌면 자기 존재의 악한 본성을 적나라하게 드러내는 것이라 여겨집니다. 인간은 본성적으로 자신의 책임을 다른 누군가에게 전가하는 "책임전가형" 존재임이 틀림없어 보이기 때문입니다. 이 모습에서 에덴동산의 아담이 하와에게, 하와가 뱀에게 죄를 전가한 모습이 떠오릅니다. 인간은 자신의 깨지고 삐뚤어진 악한 행위가 자기 책임이 아니라고 당당하게 주장합니다. 이 격양된 항변에 하이델베르크 신앙교육서는 차분하게 설명해 나갑니다.

우선, 하나님께서는 (1)인간을 '선하게' 그리고 (2)'하나님의 형상대로' 만들었다고 가르칩니다.[28] 하나님의 형상은 우리에게 "참된 의와 거룩함"으로 나타납니다. 하나님께서 우리를 선하게 만들었기에, 우리는 참된 의와 거룩함을 지닌 존재입니다. 하이델베르크 신앙교육서는 '선하게', '참된 의', '거룩'이라는 동일한 단어

---

[28] 모양이라는 뜻의 드무트(תומד)는 '~처럼' 혹은 '~을 따라'라고 번역이 되고, 드무트라는 단어는 다마라는 동사에서 나온 명사입니다. 다마는 '닮다, 유사하다, ~와 같다'라는 뜻의 동사이고, 여기에 우트(תוא)라는 접미사가 붙어서 명사가 되었습니다. 그래서 '닮음을 따라'라는 뜻입니다. 인간이 하나님을 닮았다는 뜻입니다. '하나님의 손', '하나님의 팔', '하나님의 눈'과 같은 신인동형론적 표현이 가능하게 된 것이지요. 우리의 존재 양식이 하나님을 닮았습니다. 우리는 신의 성품을 닮은, 지.정.의를 지닌 인격체로 존재로 부르심을 받았습니다. 그래서 하나님과 교제할 수 있고, 사람과 사람 사이에 교제할 수 있는 인격체로 부름을 받았습니다. 형상이라는 단어는 전치사 베(ב)와 렘(מצל)이 합쳐진 단어입니다. 렘은 '상, 이미지'라는 의미입니다. 이 단어는 추상적 의미가 아니라 일상에서 만나는 어떤 구체적인 물건을 뜻합니다. 동상이나 석상, 어떤 존재를 닮은 형태로 눈에 보이게 만들어 놓은 것입니다.

를 반복하여 하나님의 형상을 설명합니다. 이 동의 반복을 통해서 "왜 나를 이렇게 악하고 반역적인 존재로 만들었냐?"는 항변에 하나님께서는 우리를 본래 선하게, 그리고 참된 의와 거룩함으로 만들었다는 사실을 분명히 하고자 합니다.

우리는 하나님의 형상을 지녔으므로, 참된 의와 거룩함을 실행해야 합니다. 우리는 하나님께서 주신 본래의 모습대로 첫째, 창조주 하나님을 바르게 알아야 합니다(지성). 둘째, 진심으로 하나님을 사랑해야 합니다(의지). 마지막으로 영원한 행복 가운데서 하나님과 더불어 살고 하나님을 찬양하고 찬미해야 합니다(행위). 하나님의 형상으로서의 참된 의와 거룩은 하나님을 아는 지식과 연결되어 있습니다. 이 지식에서 하나님의 사랑하는 의지가 발현되며 행동으로까지 이어집니다. 하이델베르크 신앙교육서는 하나님의 형상이 지닌 앎의 영역을 분명하게 나타내지 않았지만, 에베소서 4장 24절[29]을 증거구절로 삼았다는 점에 주목해야 합니다. 이 구절에서 '진리의 거룩'은 지혜와 지식을 암시하기 때문에, 하이델베르크 신앙교육서가 강조하는 하나님의 형상은 지혜와 지식을 전제한 거룩함이라 할 수 있습니다.[30]

우리는 하나님의 형상을 따라 지음을 받았습니다. 그 흔적이 바로 우리의 영혼입니다. 우리는 영혼이 있기에 영이신 하나님을 알 수 있습니다. 우리는 하나님을 향해 있으며 그의 뜻을 알고 행합니다. 그러므로 하나님과 분리될 수 없는 존재입니다.[31] 하나님과 우리의 관계는 동전과 동전에 새겨진 왕의 모습과 같습니다.

---

29  에베소서 4장 24절 "하나님을 따라 의와 진리의 거룩함으로 새사람을 입어라."
30  우르시누스, 『하이델베르크요리문답강해』, 83.
31  양신혜, 『유일한 위로』 (안산: 크리스천르네상스, 2015),

동전에 새겨진 왕의 형상은 그 동전의 일부이기에 결코 분리될 수 없기 때문입니다.

> 왕이 죽더라도 그 형상은 동전에 그대로 남아 있습니다. 그런데 이와 다른 종류의 형상도 있습니다. 구름 한 점 없는 고요한 밤이면 우리는 호숫물에 비친 달의 형상을 볼 수 있습니다. 바람이 불어 물결이 치거나 구름이 달을 가리지 않는 한, 그 형상은 또렷하고 아름답게 빛날 것입니다. 그러나 구름이 달과 지구 사이에 끼어들면 그 형상은 사라질 터이고, 만일 물이 바람에 흔들리면 그 형상은 흩어지고 일그러질 것입니다. 따라서 물에 비친 달의 형상이 그 물에 속하지 않는 것은 동전에 새겨진 왕의 형상이 그 동전에 속하지 않는 것과 같습니다. 그 형상은 달과 물 사이의 어떤 관계에 달린 것입니다. 만일 이 관계가 깨어지면 그 형상도 비뚤어지거나 사라지게 됩니다.[32]

하나님과 인간의 관계는 실제 형상과 물에 비친 형상 관계와 유사합니다. 인간의 인간다움은 하나님과의 관계에 달려있습니다. 여기에 인간과 피조물의 차이점이 있습니다. 하나님께서 인간을 만드셨습니다. 인간은 하나님의 현존을 대표하는 대리 통치자입니다. 하나님의 형상을 닮은 인간에게는 사물의 개체다움(하나님)으로서의 특징이 그 사물(인간) 자체 안에 있습니다. 인간의 인간다움은 하나님과의 관계에서 그 의미가 나타나기에, 우리 삶의 객관적 기준이 바로 하나님의 뜻에 달려있는 이유입니다.

---

32  레슬리 뉴비긴, 황병룡 옮김, 『죄와 구원』 (서울: 복있는 사람, 2016), 24

대 루카스 크라나흐, 〈낙원, the Garden of Eden〉, 1530. 드레스덴 주립 미술관

루터의 동역자였던 대 크라나흐의 작품을 봅시다. 그는 인간의 창조와 타락의 이야기를 그려냅니다. 하나님의 모습이 형상화되어 있다는 점이 인상적입니다.[33] 하나님의 창조는 르네상스 시대의 주요 주제 중 하나입니다. 미켈란젤로의 〈천지창조〉가 그 예라 할 수 있습니다. 크라나흐는 인간의 창조와 타락 이야기를 그림 윗부분에 담아냅니다. 하나님께서 아담을 창조하는 모습이 나무 사이에 숨겨져 있습니다. 오른쪽에 있는 아담에게서 하와를 꺼내는 장면은 재미있습니다. 아담의 갈비뼈로 하와를 만드는 장면을 그린

---

33  하나님은 영적 존재이기에 사람의 형성을 따라 그려내는 것은 개혁 신앙의 전통에서는 받아들이기 어렵습니다. 하지만 이 당시의 역사적 정황을 고려하면서, 성경의 이야기에서 하나님과 대화하는 특권을 누리는 인간을 나타내고자 함에 주목하였으면 좋겠습니다.

것으로 보입니다. 그 옆에 있는 아담과 하와의 모습은 부자연스럽게 보입니다. 아담이 얼굴을 가립니다. 하와는 주저앉습니다. 아마도 하나님의 음성에 놀란 아담과 하와의 모습을 그린 듯합니다. 우리의 시선을 왼쪽으로 돌려봅시다. 왼쪽의 그림에서는 뱀의 모습이 독특하게 그려져 있습니다. 인어공주처럼 상반신만 사람의 모습을 한 뱀이 하와를 유혹합니다. 뱀의 유혹에 넘어간 하와는 이번에는 아담을 유혹합니다. 하나님의 명령을 어긴 아담과 하와는 에덴동산에서 쫓겨납니다.

이 그림의 중심은 단연코 중앙에 있는 아담과 하와가 하나님과 다정하게 대화하는 장면이라 여겨집니다. 크라나흐는 인간의 탁월함을 바로 하나님과 대화하는 능력에서 찾았습니다. 아담과 하와만이 하나님과 마주하며 대화하는 자리에 나갈 수 있었습니다. 하나님께서는 인간을 하나님과 교제하는 자로 만드셨습니다. 인간의 특권은 그림의 아랫부분을 차지하는 다양한 동물의 모습과 대조를 이룹니다. 수많은 동물이 화폭의 반을 차지하고 있음에도, 어떤 동물도 하나님을 바라보고 있지 않습니다. 하지만 아담과 하와만이 하나님과 친밀한 교제를 나눕니다. 인간만이 하나님과 대화할 수 있습니다. 하나님께서는 인간에게 약속을 주셨습니다. 하나님께서 무언가를 가리키고 있습니다. 그것은 동산 중앙에 있는 선악을 알게 하는 나무의 열매를 먹지 말라는 명령을 암시합니다. 이 언약을 받은 인간은 다른 어떤 동물보다 뛰어난 존재임이 틀림없습니다. 그러므로 우리 삶은 하나님의 기뻐하시는 뜻을 행하는 데 목적이 있습니다.[34] 우리는 자연히 하나님께서 무엇을 기

---

34 『제네바 신앙교육서』 1-7문에서 가르치는 내용이 『웨스트민스터 소교리문답』 1문으로 요약됩니다. "사람의 첫째 되고 가장 높은 목적은 하나님을 영화롭게 하

뻐하시는가를 물어야 합니다. 하나님께서는 우리가 "창조주 하나님을 바르게 아는 것"을 기뻐하십니다. "하나님을 사랑"하며, 그가 주시는 영원한 복락 가운데서 그분과 함께 살아가는 것을 즐거워하십니다.

우리는 하나님을 기쁘게 하시기 위해서 무엇을 해야 할까요? 칼빈은 제네바 신앙교육서에서 하나님을 알고 사랑하는 우리가 구체적으로 해야 할 일을 가르칩니다. 칼빈은 1문에서 인간의 주요 목적이 '창조주' 하나님을 아는 것(1문)이라는 대전제에서 시작합니다. 하나님은 우리의 창조주이십니다. 우리는 하나님의 피조물입니다. 창조주는 그의 목적에 따라서 우리를 만듭니다. 그래서 2문에서는 "왜 하나님께서 우리를 만드셨는가?"를 묻습니다. 하나님께서는 우리를 통해서 영광을 받으시기 위해서 만드셨습니다(2문). 하나님은 삶의 근원이기 때문에 우리가 하나님의 영광을 위해 사는 것(2문)은 당연한 의무이며, 그것이 우리의 "최상의 행복"임을 가르칩니다(2-3문). 그 이유는 우리가 하나님을 알지 못하면 동물보다 더 비참하기 때문이며, 하나님의 뜻에 따라 살지 않는 것보다 더 비참한 일은 없기 때문입니다(4-5문).[35] 여기에서 하나님에 대한 참되고 올바른 지식이 무엇인지를 묻습니다(6문). 우리는 하나님께 영광을 돌리기 위해서 만들어졌습니다. 하나님께 영광을 돌리는 것이 우리의 창조 목적입니다. 그래서 우리는 하나님의 영광을 위

---

는 것과 영원토록 하나님을 온전히 즐거워하는 것입니다."라는 고백으로 요약됩니다.

35 종교개혁 당시 르네상스 인문주의 문화에서 인간의 우월성을 강조합니다. 인간이 동물보다 뛰어난 점을 이성과 말에서 찾았습니다. 대화를 할 수 있다는 점을 우월한 특성을 삼았습니다. 그래서 크라나흐의 작품에서도 하나님과 대화할 수 있는 존재로서 아담과 하와를 주목하였고, 칼빈도 동물보다 뛰어난 인간이 하나님을 바로 알아야 한다는 점을 강조했습니다.

하여 무엇을 해야 하는지를 반드시 알아야 합니다. 제네바 신앙교육서 7문에서 "하나님께 영광을 바르게 돌리려는 방법은 무엇입니까?"라고 묻습니다. 이는 당시의 로마 가톨릭교회와 구별되어, 하나님께 "바르게" 영광을 돌려드리는 방법을 찾고자 하는 의도를 담고 있습니다. 우리는 하나님을 아는 지식과 그 지식에 합당하게 사는 길에도 참과 거짓의 길이 있다는 점을 기억해야 할 필요가 있습니다.

> 7문 하나님께 영광을 바르게 돌려드리는 방법은 무엇입니까?
> 답 그것은 하나님을 전적으로 신뢰하며, 그분의 거룩한 뜻에 복종하면서 하나님을 섬기고, 우리의 모든 어려움 중에서 그분에게 도움을 청하며, 그분 안에서 구원과 모든 좋은 것이 하나님으로부터만 나온다는 것을 마음과 입(행위)으로 표현하고 인정하는 것입니다.

첫째, 하나님께 영광을 돌리기 위해서 우리는 하나님을 신뢰해야 합니다. 신뢰는 관계에서 형성되며, 상대방의 인격이나 그에 대한 지식에서 시작합니다. 하나님과의 관계에서의 신뢰는 전적으로 하나님으로부터 시작합니다. 그래서 우리는 하나님을 올바로 알아야 합니다. 우리는 하나님이 어떤 분이신지, 그분이 나를 위해서 어떤 일을 하셨는지에 대한 올바른 지식을 가져야 합니다. 이것을 사도신경이 우리에게 분명히 가르칩니다. 그래서 우리는 사도신경을 바르게 배워야 합니다.

둘째, 우리는 하나님의 뜻에 복종해야 합니다. 하나님의 뜻은 우리의 삶을 판단하는 기준입니다. 우리가 도덕적 행위를 해야 하는 이유는 바로 여기에 있습니다. 우리의 행위는 하나님의 율법에 비춘 양심의 판단에 따릅니다(3-5문). 선과 악의 기준이 하나님이기 때문입니다. 하나님께서는 이 땅에서 그리스도인이 선과 악을 판단할 수 있도록 율법, 즉 십계명을 주셨습니다. 우리는 십계명을 배워 하나님의 뜻에 따라서 선과 악을 판단하는 그리스도인이 되어야 합니다.

셋째, 우리는 "모든 어려움 중에서 그분에게 도움을 청해야 합니다." 고난 중에도 우리는 하나님을 찾아야 합니다. 하나님을 찾는 것이 바로 기도입니다. 이 행위가 하나님께 영광을 돌리는 일입니다. 마지막으로 "모든 좋은 것이 하나님으로부터만 나온다."라는 것을 마음과 입으로 표현하고 인정해야 합니다. 하나님께서 우리의 구원을 예수 그리스도 안에서 작정하고 이루신 일을 알고, 그 구속의 역사가 우리의 마음에서 일어났음을 인정하고 고백하는 일입니다. 그것이 바로 우리의 예배로 나타납니다. 칼빈의 제네바 신앙교육서는 하나님의 영광을 위해서 우리가 무엇을 행해야 하는지를 구체적으로 제시하였습니다. 우리는 사도신경이 가르치는 믿음의 내용을 알아야 합니다. 하나님께서 주신 십계명을 양심의 기준으로 삼아 판단하고 행동해야 합니다. 이를 위해서 하나님의 도우심을 구해야 합니다. 사도신경과 십계명, 그리고 주기도문은 이 땅에서 그리스도인으로서 꼭 배워야 하며 하나님께 영광을 돌리는 방법입니다. 사도신경은 우리의 영적 의사이고, 십계명을 통해서 우리의 질병을 치료하고, 주기도문은 우리에게 치료제이기 때문입니다.[36] 이 세 가지를 붙잡고 하나님께 예배하는 자리에 나아가 찬양해야 합니다.

---

36  Timothy J. Wengert, 최주훈, 『마르틴 루터 대교리문답』 (서울: 복있는 사람, 2017), 20.

하나님께서는 우리를 몸과 영혼을 지닌 인격적 존재로 창조하셨으며, 하나님이 기뻐하시는 뜻에 따라서 살도록 하셨습니다. 하지만 우리는 본성적으로 하나님과 이웃을 미워하는 경향을 지니고 있습니다. 우리의 본성적인 악의 성향과 부패는 이 원인을 하나님께 돌리려고 합니다. 하나님을 거슬러 도리어 반역을 꾀합니다. 이 반역의 성향이 하나님께 분노를 뿜어내는 자리에 나가게 합니다. 이 분노가 하늘을 찌릅니다. 그 분노에 하나님께서는 잔잔하게 자신의 형상대로 선하게 우리를 창조했다고 가르칩니다. 하나님의 형상의 흔적을 우리 안에서 발견하게 인도하십니다. 그제야 하나님과 우리 사이에 놓인 절대적 간격을 확인합니다. 우리는 스스로 하나님께 가까이 갈 수 없음을 고백합니다. 하나님께 다가가기 위해서 우리는 중보자가 필요합니다. 이제 우리가 해결해야 할 문제는 두 가지입니다. 첫째, 우리의 악한 본성은 어디에서 기원했는지(7문)를 알아야 합니다. 둘째, 하나님과 우리의 관계를 회복하기 위한 중보자를 찾아야 합니다(12-18문). 하이델베르크 신앙교육서는 우선, 우리의 악한 본성을 아는 데서부터 시작합니다.

**어떻게 우리는 타락하게 된 것일까?**

우리는 하이델베르크 신앙교육서 6문에서 하나님께서 창조한 인간 본래의 모습을 배웠습니다. 바로 그곳에서 하나님과 우리의 절대적 간격을 발견하게 됩니다. 이제 하이델베르크 신앙교육서 7문은 우리 안에 내재된 부패한 죄성이 어디에서 온 것인지를 묻습니다.

7문  그렇다면 사람의 이런 타락한 성질은 어디에서 오는 것입니까?

답  낙원에 있던 우리의 첫 조상인 아담과 하와의 타락과 불순종으로부터 입니다. 거기서 우리의 본성도 부패하게 되었는데, 그 결과 우리는 모두 죄악 중에 잉태되고 출생하게 되었습니다.

하이델베르크 신앙교육서 7문은 우리를 하나님께서 아담과 하와를 만든 첫 시간으로 데리고 갑니다. 우리의 타락한 본성이 첫 조상인 아담과 하와의 타락과 불순종에 기인했다고 가르칩니다. 그런데 아담과 하와에게 무슨 일이 일어났던 것일까요? 왜 아담과 하와는 하나님의 말씀에 불순종한 걸까요? 그들의 불순종이 어떻게 우리의 타락한 성질이 되는지에 대한 궁금증이 자연스럽게 생깁니다.

아담과 하와의 타락 이야기는 창세기 3장에서 시작합니다. 간교한 뱀이 하와를 찾아와 유혹하며 묻습니다. "하나님이 정말로 너희에게 동산에 있는 모든 나무의 열매를 먹지 말라고 하셨니?" 이에 하와는 잠시도 주저하지 않고 답변합니다. "하나님께서 동산에 있는 나무의 열매를 먹을 수 있다고 하셨어. 하지만 동산 중앙에 있는 나무만큼은 아니야. 하나님께서 말씀하시길, 너희는 먹지도 말고 만지지도 말라고, 만약 그렇게 하면 우리가 죽을까 염려된다고 하셨어."(창 3:2-3). 하와의 이야기를 들은 뱀은 비아냥거리며 "정말 그렇게 될까? 너희가 그것을 먹는다고 해도 절대 죽지 않아!"라고 말했습니다(창 3:4). 뱀의 말은 단호했습니다. 뱀은 하나님의 말씀에 죽을까 의심하는 하와의 마음을 간파했습니다.

너희가 그것을 먹는 날에는 너희 눈이 밝아져 하나님과 같이 되어 선악을 알 줄 하나님이 아심이니라(5절).

뱀은 하와의 마음을 정확하게 꿰뚫어보았습니다. 뱀이 선악과를 먹으면 사람의 눈이 밝아진다는 것, 하나님과 같이 되어서 선악을 알게 된다고 한 것은 모두 거짓입니다. 하나님께서 아담과 하와를 만들고 "보시기에 심히 좋았더라."라고 하셨습니다. 사실 아담과 하와는 이미 선한 상태에 있었습니다. 하나님의 형상대로 지음을 받아서 다른 피조물보다 뛰어난, 하나님과 같은 존재입니다. 그런데 뱀의 유혹에 하와의 마음이 움직이기 시작했습니다. 그때야 나무의 열매가 이전과 다르게 보이기 시작했습니다.

여자가 나무를 본즉 먹음직도 하고 보암직도 하고 지혜롭게 할 만큼 탐스럽기도 한 나무인지라 여자가 그 열매를 따 먹고 자기와 함께 있는 남편에게도 주매 그도 먹은지라(6절).

하와의 눈이 떠졌습니다. 먹음직스럽게 보입니다. 심지어 보기에 좋아 보입니다. 하와의 마음에 탐욕이 생깁니다. 하와의 입에 침이 고입니다. 마음에 욕망이 일어납니다. 어느새 감각적 쾌락에 빠집니다. 마음속에서 뱀이 한 말처럼, 지혜롭게 할 만큼 탐스럽게 보입니다. 이미 탐욕이 마음에 자리 잡았습니다. 하나님과 같이 지혜로운 자가 되고자 하는 욕망이 꿈틀거렸습니다. 그러자 하와는 행동으로 옮깁니다. 열매를 따서 먹음으로써 육체적 쾌락을 누립니다. 그리고 아담에게도 열매를 건네며 함께 쾌락을 누리게 합니다. 하와는 자신의 악행을 아담에게로 전이시킵니다.

'어디에서부터 잘못된 것일까?', '하와는 왜 뱀의 유혹에 그렇게 쉽게 흔들린걸까?', '선악을 알게 하는 나무의 열매가 그렇게 매력적이었나?', 수없는 질문이 꼬리에 꼬리를 물고 일어납니다. 하와의 타락은 뱀의 유혹에서부터 시작된 것이 아닙니다. 하와는 이미 하나님의 관계에서 잘못을 범하고 있었습니다. 하나님께서 아담과 하와와 맺은 관계로 되돌아가 봅시다. 창세기 2장 16-17절에서 하나님께서 직접 말씀하십니다.

> 동산 각종 나무의 열매는 네가 임의로 먹되 선악을 알게 하는 나무의 열매는 먹지 말라 네가 먹는 날에는 반드시 죽으리라

이 말씀을 아담과 하와는 하나님 면전에서 들었습니다. 뱀의 질문에 하와는 3장 2-3절에서 다음과 같이 답합니다.

> 동산 나무의 열매를 우리가 먹을 수 있으나 동산 중앙에 있는 나무의 열매는 하나님의 말씀에 너희는 먹지도 말고 만지지도 말라 너희가 죽을까 하노라 하셨느니라

하나님께서 직접 하신 말씀과 하와의 말을 비교해 봅시다. 하나님께서는 인간에게 자유를 허락하셨습니다. 동산에 있는 열매는 '임의대로' 마음껏 먹으라고 말입니다. 어떤 열매를 먹을 건지에 대한 선택의 자유를 인간에게 주셨습니다. 여기에 단지 하나의 규칙을 세우셨습니다. 그것은 동산 중앙에 있는 선악을 알게 하는 나무의 열매를 먹지 말라는 것입니다. 이것을 먹을 때에는 반드시 죽을 것이라고 말씀하셨습니다. 하나님께서는 인간을 독립적 주체로서 세우셨고, 그 의지에 따라서 행동하도록 하셨습니다. 인간은 하나님께서 주신 규칙을 지녀야 할 의무를 지니게 되었습니다.

그러나 인간은 완전한 독립성을 지닌 존재가 아닙니다. 하나님께서는 인간에게 한계 지점을 설정해 두셨습니다. 인간은 하나님과의 관계에서 '피조된' 존재입니다. 인간의 독립성은 하나님의 사랑 안에서, 사랑을 위해서 피조된 존재이기에 그 자체로 한계가 존재합니다. 이것은 사랑의 양면성과 같습니다. "사랑이란 독립성과 의존성을 둘 다를 의미"하기 때문입니다.[37] "만일 사람이 완전히 하나님께 등을 돌릴 수 있고 따라서 완전히 독립적인 존재가 된다면, 그는 더 이상 사람이 될 수 없을 것입니다. 사람이라는 존재의 핵심은 하나님의 사랑을 반영하는 데에 있기 때문입니다."[38]

그런데 하와는 하나님의 말씀을 오해하였습니다. 우선, 하나님께서는 선악을 알게 하는 나무의 열매를 먹지 말라고 하셨습니다. 하지만 하와는 동산 중앙에 있는 나무의 열매는 "하나님의 말씀에 너희는 먹지도 말고 만지지도 말라."(창 3:3)고 하셨다고 해석합니다. 하나님의 말씀을 왜곡한 것입니다. 하와는 '만지지도 말라'는 말을 첨가하여 하나님의 명령을 '임의적으로' 왜곡시켰습니다. 둘째, 하나님께서는 분명하게 이 열매를 먹을 때, "반드시 죽으리라."(창 2:17)라고 말씀하셨습니다. 하지만 하와는 "죽을까 하노라."(창 3:3)로 이해하여 죽음에서 벗어날 수 있다는 잘못된 희망을 품었습니다. 하와의 마음에는 '설마'라는 가정이 자리 잡았습니다. 하나님께서 우리를 만들어 이 좋은 에덴동산에서 살게 하셨는데, '설마 죽게 두시겠어'라는 의구심이 들었던 것입니다. 하와는 사랑의 하나님, 우리를 지으신 창조주 아버지를 완전히 오해했습니다. 이런 의구심이 하와가 하나님의 본성을 오해하도록 하였고 하나

---

37  레슬리 뉴비긴, 『죄와 구원』 (서울: 복있는 사람, 2016), 28.
38  레슬리 뉴비긴, 『죄와 구원』, 28.

님의 말씀을 변형시켰습니다.

　하나님의 말씀에 대한 왜곡이 일어나자, 하와의 마음에서 죄가 싹트기 시작했습니다. 이제는 열매가 먹음직하고, 보기에도 좋아 보이고, 심지어는 먹으면 정말 지혜롭게 될 것 같은 탐심이 일어났습니다. 뱀이 말한 대로 눈이 밝아져서 하나님과 같이 될 수도 있겠다는 생각이 스멀스멀 올라왔습니다. 하나님의 피조물인 내가 하나님과 같이 된다니, 얼마나 매력적인 유혹입니까! 이 유혹이 하와 자신의 본분을 망각하도록 만들었습니다. 하나님의 피조물로서 그의 뜻에 따라서 살도록 만들어진 존재임에도 불구하고, 이제는 순종의 대상인 창조주 하나님과의 관계에서 벗어나 임의대로 살고자 하는 욕망이 꿈틀거리게 된 것입니다. 하와는 "내 삶의 주인공은 나"라는 노래를 부르고 싶어졌습니다. 내 삶을 내 마음대로 선택하며 살고자 하는 마음, 도덕적 판단의 옳고 그름이 이제 나에게 달려있다니, 어깨가 으쓱해집니다. 내가 내 삶의 주인공이자 행위의 결정자이며 선과 악을 구별하는 심판자가 되었습니다. 이 교만과 야망이 창세기 3장 22절에서 하나님께서 "보라 이 사람이 선악을 아는 일에 우리 중 하나같이 되었으니."라는 말씀으로 이어짐으로써 성취되었습니다. 이 교만이 하나님의 말씀을 경홀하게 여기며 불순종으로 이어집니다. 이 행위가 바로 하나님의 관계를 끊은 '배도'입니다.

　아담과 하와는 선악을 알게 하는 나무의 열매를 먹고 눈이 밝아졌습니다. 그때야 아담과 하와는 자기들이 벗은 줄 알게 되었습니다. 뱀의 말대로 눈이 밝아졌는데, 아이러니하게 부끄러움을 알게 되었다는 사실입니다. 벗은 줄 알게 된 아담과 하와는 무화과나무 잎을 엮어 치마를 만들어 입었습니다(창 3:7). 하나님께서 아담과 하와를 찾아오셔서 불렀을 때, 그들은 동산 나무 사이에 숨었습니다(창 3:8). 이로써 인간은 하나님과의 친밀한 관계를 임의로 끊었고, 하나님과 마주 보는 관계가 단절되었습니다. 아담과 그의 후손은 하나님의 말씀대로 살지 못해 영적 죽음에 이르게 되었습니다. 아담이 범한 죄의 독성은 그의 후손의 본성에까지 퍼져, 우리도 죄의 권세 아래에서 부패된 상태로 살아갈 수밖에 없는 존재가 되었습니다. 인간의 시초인 아담의 죄는 인간의 미래를 결정하는 사건으로, 그 책임이 얼마나 무거운지 짐작할 수 있습니다: "만약 우리가 죄 없다 하면 스스로 속이고 또 진리가 우리 속에 있지 아니할 것이요."(요일 1:8).

우리의 첫 조상인 아담과 하와의 반역으로 인해 우리는 "산산이 부서진 성전"이 되었습니다.[39] 하나님의 형상대로 지음을 받은 우리에게는 아담과 하와가 원래 지니고 있던 영광의 흔적이 남아 있기는 합니다. 그러나 영광스러운 모습을 지니고 있던 성전의 유리창은 이제 깨져 버렸습니다. 기둥도 부서졌습니다. 문은 무너졌습니다. 이제 우리는 처음에 지음 받은 상태대로 머물러 있지 않습니다. 죄는 우리와 하나님의 관계를 손상시키고 왜곡시킬 뿐 아니라 하나님과 자아에 대한 시각을 심각하게 뒤틀어 놓았습니다. 우리는 실제로 하나님과 분리되었습니다. 이 분리로 우리는 하나님의 임재와 능력에서 멀리 떨어져 있습니다. 하나님과 분리된 결과로, 우리의 사고와 행동이 심각하게 뒤틀렸습니다. 우리의 마음과 생각과 의지는 나쁜 생각과 마음을 품게되어, 하나님 앞에서 온전한 행동을 할 수 없게 된 것입니다.

하이델베르크 신앙교육서 3-5문은 우리 삶의 자리에서 죄에

---

39 케빈 드영, 신지철 옮김, 『왜 우리는 하이델베르크 교리문답을 사랑하는가』 (서울: 부흥과개혁사, 2012), 53.

대한 실존적 인식에 도달하게 합니다. 이와 달리 6-7문에서 죄의 기원에 관한 이야기를 들려줍니다. 인간의 본성이 하나님과 이웃을 미워하는 방향으로 기울어져 있게 한 연원을 찾아 올라갑니다. 죄는 하나님과의 관계를 손상시키고 왜곡시켰습니다. 죄로 인해 우리의 본성은 심각하게 뒤틀어졌습니다. 우리는 하나님과의 관계가 끊어져 분리된 슬픔에서 살아갑니다. 이 분리로 우리는 하나님의 임재와 능력에서 멀어졌습니다. 우리의 사고와 행동은 심각하게 뒤틀렸습니다. 우리는 죄로 인해 자아와 상황에 관한 판단이 왜곡된 자입니다. 그러므로 우리는 하나님 앞에서 먼저 죄의 문제를 해결해야 합니다.

**8-11문**

# 죄인인 나 (2)

우리는 아담의 죄로 인해 세 가지 중요한 결과를 맞이하게 되었습니다. 첫째, 아담의 죄 때문에 우리는 죄 가운데 잉태되고, 죄로 기울어진 채 태어났습니다(시 51:7). 아담의 죄로 인해 우리의 영혼은 죽었습니다. 하나님과의 관계가 단절되었습니다. 아담은 하나님에게서 소외되었고, 이로 인해 "그리스도 밖에 있었고 이스라엘 나라 밖의 사람이라 약속의 언약들에 대하여 외인이요 세상에 소망이 없고 하나님도 없는 자"(엡 2:12)가 되었습니다. 둘째, 아담은 에덴동산에서 추방되었습니다(창 3:24). 아담에게는 에덴으로 돌아갈 길이 막혔습니다. 그룹과 화염검이 길을 막고 있습니다. 이것이 하나님과 우리의 분리를 보여 주는 강력한 이미지입니다. 죄는 우리에게서 하나님과 만나는 장소를 빼앗았습니다. 셋째, 아담은 하나님의 언약에 불순종함으로써 죄를 범했습니다. 그는 스스로 자신의 길을 선택하기 시작합니다. 이 모습은 작은아들이 아버지의 품을 떠나서 자기 길로 간 행위와 같습니다(눅 15:11-32). 작은아들이 아버지의 집을 떠나서 세상으로 간 것처럼, 아담 역시 하나님의 집에서 분리되었습니다. 공간의 분리는 아버지와의 관계가 단절되었음을 의미합니다. 아담과 같이 우리는 아담의 죄로 인해서 하나님과의 관계에서 신체적으로 죽음에 이르고, 인격적으로 신뢰와 사랑의 관계에서도 멀어지게 되었습니다.[40] 우리는 도덕적 차원에서도 하나님 앞에서 죄인으로 서 있게 되었습니다.

> 8문 하지만 우리가 그렇게 부패하여, 어떤 선을 조금도 행할 수 없을 정도로 전적으로 무능하고, 온갖 악을 행하는 경향을 지니고 있습니까?
>
> 답 그렇습니다. 우리가 하나님의 성령을 통해 거듭날 때까지 그렇습니다.
>
> 9문 하나님께서 사람이 행할 수 없는 것을 그의 율법에서 요구하신다면, 이것은 부당한 일이 아닙니까?
>
> 답 아닙니다. 하나님께서 사람이 행할 수 있도록 그를 창조하셨기 때문입니다. 하지만 그 사람이 마귀의 꾐에 빠져 고의로 불순종함으로써 그 자신뿐만 아니라, 그의 모든 후손도 하나님의 바로 그 선물을 상실하게 되었습니다.
>
> 10문 하나님께서는 이런 불순종과 반역을 처벌하기를 원합니까?
>
> 답 하나님께서는 원죄와 자범죄 둘 다에 대해 심히 진노하시며 이것들을 정당한 심판에 의해 한시적으로 또한 영원히 처벌하기를 원하시는데, 이것은 하나님께서 '누구든지 율법책에

---

40  참조. 알리스터 맥그래스, 조애나 맥그래스, 윤종석 옮김, 『자존감』 (서울: IVP, 2003), 95-97.

> 기록된 대로 모든 일을 항상 행하지 아니하는 자는 저주 아래 있는 자라'(갈 3:10)고 선언하셨습니다.
>
> 11문  그러나 하나님은 선한 분이 아니셨습니까?
> 답  하나님께서는 참으로 자비로우십니다. 하지만 또한 의로우십니다. 죄는 하나님의 최고 위엄을 거스르는 것이기에, 하나님의 의는 이 죄에 최고의 형벌로 몸과 영혼에 영원한 형벌을 내립니다.

### 하나님, 부당합니다

그런데 우리가 언제까지 이 상태로 있어야 합니까? 하이델베르크 신앙교육서 8문은 우리에게 절망의 상황에서 실낱같은 하나의 희망을 던집니다.

> 우리가 하나님의 성령을 통해 거듭날 때까지는 그렇습니다.

우리는 죄에서 홀로 벗어날 수 없는, 무능력의 상태에 빠져있습니다. 하지만 우리에게 적어도 그 상태에서 벗어날 가능성이 남아 있습니다. 하나님은 우리에게 하나의 실낱같은 희망을 남겨주셨습니다. 바로 여기에 희망이 있습니다. "하나님의 영으로 거듭나면" 죄와 비참함에서 벗어날 수 있습니다. '거듭난다'라는 말은 요한복음 3장 7절에서 예수님께서 니고데모에게 "너는 반드시 위로부터 거듭나야 한다."라는 말씀과 연결됩니다. 예수님께서 우리에게 거듭나라고 명하셨습니다. 우리는 위로부터 내려오는 하나님의 영인 성령의 사역으로 다시 태어나야 합니다. 하나님께서 기뻐하시는 뜻대로 우리의 마음과 생각이 새로워져야 합니다. 우리는 변화어야 합니다. 이제 우리에게 남겨진 질문은 "어떻게 하나님의 영으로 거듭날 수 있는가?"입니다. 하나님의 영이 변화의 주체입니다. 그 영이 우리의 마음과 행동을 변화시켜야 합니다. 하나님께서 그의 뜻에 따라서 그가 정한 때에, 전적으로 외부에서 주어진 능력으로 이루어지는 것입니다. 이 변화의 자리에 인간의 몫은 없습니다. 전적인 하나님의 은혜입니다.

그런데 인간의 완고함은 극에 달합니다. 하이델베르크 신앙교육서 9문에서는, 우리가 죄인의 상태로 떨어진 모습을 반추하기보다는, 오히려 하나님께로 그 화살을 돌립니다. 지금의 상황에 떨어지게 한 하나님께 더 강한 화살을 쏩니다: "하나님, 율법을 통해서 우리가 행할 수 없는 것을 요구하시는데, 이건 너무 지나치며 부당하지 않나요?", "하나님, 우리가 행할 수 없었던 것은 우리의 능력을 벗어나 우리가 할 수 없는 율법을 주셨기 때문이 아닙니까? 그러니, 우리가 행하지 못한 것은 우리의 탓이 아니라, 하나님 탓입니다." 하나님께 부당함을 하소연할 뿐만 아니라, 한 걸음 더 나아가 하나님의 행위를 고소하는 데까지 나아갑니다. 우리는 무능함의 원인을 자신에게 있지 않고 하나님의 탓으로 돌립니다. 단지 이 상황을 모면하는데, 모든 신경을 집중합니다. 어느새 우리는 하이델베르크 신앙교육서 6문에서 배운 "하나님의 형상으로 지음을 받았다."는 가르침은 잊어버리고, 에덴동산에서 하나님 앞에서 불순종의 죄를 범한 아담의 모습만이 두드러져 보입니다. 하나님께서 아담과 하와에게 주신 율법은 단 한 가지였습니다. 동산의 선악을 알게 하는 나무의 열매만을 먹지 말라는 것뿐이었습니다. 다른 모든 나무의 열매를 먹도록 허용하셨습니다. 이 약속을 어긴 건 아담과 하와였습니다. 그들은 뱀의 유혹에 빠져 하나님 앞에서 죄를 범하고 말았습니다. 하나님께서는 그들을 찾아오셔서 아담에게 "내가 네게 먹지 말라 명한 그 나무 열매를 네가 먹었느냐."(창 3:11)고 물으셨습니다. 이에 아담은 "하나님이 주셔서 나와 함께 있게 하신 여자 그가 그 나무 열매를 내게 주므로 내가 먹었나이다."(창 3:12)라고 변명합니다. 아담은 "제가 잘못했습니다."라고 죄를 인정하지 않았습니다. 그는 하나님께서 만들어 자신 곁에 둔 하와에게 모든 잘못을 돌렸습니다. 그저 핑계를 댈 뿐입니다. 아담과 하와는 한 몸입니다. 하나님께서는 자신의 형상으로 사람을 만들어 남자와 여자로 짝지어 한 공동체로 만들어 주셨습니다. 아담은 이 사실을 망각했습니다. 아담은 "우리가 먹었습니다. 우리가 죄를 지었습니다."라고 고백했어야 했습니다. 하나님께서는 하와에게도 동일하게 물었습니다. 하와도 아담처럼 자신의 죄를 고백하지 않고 뱀을 핑계 댔습니다(창 3:13). 하이델베르크 신앙교육서는 모든 잘못의 원인을 하나님 탓으로 돌리는 변명에, 다시 하나님께서 인간을 창조하신 그 시간에서부터 차근차근 설명하기 시작합니다.

> 9문 하나님께서 사람이 행할 수 없는 것을 율법에서 요구하시는데, 그렇다면 하나님께서 사람에게 부당한 것을 요구하시는 것이 아닙니까?
>
> 답 아닙니다. 하나님께서 사람이 행할 수 있도록 그를 창조하셨기 때문입니다. 하지만 그 사람이 마귀의 꾐에 빠져 고의로 불순종함으로써 그 자신뿐만 아니라, 그의 모든 후손도 하나님의 바로 그 선물을 상실하게 되었습니다.

하나님께서는 그의 형상대로 참된 의와 거룩함을 알고 행할 수 있도록 인간을 만드셨습니다. 하지만 인간은 뱀의 유혹에 하나님의 말씀을 오해하고 변형시켜 "고의로" 하나님의 명령을 어겼습니다. '고의로' 행했다는 말은 '자기 마음대로'(mutwillig)[41] 행했다는 뜻입니다. 아담과 하와는 '자기 뜻에 따라서' 선악을 알게 하는 나무의 열매를 먹었습니다. 그들은 스스로 하나님의 명령을 어겼습니다. 그 죄로 인해 인류 전체가 하나님의 선물을 잃어버렸습니다. 이로써 하나님의 형상을 지닌 통치자이자 하나님의 대리자인 인간은 하나님과의 관계가 무너지고 말았습니다. 하나님의 형상이 무너지고 말았습니다. 죄가 외부에서 인간을 추동하였더라도, 결국 인간 스스로 죄를 범했습니다. 하나님은 죄의 조성자가 아니라 아담과 하와의 불순종이 죄악의 원인입니다. 그래서 우리는 아담과 하와의 불순종으로 인해 아담과 하와뿐만 아니라 그의 후손인 우리도 하나님의 선물을 상실했다고 하는 것입니다.

**아담 안에서 죄를 범했습니다: 원죄**

하나님께서 만든 아담과 하와가 죄를 범했는데, 왜 우리까지 하나님이 주신 선물을 상실해야 하는가에 대한 의문과 울분이 우리의 마음속 깊은 곳에서 솟구칩니다. "이거 연좌제 아닙니까?", "하나님! 저는 죄를 범하지 않았습니다. 다른 사람의 죄가 어떻게 나의 죄가 된단 말입니까?", 라는 생각이 스멀스멀 올라옵니다. 아담뿐

---

41   mutwillig는 mut와 willig의 결합입니다. mut는 마음, 호의, 용기를 뜻하고, willig는 '기꺼이~하는, 마음대로'를 의미합니다. 이런 맥락에서 이 단어는 기꺼이 마음 가는 대로 했다는 뜻입니다.

만 아니라 그의 후손까지 모두 하나님의 형상을 상실하게 되었습니다. 아무리 생각해도 부당합니다. 아담이 죄를 범했으니, 그에게서만 하나님의 형상을 빼앗아 가는 것이 맞지 않은가! 아직 태어나지도 않은 후손까지 그 죄로 오염된 상태로 태어나게 하시는 게 오히려 불법이지 않은가! 이런 항변이 우리 안에서 자연스럽게 일어납니다. 그러나 이미 우리 안에 일어났던 하나님과 이웃을 미워하는 경향이 아담으로부터 비롯되었음을 인정했으니, 어떻게 더 항변할 수 있겠습니까? 이 사실을 인정하는 그 순간, 우리는 하나님께 하소연하게 됩니다. 하나님은 사랑이시기에, 우리를 처벌하지 않고 그대로 두시길 바라는 약간의 기대를 품게 됩니다. 이에 하이델베르크 신앙교육서 10문에서는 질문을 던집니다.

> 10문 하나님께서는 이런 불순종과 반역을 처벌하지 않고 그대로 두기를 원합니까?
>
> 답 절대 그렇지 않습니다. 하나님께서는 원죄와 자범죄 둘 다에 대해 심히 진노하시며 이것들을 정당한 심판에 의해 한시적으로 또한 영원히 처벌하기를 원하시는데, 이것은 하나님께서 말씀하신 것과 같은 것입니다. '누구든지 율법책에 기록된 대로 모든 일을 항상 행하지 아니하는 자는 저주 아래 있는 자라'(갈 3:10).

하나님께서는 우리가 스스로 지은 죄뿐만 아니라, 아담이 지은 원죄까지도 심판하십니다. 우리는 태어나면서부터 아담의 죄로 인한 죄책을 지닌 존재입니다. 우리가 태어나면서부터 "아담의 첫 범죄 때에 그 안에서 죄를 짓고 그와 함께 타락하였습니다."(웨스트민스터 소요리 16문). 우리는 아담 안에서 죄를 짓고 아담과 함께 타락했습니다. 그래서 우리는 죄와 비참함에 처하게 된 것입니다. 이 죄를 원죄라고 부릅니다. 원죄란 "아담의 첫 범죄의 죄책(罪責)과 원시의(原始義)가 없는 것과 온 성품이 부패"했다는 것(웨스트민스터 소요리 18문)을 의미합니다. 그러므로 '죄'와 '죄책'을 구분해야 합니다. 인간 본성의 타락으로 인해 죄가 생겼습니다. 아담은 필연적 결과로서 죄를 범한 것이 아니라, 아담은 자신의 자유의지로 죄를 범했습니다(행위). 죄책은 죄에 대한 형벌입니다. 죄과는 범죄가 될 만한 행위, 비난을 받을 만한 가치를 말합니다. 우리는 죄를 범하는 행위에 상응하는 형벌을 받게 됩니다. 이 형벌은 아담 안에서 온 인류가 받았던 형벌입니다. 그 형벌 탓에 사망의 형벌을 받게 되었습니다. 아담의 원죄로 인해 우리의 성품은 부패했습니다. 이 부패로 인해 우리는 하나님의 영원한 진노 아래에 있습니다. 이것이 우리의 전인격에 영향을 끼쳐 전적부패와 전적무능의 상태에 이르게 한 오염된 죄과입니다.

아담이 하나님 앞에서 행한 그 범죄(원죄)로 인해, 우리는 죄책으로 인한 죽음과 오염으로 전적부패와 전적무능의 상태에 빠지게 되었습니다. 바울은 이것을 로마서 5장 12절에서 "한 사람으로 말미암아 죄가 세상에 들어오고 죄로 말미암아 사망이 들어왔나니 이와 같이 모든 사람이 죄를 지었으므로 사망이 모든 사람에게 이르렀느니라."라고 말씀하셨습니다. 여기서 "모든 사람이 죄를 지었다."라는 말씀은 우리가 이 세상에 육신을 가지고 사는 동안 죄를 지었다는 것이 아니라, "에덴동산에 있던 아담 안에서 모든 사람이 죄를 지었다."라는 의미입니다. 케빈 드영은 이를 "판타지 미식축구"에 비유하였습니다. 이 게임에서는 선수를 선택합니다. 이 선택권은 게임을 하는 사람의 선택에 달려있습니다. 이 게임에서 선택한 선수가 경기합니다. 이 경기 중에 게임을 하는 사람은 아무

것도 하지 않고 편안하게 그 경기를 볼 뿐입니다. 하지만 선택한 선수가 게임을 하고 승패가 나옵니다. 이 승패는 게임에 임한 자에게 속합니다. 바울이 로마서에서 언급한 내용은 이 게임과 유사합니다. 즉, "과거와 현재와 미래의 모든 사람은 자신의 판타지 팀에 아담을 선수로 등장시키고 있습니다. 아담은 게임에서 지고 말았습니다. 이는 아담을 판타지 팀에 등장시킨 우리가 모두 졌다는 것을 의미합니다."[42]

죄가 아담을 통해 이 세상에 들어왔습니다. 우리는 죄의 결과로 죽게 되었습니다. 이 세상에 태어나는 모든 사람은 죽을 수밖에 없습니다. 에덴동산에서 아담이 죄를 짓는 순간, 모든 인류는 아담 안에서, 아담과 하나가 되어 죄를 지었기 때문입니다. 아담이 하나님 앞에서 죄를 지음으로 처벌을 받았던 그 죄과가 우리에게도 일어납니다. 이미 우리는 본래의 의가 결핍된 상태로, 하나님의 진노 아래에 있으므로 죄책을 면할 수 없습니다. 우리는 형벌을 받았습니다. 하나님께서는 태어나면서부터 가진 원죄뿐만 아니라, 자범죄도 정당한 심판으로 '한시적'이든 '영원히' 처벌하시겠다고 하십니다.

그래서 바울은 에베소서 5장 6절에서 "누구든지 헛된 말로 너희를 속이지 못하게 하라 이로 말미암아 하나님의 진노가 불순종의 아들들에게 임하나니."라고 말씀하셨습니다. 불순종은 하나님의 진노의 원인입니다. 하나님의 진노는 세 가지 의미를 내포합니다. 첫째, 하나님은 정당한 의를 지니고 계시다는 것을 암시합니다. 둘째, 하나님께서는 자신의 정의에 따라 정당하게 그 의를 범한 자

---

[42] 케빈 드영, 신지철 옮김, 『왜 우리는 하이델베르크 교리문답을 사랑하는가』 (서울: 부흥과개혁사, 2012), 62.

에게 벌을 내리신다는 뜻을 드러내십니다. 셋째, 하나님의 의를 지키지 못한 자에게 실제로 형벌이 내려짐을 의미합니다. 본문에서 가장 적절한 의미는 "형벌"입니다. 성경의 다른 구절에서는 하나님의 진노를 "죽음", "분노", "격렬함", "고통" 등으로 표현하며, 하나님의 진노가 죄인 "에게"(on) 또는 죄인 "위에"(over) 임합니다. 여기에서 'over'의 의미는 하나님의 진노가 하늘에서 떨어지는 것처럼 "~위에" 떨어져 덮칩니다. 하늘에서 폭포수가 머리 위에 떨어져 덮치는 그림이 눈앞에 그려집니다. 그렇게 하나님의 진노가 죄인을 붙잡아 감싸 안기에 결코 누구도 그 진노에서 벗어날 수 없습니다. 로마서 1장 18절에서 "하나님의 진노가 불의로 진리를 막는 사람의 모든 경건하지 않음과 불의에 대해서 하늘로부터 나타나나니."라고 말씀하신 것과 유사합니다. 이들은 결코 어떤 이유로든 참된 신앙과 회개로 하나님을 찾지 않고, 그들의 죄를 포기하지 않은 불순종의 아들입니다. 본문에서는 불순종 앞에 '완고한'이라는 의미를 덧붙여, 인간이 지닌 죄의 성향이 고의로 불순종의 자리에 들어가는 "완고한 불순종"(contumancy)의 의미로 이해됩니다.

우리는 하나님의 피조물로서 하나님과 끈으로 연결된 존재입니다. 하지만 인간이 그 끈을 자기 마음이 가는 방향으로 "강하게" 끌어당깁니다. 하나님께서 오히려 끌려다니십니다. 그러니 하나님께서는 정당한 심판을 원하시며, 그에 상응하는 "한시적" 또는 "영원한" 형벌을 내리기를 원하십니다. 하나님의 진노의 형벌이 우리 위에 내리기에, 이 형벌에서 벗어날 수 있는 자는 아무도 없습니다. 아무도 하나님의 진노에서 벗어날 수 없습니다.

이제 우리가 할 수 있는 일은 하나님의 자비를 구하는 일뿐입니다. 하이델베르크 신앙교육서 11문에서 다시 하나님의 자비를 구합니다. "하나님께서는 정말 자비롭지 않으신가요?"라고 말입니다. '전능하신 하나님께서 자비를 베풀어 우리를 용서해 주실 수 있지 않을까?'라는 기대감을 부끄럽지만, 내비쳐 봅니다. 하나님의 자비를 붙잡고 그 너그러움에 기대는 낮은 자의 입장에서, 돌변하여 도리어 비웃습니다. "죄인이 잔뜩 화가 난 하나님의 손에 의해 벌을 받는다고요? 청교도 시대처럼 불과 유황 같은 단어를 사용하며 신학적으로 섬뜩한 사고를 해야 하는 시대는 이미 오래전에 지나갔습니다. 내가 믿는 하나님은 오직 사랑의 하나님입니다."[43]

하지만 하이델베르크 신앙교육서는 분명하게 하나님의 속성을 다음과 같이 가르칩니다.

> 11문 그렇다면 하나님께서는 정말 자비롭지 않으십니까?
> 답 하나님께서는 참으로 자비로우십니다. 하지만 또한 의로우십니다. 따라서 하나님의 의가 요구하는 것은 하나님의 최고 위엄을 거스르는 죄 역시 최고의 [형벌]로, 즉 몸과 영혼에 내리는 영원한 형벌로 처벌되게 하는 것입니다.

하나님은 자비로운 분이십니다. 그것이 우리를 위로합니다. 하지만 하나님은 동시에 의로운 분이십니다. 그래서 하나님과의 관계에서 등을 돌린 죄에 상응하는 벌을 받아야 합니다. 우리는 하나님의 의에 합당한 형벌을 견뎌내야 합니다. 우리는 하나님의 피조물로서 그분과 사랑의 관계를 누리며 살아야 할 존재임에도 불구하고, 그 관계를 스스로 저버리고 등을 돌렸습니다. 그 죄, 하나님의 최고 위엄을 거스르는 죄의 벌은 몸과 영혼에 내리는 영원

---

43 케빈 드영, 『왜 우리는 하이델베르크 교리문답을 사랑하는가』, 63.

한 형벌로 나타납니다. 이 형벌을 어떻게 견뎌낼 수 있겠습니까? 절망 가운데 포효하고 싶습니다.

하이델베르크 신앙교육서는 하나님 앞에서 '당당하게' 맞서 속된 말로 "맞짱" 뜨는 인간의 모습을 그리며, 우리가 하나님의 진노 아래에서 심판받을 수밖에 없는 존재임을 자각하게 합니다. 하나님 앞에서 드러나는 인간의 오만함과 완고한 불순종은, 결국 하나님께서 자비로우신 분이심과 동시에 의로우신 분이시기에, 우리의 죄에 합당한 형벌을 내리신다는 사실을 여실히 보여줍니다. 하나님의 피조물이면서 하나님의 자리를 가로채려는 "하나님의 최고 위엄을 거스르는 죄"를 범한 인간에게 벌을 내리지 않고 그대로 두지 않으신다고 경고합니다. 우리는 그 죄의 저주 아래에서 몸과 영혼에 영원한 형벌로 영원한 죽음을 받게 될 것입니다.

### 정의와 사랑의 갈림길에서

하이델베르크 신앙교육서 9-11문이 던지는 질문은 인간에게 선고된 죄의 결과를 명확하게 보여줍니다. 하나님께서 죄를 범한 아담과 하와를 찾을 때, 아담과 하와는 자신이 범한 죄의 책임을 상대에게 떠넘겼습니다. 아담은 하와에게, 하와는 뱀에게, 자신이 범한 죄의 책임을 넘겼습니다. 인간은 죄가 발각되면 자신이 범한 죄를 다른 누군가에게 떠넘기기에 바쁩니다. 이러한 행위는 인간 본연의 왜곡된 모습을 그대로 드러냅니다. 하이델베르크 신앙교육서도 죄의 책임을 정당하게 감당하려 하지 않고 하나님께 떠넘기는 인간의 민낯을 질문을 통해 보여줍니다. 이 질문을 따라가다 보면, 우리는 우리 앞에 서 있는 인간 본연의 죄성에 다시 한번 직면하게 됩니다.

하나님께서 자신의 형상대로 인간을 창조하신 목적은 분명합니다. 인간이 '자유롭게' 그리고 '자발적으로' 하나님을 사랑하고 섬기게 하기 위함이었습니다. 하지만 우리는 하나님 앞에서 고의로 불순종의 범죄를 행하며, 그 책임을 하나님이 사랑해서 만든 다른 피조물에게 떠넘기기 바빴습니다. 심지어 우리는 명백한 죄를 '사랑'이라는 이름 아래에서 묵인하려고 합니다. 압살롬의 반란으로 일어난 전쟁에서 다윗이 요압에게 "나를 위하여 젊은 압살롬을 너그러이 대우하라."(삼하 18:5)라고 아버지로서 아들 압살롬에 대한 사랑을 표현합니다. 하지만 이 전투는 반란자에 대항한 싸움이었기에, 다윗을 따르는 자들은 반란자 압살롬을 살려둘 수 없었습니다. 압살롬의 반란은 국가의 권위에 대한 항거로서 하나님의 권위에 대한 저항이었기 때문입니다. 압살롬은 다윗의 부하를 보자마자 큰 두려움에 빠져, 노새를 타고 가다 큰 상수리나무의 번성한 가지를 지나다가 머리가 걸리고 맙니다. 압살롬은 나무에 매달려 어찌할 바를 모른 채 쩔쩔매는, 우스꽝스러운 모습을 연출합니다. 요압은 나무에 걸린 압살롬을 창으로 찔러 죽여, 또다시 일어날지도 모를 반란의 씨앗을 뿌리째 뽑아버리고자 했습니다. 다윗은 사랑하는 아들 압살롬의 죽음에 목 놓아 울었습니다. 하지만 압살롬은 반란자였기에, 국가의 평화를 지키기 위한 결단을 내릴 수 밖에 없었습니다. 국가의 안전과 평화라는 공공의 선과 아버지의 사랑 사이에서 갈등한 다윗, 그 너머 있는 하나님의 시선을 찾아 길을 떠나 보고자 합니다.[44]

---

[44] 2024에 방영된 "이토록 친밀한 배신자"란 드라마에서 아버지로서 딸에 대한 사랑과 수사관으로서의 범인을 잡아야 하는 직업윤리의 갈등을 그려내고 있습니다. 이런 상황은 우리에게 자주 직면하게 됩니다. 드라마나 영화에서 아버지가 고위 관리층에 있는데, 자녀가 형사상의 죄를 범했음에도 불구하고 다른 사람을

아버지 다윗과 아들 압살롬의 뒤틀린 관계는 다말의 사건에 서부터 시작됩니다. 압살롬은 다윗이 맏아들 암논이 누이 다말을 범했음에도 불구하고 아무 처벌을 내리지 않았다는 사실에 분노했습니다(삼하 13). 분명 다윗은 암논이 다말에게 큰 죄를 범했다는 것을 알았습니다. 다윗은 큰 아들 암논의 범죄에 분노했습니다(삼하 13:21). 하지만 어떤 벌도 암논에게 내리지 않습니다(삼하 13:22). 다윗은 자신이 이미 우리아의 아내를 범한 경력이 있었기 때문에, 그 책임을 자신의 탓으로 돌리지 않았을까란 생각이 듭니다. 다윗은 자신처럼 혈기왕성한 아들이 유혹에 빠지게 된 마음을 이해했기 때문이지도 모릅니다. 아버지 다윗의 처사는 부당했습니다. 압살롬은 아버지 다윗의 처사를 참을 수 없었습니다. 그 분노를 품고 오랜 시간을 보냅니다. 시간이 약이라고 하는데, 압살롬의 분노는 2년이 흐른 후에도 사그라들지 않았나 봅니다. 압살롬은 결국, 형 암논을 살해합니다. 암논이 범한 죄에 합당한 벌을 시행합니다(삼하 13:23-29). 이로 인해 형제 간의 갈등이 살육으로 이어지며 다윗의 집안에 큰 재앙이 닥쳤습니다.[45] 압살롬은 그렇게 다말의 원한을 풀어주고, 외할아버지가 있는 그술로 도망쳤습니다(삼하 13:38). 그는 다말에 대한 암논의 죄를 처벌하기 위해서는 정당한 절차를 거쳐야 했습니다. 우선, 암논이 자신의 죄를 깨닫도록 권면했어야 했습니다. 보복의 절차가 개인에게 주어져 있지 않습니다. 하지만 그는

---

범인으로 만드는 경우가 이야기를 풀어가는 주요 사건으로 등장하곤 합니다. 다윗에게 닥친 이 문제도 이런 경우와 별반 달라 보이지 않습니다.

45  압살롬이 왕자들을 모두 죽였다는 소위 "가짜 뉴스"(삼하 13:30)가 돌았습니다. 이에 다윗의 형 시므아의 아들인 요나답이 암논 한 사람만 죽었고, 압살롬이 암논이 누이 다말을 범한 일이 있은 후, 계획된 일이라고 보고합니다(삼하 13:32-33).

마음에 간직한 채, 보복의 기회를 노렸습니다. 압살롬의 행위는 인간 안에 내재하여 있는 깊은 죄의 본성을 여실히 보여줍니다. 암논은 다윗의 첫째 아들이었습니다. 부족국가에서 장자는 큰 의미를 지닙니다. 압살롬의 행위가 단순히 누이의 죄에 대한 보복을 넘어, 아버지의 권력에 대한 저항으로 읽힙니다. 그러나 아버지와 아들이지 않은가!

삼 년이라는 시간이 흘렀습니다. 세월이 아픔을 보듬어주었습니다. 다윗 왕도 그날의 충격이 사그라들었습니다. 압살롬이 그리워졌습니다(삼하 13:39). 다윗의 마음을 간파한 요압이 묘책을 간구합니다. 드고아의 여인을 보내어 다윗에게 압살롬을 불러들일 명분을 얻게 합니다(삼하 14: 1-20)[46]. 그런데 다윗 왕의 명령이 이상합니다. 다윗 왕은 요압에게 "내가 이 일을 허락하였으니 가서 청년 압살롬을 데려오라."고 명합니다(삼하 14:21). 아버지 다윗이 아들 압살롬을 '청년 압살롬'이라고 칭하다니, 다소 어색하게 들립니다. 어쨌든 다윗 왕의 명을 따라서 요압은 압살롬을 예루살렘으로 불러들입니다. 하지만 다윗은 아들 압살롬을 완전히 용서할 수 없었습니다. 단지 형식적 화해에 머물렀습니다(삼하 14:23-24). 그렇게 또다시 2년의 시간이 흐릅니다. 압살롬은 먼저 아버지에게 다가갑니다. 다윗의 심복인 요압에게 중재를 요청합니다. 하지만 요압은 대답하지 않습니다(삼하 14:29). 결국 압살롬은 요압을 만나기 위해서 계략을 세워 요압의 밭에 불을 지릅니다(삼하14:30). 압살롬의 계략은 적중했습니다. 압살롬은 요압에게 아버지와의 만남을 부탁합니다.

---

46  요압은 다윗 왕이 아들 압살롬을 용서하지 못했기에 다시 만나는 것을 탐탁치 않게 여기고 있다는 것을 알아서 압살롬의 요청에 응하지 않은 것으로 여겨집니다.

요압의 중재로 아버지 다윗과 아들 압살롬이 화해합니다(삼하 14:33).

그런데 압살롬의 행보가 이상합니다[47]. 그는 반역을 꾀합니다. 반역자로서 아들 압살롬을 전쟁터에서 만나게 되는 운명에 처하게 되었습니다. 아버지가 아들과 어떻게 싸운단 말인가! 그 마음을 백성이 안 것일까? 백성은 다윗 왕에게 전쟁에 나가는 것을 만류합니다. 다윗 왕이 백성 만 명보다 더 귀하기 때문입니다(삼하 18:3). 왕의 자리가 가진 무게와 책임이 그의 정신을 번쩍 들게 했지만, 아버지로서 다윗은 요압과 아비새와 잇대에게 압살롬을 죽이지 말아 달라고 간청합니다(삼하 18:5). 다윗은 이스라엘의 왕이자 압살롬의 아버지로서의 두 가지 역할 사이에서 갈등하였고, 결국 압살롬의 죽음에 목 놓아 울었습니다(삼하 18:33). 다윗의 이야기는 왕으로서의 공적 의와 아버지로서의 사랑이 묘하게 얽혀서 우리를 혼돈의 장으로 인도합니다. 이러한 문제는 우리의 삶에서도 종종 직면하는 문제입니다. 이 상황에서 우리는 어떻게 해야 하는지, 그리고 이 상황에서 어떻게 대처해야 하는지, 스스로 묻고 스스로 답변을 찾아야 합니다.

뉘른베르크 전범재판을 담당한 대법관 제프리 로렌스(Geoffrey Lawrence, 1880-1971)를 비롯한 재판관은 전범을 어떻게 판결해야 하는지를 두고 논의했습니다.

전범에 대해 우리가 내릴 수 있는 가능한 판결은 세 가지입니다. 전쟁 과정에 나타난 잔혹한 행위에 대해 눈을 감거나, 혹은 행정

---

[47] 암논이 첫째 아들이고, 둘째 아들은 원인 모를 병으로 일찍 죽음을 맞이하면서 셋째 아들인 압살롬이 왕위를 이어받게 되었습니다. 그런데 왜 무모하게 반란을 꾀하는 걸까요? 그것은 우선, 압살롬은 아버지 다윗과 화해한 행위 자체가 형식적으로 아버지 다윗의 경계심을 낮추기 위한 행보로 여겨집니다.

조치를 위해서 가해자를 살해하고 처벌하는 방법, 혹은 재판하는 방법이 있습니다. 무엇이 가장 적절할까요? 과연 그런 범죄에 대해 "용서"라는 이름을 눈을 감는 것이 가능하겠습니까? 수많은 국민을 잃었던 프랑스, 러시아, 네덜란드, 벨기에, 노르웨이, 체코슬로바키아, 폴란드, 유고슬라비아 같은 국가가 그들에 대해 동조하겠습니까? 제1차 세계대전이 끝나고 독일 사람 스스로 전범을 재판하는 코미디가 있었습니다. 일부는 교수형을 당했지만, 대다수는 풀려나고, 그들의 잔혹함을 시간이 지나면서 축소되어 결국에는 사면되었습니다. 그러므로 이번 전범에 대해서는 철저하고 공정한 재판이 있어야 합니다.[48]

정의 앞에서 용서는 어떻게 이루어질 수 있을까요? 이 질문에 대답해야 하는 상황입니다. 죄에 대한 책임을 다른 누군가에게 전가하려는 인간 본연의 왜곡된 모습에, 우리의 민낯이 부끄럽습니다.

제2차 세계대전 후, 뉘른베르크 전범재판은 전쟁이 낳은 죄의 댓가를 청산했습니다. 15년이 지난 뒤, 아이히만을 예루살렘 법정에 세웠습니다. 이 재판이 우리에게 던지는 정의의 메시지는 매우 큽니다. 독일인의 반성은 여기에서 그치지 않습니다. 서독[49]의 총리 빌리 브란트(Willy Brandt, 1913-1992)는 1970년 폴란드 바르샤바를 방문했을 때, 독일의 침공과 수많은 사상자에 대해 사죄하면서 무릎을 꿇었습니다. 독일 역사에서 그의 사죄는 지금까지 이어집니다. 16년간 독일 총리로 일한 앙겔라 메르켈은 재임 중 8번이나 이스라엘을 방문하여 홀로코스트(유대인 대학살) 사건을 사죄했습니다. 그녀

---

48  박양규 지음, 『하이델베르크 교리문답』 1(서울: 새물결플러스, 2016), 102.
49  독일이 다시 통일(1990)되기 전에 동독과 서독으로 나누어진 분단국가였습니다.

는 야드 바셈(Yad Vashem)의 추모 전당에서 독일인의 책임을 되새겼습니다. 독일의 지속적 사죄는 진정한 용서가 무엇인지를 생각하게 만듭니다. 우리나라도 세계대전의 틈바구니에서 독일과 함께 제2차 세계대전을 일으킨 일본에게 나라를 빼앗겼습니다. 일본은 우리에게 진정으로 용서를 구했는가, 일본 정부는 일제 강점기의 고난을 몸으로 겪은 위안부 할머니에게 진정으로 용서를 구했는가, 우리는 위안부 할머니의 고통을 대변하여 정당한 용서를 요구하고 있는가, 우리의 역사에서 한 페이지를 장식하고 있는 제2차 세계대전이 남긴 흔적을 올바르게 평가하고 있는가와 같은 의문이 생깁니다. '위안부'와 '성 노예'라는 단어 속 정의와 용서의 의미도 다시 한번 생각해 봐야 할 듯합니다.

이제 다시 다윗 왕에게로 돌아가 봅시다! 하나님의 뜻과 섭리 앞에서 아들의 죽음에 통곡하는 아버지 다윗의 모습은 우리에게 깊은 연민을 불러일으킵니다. 하지만 그 눈물 앞에서 다윗은 전쟁터에 나가 국가의 공의를 따릅니다. 성경은 우리에게 아버지가 아들에게 느끼는 연민에 멈추도록 하지 않습니다. 그 너머에 있는 그 무언가를 바라보도록 이끕니다. 바로 여기에 우리에게 중요한 기준이 다시금 등장합니다. 그것은 바로 하나님의 뜻이며 섭리입니다. 하나님께서 자신의 공의를 실행하실 때, 우리는 때때로 그 권리에 간섭하려는 충동을 느낍니다. 예를 들어, 텔레비전으로 경기를 지켜볼 때, 우리가 어떻게 행동하는지 생각해 봅시다. 만약 심판이 우리가 응원하는 팀에게 불리한 판정을 내리면, 우리는 소파에서 벌떡 일어나 텔레비전을 향해 고함을 지를 것입니다. 마찬가지로 부당한 대우를 받으면 화가 머리끝까지 치밀어 오릅니다. 이는 우리가 정의에 반응하는 양심을 지니고 있다는 증거입니다. 하나님은 공의로우신 분이십니다. 하나님은 도덕적인 판단을 내립니다. 하나님은 죄에 대해 진노하십니다. 하나님께서 공의를 시행하는 방식은 우리의 판단에 따라서 이루어지지 않습니다. 그래서 하나님의 공의가 시행되는 방식에 때때로 불만을 품기도 합니다. 하나님을 향한 불만의 자리에서 하나님의 진노를 언급하지 않고 하나님의 자비를 말하는 것은 무의미합니다. 하나님의 공의가 분명하게 펼쳐지는 그 자리에서 하나님의 자비를 더 높이 찬양하게 될 것입니다. 우리가 하나님의 공의를 '최소한으로' 이해한다면, 우리는 하나님의 자비를 '더 적게' 찬양하게 될 것입니다. 이것은 하나님의 위대하고 무한한 자비를 평가절하하는 것입니다.[50] 하나님의 공의는 하나님의 자비와 짝을 이룹니다. 하나님의 공의와 자비가 우리에게 어떻게 실현되는지, 그 길을 찾아가 보고자 합니다.

---

50 케빈 드영, 『왜 우리는 하이델베르크 교리문답을 사랑하는가』, 63.

**12-18문**

## 화해의 길

우리는 하나님의 형상을 지닌 존재로 지음을 받았으나, 오히려 죄만 쌓아가고 있을 뿐입니다. 하나님께 항변했으나, 내 안에 내재하여 있는 죄의 본성만을 확인했을 뿐입니다. 어떻게 해야 할지 망연자실에 빠져듭니다. 하나님께서 아담을 창조하셨습니다. 그는 하나님의 율법을 지킬 수 있었습니다. 하지만 우리는 아담 안에서 죄를 지었습니다. 따라서 아담과 마찬가지로 죄에 대한 형벌로서 우리의 영혼은 죽었습니다. 우리는 하나님의 심판대 앞에 서야 합니다. 하나님의 영원한 심판으로부터 구원받아야만 합니다. 우리의 존재와 행위는 하나님의 심판에 따라서 한시적 형벌과 영원한 형벌을 받게 되어 있습니다. 그렇다면 우리는 이 상황에서 어떻게 벗어날 수 있을까요? 세상이 끝나는 그 지점에 마련된 심판대에서 우리가 받게 될 형벌을 어떻게 피할 수 있을까요? 이 문제가 지금 우리 발등에 떨어졌습니다. 이 문제를 당장 해결해야 합니다. 이 형벌에서 벗어날 방안을 지금 찾아 나서야 합니다.

## 하나님과의 화해의 길

> **12문** 하나님의 의로운 심판으로 우리가 한시적 형벌과 영원한 형벌을 동시에 받았는데, 어떻게 이 형벌을 피할 수 있고, 다시 은혜를 입을 수 있으며 하나님과 화해할 수 있습니까?
>
> **답** 하나님께서는 자신의 의가 만족하기를 원하십니다. 따라서 우리는 우리 자신이나 타인에 의해 하나님의 의에 대한 완전한 값을 지불해야 합니다.
>
> **13문** 그럼, 우리가 스스로 이 값을 지불할 수 있습니까?
>
> **답** 절대 그렇지 않습니다. 오히려 우리는 날마다 우리의 빚을 증가시킬 뿐입니다.

우리는 죄인입니다. 하나님의 심판대에 서야 합니다. 바로 여기에서 하나님의 구원 사역이 시작합니다. 하나님의 목적은 죄로 인한 분열을 극복하고 하나님과 새로운 관계에 들어가는 인간의 구원입니다. 하이델베르크 신앙교육서는 12문에서 이 형벌을 피하고 다시 하나님과 화해하는 방법을 묻습니다.

> **12문** 우리가 하나님의 의로운 심판으로 한시적 형벌과 영원한 형벌을 동시에 받았는데, 어떻게 이 형벌을 피할 수 있고, 다시 은혜를 입을 수 있으며 하나님과 화해할 수 있습니까?
>
> **답** 하나님께서는 자신의 의가 만족하기를 원하십니다. 따라서 우리는 우리 자신이나 타인에 의해 하나님의 의에 대한 완전

한 값을 지불해야 합니다.

하이델베르크 신앙교육서는 우리가 받게 될 형벌-한시적 형벌과 영원한 형벌-을 만족시키는 방법을 두 가지를 제안합니다. 첫째는, 우리가 스스로 그 형벌의 값을 치르려 노력하는 것입니다. 이것은 율법이 요구하는 방법이자 하나님의 정의가 요구하는 바입니다. 이 문제는 교회 역사에서 고해성사로 나타났습니다. 고해성사는 죄에 상응하는 보속행위를 통해 죄에서 자유를 얻는 길을 열어주었습니다. 구원을 얻고자 길을 다시 떠날 수 있게 만들어 준 것이지요. 하지만 우리는 다시 율법을 온전히 행하려 애쓰다가 다시 죄의 덫에 걸려 넘어지고, 다시 고해성사를 합니다. 그렇게 고해성사가 만든 굴레에 빠져듭니다. 종교개혁자 루터는 이 굴레의 덫에서 허덕였습니다. 루터의 민감한 죄의식은 그를 더욱 힘들게 했습니다. 당시 수도원에서는 죄를 4범주-가벼운 죄, 무거운 죄, 더 무거운 죄, 매우 무거운 죄-로 나누었습니다. 죄의 중량에 따라서 다양한 형태의 속죄행위가 이루어졌습니다. 수도원에는 수도사로서 경건한 삶을 위한 다양한 규칙과 금기에 대한 목록이 있습니다. 루터는 이 목록에 따라서 자신의 생활을 통제하면서 엄격한 삶을 살았습니다. 그는 수도원에서 일주일 단위를 넘어서 하루 24시간을 분 단위로 나누어 자신의 양심을 속박하였습니다. 그는 '양심을 속박하는 폭군'이라고 불릴 정도로 민감한 죄의식을 가지고 있었습니다.

루터는 "나는 거룩했습니다. 나는 살인을 저지르지 않았고 오직 나 자신을 죽이려고만 했습니다. 나는 아주 극단으로 치달았고 나의 몸과 영혼을 우리 주 하나님께 제물로 바치려고 했습니다."

라고 고백했을 정도였으니까요.[51] 대단한 고백입니다. 루터는 자신을 제물로 바쳐 몸의 거룩함을 지켜내려고 애썼습니다. 그는 다른 사람도 그를 따라갈 수 없을 정도로, 그가 가지고 있는 모든 것을 바쳐서 죄를 면하기 위해서 노력했습니다. 루터는 개혁의 길을 나선 후에 다음과 같이 고백했을 정도였으니까요.

> 수도원에서 자기 목표에 도달한 수도사가 있다면, 그는 바로 나여야만 했습니다. 수도원에 있는 나를 아는 모든 형제가 그것을 증명할 수 있을 것입니다. 만일 내가 좀 더 수도원에 있었다면, 나는 철야와 기도와 낭독과 다른 의로운 생활을 추구하다가 죽음에 이르렀을지도 모릅니다.[52]

루터는 "한 번도 쉬지 않고 6시간 동안 죄를 고백"한 적이 있었다고 합니다.[53] 6시간 동안 죄를 고백했다니, 놀랍습니다. 루터는 아마도 시시각각으로 자신을 판단하고 아주 작은 죄까지도 고백하려고 노력했던 것으로 보입니다. 그는 우연한 일이나 기억하지 못해서 놓칠지도 모르는 일로 인해 죽음에 이르게 될지도 모른다는 두려움에 싸인 연약한 인간이었습니다. 의로움을 추구하다가 죽음에 이르렀을지도 모른다는 말이 거짓은 아닙니다. 우리 자신이 의로움이 될 때, 우리는 죽음의 길에 빠져들기 때문입니다. 교회사가 셀더하위스는 루터의 이런 민감한 죄의식을 "루터는 스스로 모든 사소한 잘못을 죄로 만드는 일뿐만 아니라 사소한 죄와 가

---

51　*WA* 21, 254.
52　*WA* 49, 529.
53　*WA* 15, 489.

상적인 죄에 마음을 빼앗겼다."고 했습니다.[54]

　루터는 죄를 용서받기 위해서 작은 죄도 고백하고 속죄의 행위를 행했습니다. 작은 죄에도 깨어있으려는 루터의 모습은 경건, 그 자체였습니다. 하지만 그의 경건은 극단으로 치닫고 있었습니다. 금식 후에 나오는 좋은 음식까지 거부할 정도였으니까요. 루터는 "모든 사람 중에서 가장 경건한 사람이 되기를 원했고 미사에 대한 무시무시한 우상 숭배와 성인 숭배와 우리 자신의 수도원적 거룩함과 함께 천국을 얻게 될 것으로 생각했습니다."[55] 루터는 허우적거리며 늪에 더욱더 깊이 빠져들어 갔습니다. 루터는 좁은 고해실에서 기도하며 괴로워했습니다. 루터의 모습에서 하이델베르크 신앙교육서 13문이 "우리가 스스로 이 값을 지불할 수 있습니까?"라고 던진 질문이 겹쳐 보입니다. 루터는 그 값을 지불하려고 발버둥 쳤습니다. 하지만 우리에서 던져진 대답은 명확합니다. "결코 그럴 수 없습니다." 죄의 값을 지불하기 위해서 고해성사의 자리에 나간 루터에게 찬물을 끼얹은 대답입니다. 그 값을 지불할 수 없는데, 그 값을 지불하기 위해서 발버둥 치는 모습은 흡사 늪에 빠져 허덕이는 모습과 같습니다. 살기 위해서 발버둥 치지만, 계속해서 늪 속으로 빠져들 뿐입니다. 죄의 값을 지불하고 죄에서 벗어나려고 발버둥 치지만, 더욱더 빠져들어 갑니다.

　오히려 우리는 날마다 우리의 빚을 증가시킬 뿐입니다(13문).

---

54　Herman Selderhuis, 신호섭 옮김, 『루터, 루터를 말하다』 (서울: 세움북스, 2016), 87-88.
55　WA 21,254.

루터에게 고해성사는 죄를 고백하고, 하나님과 화해하는 기쁨을 누리는 자리가 더 이상 아니었습니다. 사소한 죄로 인해 괴로워하며, 아무 죄도 짓지 않았음에도 불구하고 스스로에게서 죄를 찾아 죄를 만들어 내는 단계로 나아갔습니다. 그는 오히려 가상의 죄로 자신의 죄를 늘리는 단계까지 갔던 것이지요.

로마 가톨릭교회는 심판대 앞에 선 인간의 불안을 이용하기 시작했습니다. 스스로 죄의식을 감당하겠다는 생각이 가당키나 하느냐는 의심이 내면 깊은 곳에서 올라올 때, 당시 교회는 새로운 해결안을 만들어 성도를 현혹했습니다. 그것이 바로 면벌부였습니다. 면벌부는 은전 한두 닢으로 갈 수 있는 천국행 프리티켓이었습니다. 브란덴부르크의 알브레히트(Albrecht von Brandenburg, 1490-1545)는 이 판매 캠페인에 당대 유명한 판매왕 테첼(Johann Tetzel, 1465-1519)을 선정하였습니다. 깊은 심연의 죄로 인해 고통에 빠져있던 자에게 테첼은 구원을 향한 밧줄의 한 가닥 실이였습니다.

> 테첼은 정말로 엄청난 것을 생각해 냈습니다. 면벌은 하나님과 인간 사이의 화해이며, 인간이 회개와 참회를 하지 않더라도 효과가 있다고 했습니다. 만일 누군가 성모 마리아를 임신시켰다고 해도, 자신이 그의 죄를 사할 수 있다고 했고, 미래에 지을 죄를 용서해 준다는 약속도 했습니다. 교황이 세운 십자가는 예수의 십자가와 마찬가지로 많은 가치가 있다고 주장했습니다. 이런 망상은 저를 부추겨 단호한 태도를 보이게 만들었지만, 명예 혹은 이득을 좇게 하지는 않았습니다.[56]

---

56  루터, 『탁상담화』 5, 657.

면벌부는 연옥에 있는 고통스러운 중간 체류지 없이 천국으로 바로 가는 고속도로 하이패스였습니다: "돈이 상자 속에서 울리는 순간, 영혼은 하늘로 뛰어오른다."(논제 27). 면벌에 앞서 솔직한 통회, 고백, 사제가 말한 죄 사함이 있어야 하는데, 이제 돈이면 가능해졌습니다. 이 간편한 방법을 통해서 교회는 물질적 복을 누리게 되었고, 성도는 천국 입장에 대한 확실한 입장권을 얻게 되었습니다. "나는 지불한다. 그러면 나는 용서 받는다."라는 도식이 성도를 현혹했습니다. 이 유혹은 세속 법정에서도 부자가 돈을 지불하고 감형받거나 풀려나는 것을 자주 보았기 때문에 아무런 양심의 가책 없이 받아들여지게 되었습니다.

또한, 성인숭배는 "기브 앤 테이크"(give and take)의 원리를 적용했습니다. 초대교회에서 이루어졌던 이교 숭배의 원리가 여전히 교회에서 힘을 발휘하였습니다. 로마제국 시대에 이교도는 전쟁에 나가기 전에 신전에 나아가 제사를 지냈습니다. 정성껏 제사를 지낸 이유는 단 한 가지입니다. 신들로부터 전쟁의 승리를 담보 받기 위해서입니다. 지금 신 앞에 정성을 다해 제사를 드리니, 그에 상응하는 보답을 달라는 것이지요. 초대교회에 스며든 이교도의 정신은 성인숭배의 형태로 중세 교회에서도 여전히 그 영향력을 발휘했습니다. 성인 숭배는 기독교인에게는 담보물이었습니다. 죄를 인지하면 고해성사를 통해서든, 벌에 대한 면제를 받기 위해 무언가를 할 수 있지만, 자신이 알지 못하고 지은 죄를 어떻게 해결할 수 있겠습니까? 이를 위해 담보가 필요했던 것입니다. 하늘에 있는 후원자에게 충성을 표하면, 살아생전 위급한 경우에는 후원자의 직접적 도움을, 죽은 후에는 그 후원자의 변론을 하나님 앞에서 기대할 수 있다고 사람을 유혹했습니다. 성인숭배를 소홀히 하는 사람은 임종 때 버림받았고, 이제는 교회의 지시에 따라 자신의 악행을 청산할 기회가 열리니 얼마나 좋은 기회입니까! 이렇게 교회의 면벌부 장사는 확실한 사면권의 길을 열어주었습니다. 교회는 이를 통해서 엄청난 부를 쌓을 수 있었습니다.

지금 우리의 눈에는 어리석게만 보이는 면벌부 판매에 왜 당시의 성도는 이렇게 열광했을까요? 교회는 면벌부의 효력에 신학적 해석으로 그 정당성을 담보해 주었습니다. 교회는 "교회의 보물"의 교리와 교황의 권위를 연결시켜, 당시의 성도를 현혹했습니다. 교회의 보물은 그리스도와 성인의 공적을 의미합니다. 그리스도와 교회의 성인은 이 땅에서 평범한 성도가 걸어간 길과는 다른, 특별하고도 존경을 받을 만한 길을 걸어갔습니다. 그들은 이 땅에서 수많은 공적을 쌓아 구원을 받았고, 그 남은 공적을 교황에게 위탁했습니다. 교황은 그 공적을 임의대로 나누어 줄 수 있는 특권을 가졌습니다. 교황이 자신의 필요에 따라서 면벌부를 발행하여 성인의 잉여 공적을 나누어 주었던 것이지요. 바로 면벌부는 성인의 잉여 공적의 담보물인 셈이지요. 죄에 대한 벌을 면제받고자 할 때, 연옥에 있는 부모와 친척의 영혼을 구하고자 할 때, 아낌없이 자신의 재물을 팔아서 면벌부를 구입했습니다. 이 교리는 성도의 구원을 향한 갈급함을 이용하여 교황의 탐욕을 채우는데 정당한 근거가 되었습니다. 성인의 잉여 공적은 마치 어느 정도 자유롭게 사용할 수 있는 예금액이 있는 인출기와 같습니다. 필요한 때마다 예금 인출기에서 현금을 인출하는 것처럼, 성인의 공적을 인출하는 것이지요. 이 인출의 권한이 교황에게 있으니, 교회의 권력은 이세상뿐만 아니라 저세상까지 포괄합니다. 엄청납니다. 그래서 루터가 95개조 반박문에서 교회의 보물을 이용해 벌을 면하는

교황의 권위를 강력하게 비판했던 것이지요.[57]

　면벌부의 두 번째 은총은, 성도가 고해 신부를 자유롭게 선택할 수 있다는 사실입니다. 이 선택권이 성도에게 주어지니, 죄를 범했을 때 덜 엄격한 신부에게 고해를 받으려는 사례가 늘어났습니다. 이는 기존의 규율에 끔찍한 영향을 미쳤습니다.[58] 일부 사죄권을 남용하는 신부는 면벌부 구매만이 성도의 의무라고까지 주장했다고 전해집니다. 이것이 면벌부가 준 세 번째 은총에 해당합니다.[59] 이러한 훈령이 입소문으로 타면서, 면벌부를 획득하면 자동으로 구원의 자리에 들어간다고 믿게 되었습니다. 성도는 스스로 자신의 영혼을 구원하지 못한다고 생각하니, 자연스럽게 성인의 힘에 의지하여 아주 간단하게 문제를 해결하고자 했습니다. 이 방법은 이 땅에 있는 사람뿐만 아니라, 심지어 연옥에 있는 죽은 조상까지 사면할 수 있으니, 성도에게는 천국에 들어가는 보험과도 같았습니다.[60] 물론 면벌의 추가 규정에 작은 글씨로 죽은 자가 면

---

57　논제 56: 교황은 교회의 보물을 이용해 면벌을 베풀어 준다. 그러나 이 교회의 보물은 그것이 무엇인지 상세히 언급되지도 않았고 그리스도의 백성에게 알려지지도 않았다. 논제 57: 왜냐하면 그것이 현세적 보화가 아니라는 것은 이미 많은 설교자가 이 보화를 쉽게 나누어주지 않고 도리어 모으기에만 힘쓴다는 것에서 이해될 수 있기 때문이다. 논제 58: 그 보화는 그리스도와 성자의 공로로 이뤄진 것도 아니다. 왜냐하면 이 공로는 교황 없이도 늘 내적인 사람에게는 은총을, 외적인 사람에게는 십자가와 죽음과 지옥을 주기 때문이다.
58　우리 시대에 성도가 자신의 취향에 맞는 설교를 찾아서 교회를 옮기는 기러기의 현상에 비유됩니다.
59　"세 번째 주요 은총은 보편 교회의 모든 재산에 광범위하게 관여하는 것이다…. 우리는 또한 끝에 거명한 두 가지 주요 은총을 구하기 위해 고백을 하거나 교회 내지는 제단을 방문하는 것은 의무가 아니며, 오직 면벌부를 사는 것만이 의무라고 말한다."
60　"네 번째 주요 은총은 연옥에 있는 죽은 자들을 위해 모든 죄를 완벽하게 사면해 주는 것이다. 교황은 이웃을 위한 기도 형태로 사면을 준다. 이때 살아있는 자는 사실 죽은 자가 변제해야 할 금액을 돈궤에 넣는다."

벌을 향유하기 위해서는, 사랑의 정신 속에서 죽어야 한다는 중요한 조건이 있긴 했지만 말입니다. 하지만, 면벌부를 통해서 구원받을 수 있다는 말에 이 사랑의 정신은 묻혀버리고 말았습니다.

　루터는 교회의 부패에 저항하며 비텐베르크 성교회에 95개 논제를 붙였습니다. 하나님의 말씀에 근거하여 면벌부의 부당함을 널리 알리고자 했습니다. 로마 가톨릭교회는 예수 그리스도의 십자가가 지닌 의미를 잊어버렸습니다. 루터는 로마 가톨릭교회를 향해 이 진리를 외쳤습니다. 루터가 하이델베르크 회담에서 외친 그리스도의 십자가는 종교개혁이라는 세기적 전환을 이루는 동력이 되었습니다. 형벌에서의 자유가 면벌부나 성인숭배가 아닌, 예수 그리스도의 십자가의 죽음을 통해서만 가능하다는 진리의 발견은 교회 역사뿐 아니라 문명의 전환을 이끌었습니다.

### 중보자의 조건

> 14문　어떠한 피조물이라도 단지 피조물로서 우리를 대신하여 하나님의 의를 만족시킬 자가 있습니까?
>
> 답　하나도 없습니다.
>
> 첫째, 하나님께서는 인간이 빚진 것으로 인해 다른 피조물을 처벌하기를 절대 원하시지 않기 때문입니다.
>
> 둘째, 어떠한 피조물도 죄에 대한 하나님의 영원한 진노의 짐을 감당할 수도 없고, 그 진노로부터 다른 피조물을 구해낼 수도 없기 때문입니다.

15문 그렇다면 우리가 어떤 중보자와 구원자를 찾아야 합니까?
답 참되고 의로운 사람이면서 동시에 모든 피조물보다 강하신 분으로 참 하나님과 동등하신 분입니다.

16문 중보자는 왜 참되고 의로운 인간이셔야만 합니까?
답 하나님의 의가 요구하는 것은 죄지은 인성이 죄에 대한 값을 지불하도록 하는 것이지만, 스스로 죄인이 된 사람은 다른 사람을 위해 대신 값을 지불할 수 없게 되었기 때문입니다.

17문 중보자는 왜 동시에 참 하나님이셔야만 합니까?
답 그분께서 자신의 신성의 능력으로 하나님의 진노의 짐을 자신의 인성에 짊어지실 수 있기 위해서, 또한 의와 생명을 얻게 하여 우리가 다시 태어날 수 있도록 하시기 위해서입니다.

18문 그러나 누가 참하나님이시며 동시에 참인간이고 의로우신 그 중보자입니까?
답 우리 주 예수 그리스도, 즉 하나님께로서 나와서 우리에게 지혜와 의로움과 거룩함과 구속함이 되신 분입니다.

우리는 죄의 문제를 스스로 해결할 수 있는 능력이 전혀 없습니다. 이것은 명확합니다. 그렇다면, 이제 하이델베르크 신앙교육서가 제안한 두 번째 방법만이 우리에게 남아 있습니다. 다른 사람이 대신 우리의 죄를 만족시키는 방법입니다. 바로 여기에 하나님의 긍휼하심을 기대하는 복음만이 남아 있습니다.

하지만 하이델베르크 신앙교육서는 바로 하나님의 긍휼하심으로 넘어가지 않습니다. 14문에서 "그럼, 우리를 위해 그 값을 대신 지불할 수 있는 피조물이 있습니까?"라고 질문합니다. 이에 대한 대답은 단호합니다: "하나도 없습니다." 죄의 문제를 스스로 해결하기도 벅차고, 다른 누군가도 도와줄 수 없다니, 완전한 절망입니다. 하이델베르크 신앙교육서는 다른 피조물이 죄를 만족시킬 수 없는 두 가지 이유를 다음과 같이 제시합니다.

> 첫째, 하나님께서는 인간이 빚진 것으로 인해 결코 다른 피조물을 처벌하기를 원하시지 않기 때문입니다. 둘째, 어떠한 피조물도 죄에 대한 하나님의 영원한 진노의 짐을 감당할 수도 없고, 그[진노]로부터 다른 피조물을 구해낼 수도 없기 때문입니다.

하나님께서는 우리뿐 아니라 이 세상의 모든 피조물을 만들었습니다. 이 땅의 모든 것은 하나님의 작품입니다. 그래서 하나님께서는 우리의 죄를 대신하여 다른 피조물이 처벌받기를 원하지 않으십니다. 우리의 죄는 다른 어떤 피조물이 보상하는 것도 원하지 않으십니다. 그것은 하나님의 의에서 벗어나기 때문입니다.[61] 따라서 우리와 같은 인간이 그 죄의 값을 감당해야 합니다. 그러나 문제는, 하나님의 영원한 진노를 감당해야 한다는 사실입니다. 어느 누가 하나님의 영원한 진노의 벌을 감당할 수 있습니까? 누구도 영원한 진노를 감당할 수 없습니다. 우리의 죗값에 해당하는 영원한 진노는 우리와 같은 피조물도 감당할 수 없습니다. 하지만 우리의 죄를 대신해야 할 자는 우리와 같은 존재가 아니면 안 됩

---

[61] 우르시누스, 『하이델베르크 요리문답강해』, 166.

니다. 우리가 받아야 할 형벌은 죄와 죽음으로부터의 구원이기 때문입니다.

　죄로부터의 구원에는 두 가지의 의미가 내포되어 있습니다. 우선, 우리의 죄를 용서하여 더 이상 죄가 우리에게 전가되지 않도록 해야 합니다. 둘째, 죄를 제거하여 우리의 본성을 새롭게 함으로써 죄가 우리를 지배하지 못하도록 해야 합니다. 구원은 죄의 형벌로 받은 죽음으로부터의 구원이고, 하나님의 진노에 대한 두려움으로부터의 구원이며, 금생의 재난과 비참함으로부터의 구원이요, 또한 육신의 죽음과 영적 죽음으로부터의 구원입니다.[62] 우리의 죄를 대속하기 위한 조건은, 하나님의 의를 만족시키는 일입니다. 우리는 그것을 전혀 할 수 없습니다. 우리와 동일한 처지에 있는 피조물도 우리의 죄를 대신할 수 없습니다. 하나님께서 그것을 원하지 않을뿐더러 우리와 같은 처지이기에 영원한 형벌을 감당할 수 없기 때문입니다.[63] 그래서 우리에게 우리와 하나님 사이를 중재할 중보자가 필요합니다.

　우리를 죄에서 구원하여 하나님과의 관계를 다시 회복할 중보자는 어떤 조건을 갖추어야 할까요? 과연 그 조건에 합당한 중보자는 누구일까요? 하이델베르크 신앙교육서는 우리의 구원자이자 중보자의 조건을 15문에서 묻습니다.

---

62　우르시누스, 『하이델베르크 요리문답강해』, 157.
63　미가 6장 6-8절에서 "내가 무엇을 가지고 여호와 앞에 나아가며 높으신 하나님께 경배할까. 내가 번제물로 일 년 된 송아지를 가지고 그 앞에 나아갈까. 여호와께서 천천의 숫양이나 만만의 강물 같은 기름을 기뻐하실까. 내 허물을 위하여 내 맏아들을, 내 영혼의 죄로 말미암아 내 몸의 열매를 드릴까. 사람아 주께서 선한 것이 무엇임을 네게 보이셨나니, 여호와께서 네게 구하는 것은 오직 정의를 행하며 인자를 사랑하며 겸손하게 네 하나님과 함께 행하는 것이 아니냐."

15문  그렇다면 어떤 중보자와 구원자를 찾아야만 합니까?
 답  참되고 의로운 사람이면서 동시에 모든 피조물보다 강하신 분으로 참 하나님과 동등하신 분입니다.

우리를 구원할 중보자는 "참되고 의로운 사람"이면서, "참 하나님과 동등한 분"이어야 합니다. 이 세상 어디에서도 우리의 죄의 값을 대신 감당할 수 있는 피조물은 없습니다. 오직 하나님의 자비와 긍휼에 따라, 하나님만이 우리를 죄에서 자유롭게 하실 수 있습니다. 우리의 구원은 전적으로 하나님의 은혜와 자비에 달려 있을 뿐입니다.

하이델베르크 신앙교육서 15문은 "그렇다면 우리는 어떤 중보자와 구원자를 찾아야만 합니까?"라고 묻습니다.[64] 이 질문은 우리를 구원할 오직 한 분이신 중보자와 구원자를 찾고 있습니다. 이 질문에는 종교개혁이 내세운 "오직 그리스도!"라는 구호를 암시합니다. 우리를 죄에서 구원할 자는 오직 한 분이십니다. 우리가 붙잡아야 할 분은 단 한 분입니다. 세상에는 다양한 종교가 구원자를 내세우지만, 하이델베르크 신앙교육서는 우리에게 유일한 구원자가 계시다는 전제하에 질문합니다. 이 질문은 우리가 종교 다원화의 사회를 살더라도, 우리에게 필요한 중보자는 오직 한 분임을 가르칩니다.

하이델베르크 신앙교육서는 15문에서부터 중보자의 필연적 조건을 묻고 있습니다. 그리스도가 참 인간이자 참 하나님이셔

---

64  Was müssen wir denn für einen Mittler und Erlöser suchen?/Qualis ergo quaerendus est mediator et lieberator? 독일어 조동사 'müssen'은 필연을 나타내며, 라틴어 'quaerendus est'는 동형사형으로, 필연, 의무 내지는 당위를 담고 있습니다.

야'만' 하는 필연성을 담보해야 합니다. 이는 16문과 17문에서도 동일하게 적용됩니다. 그리스도는 우리의 구원을 위해서, 하나님과 우리 사이의 중보의 다리를 놓으신 유일한 구원자로서 참 하나님이시면서 참 사람이셔야'만' 합니다.

여기에서 질문이 우리에게 생깁니다. 왜 중보자가 "참되고 의로운 인간"이셔야 할 뿐만 아니라, 모든 피조물보다 "더 강한 참된 하나님"이 되어야 할까요? 이제 우리에게는 그 이유를 명확하게 알아야 하는 책무만이 남아 있습니다.

> 16문  왜 그는 참되고 의로운 인간이셔야만 합니까?[65]
> 답  하나님의 의가 요구하는 것은 죄지은 인성이 죄에 대한 값을 지불하는 것이지만, 스스로 죄인이 된 사람은 다른 사람을 위해 대신 값을 지불할 수 없기 때문입니다.

인간이 지은 죄의 댓가를 '대신' 지불하기 위해 중보자는 반드시 인간으로 모셔야 했습니다. 중보자는 반드시 인간으로 오셔야 했습니다.

왜냐하면 인간이 지은 그 죄의 댓가를 '대신' 지불해야 하기 때문입니다. "만약 그리스도께서 우리와 같이 죄인으로 이 땅에서 오셨다면, 그분 역시 우리와 동일하게 하나님의 진노의 대상이 되어 스스로 하나님 앞에서 자신의 죄에 대해 보상하셔야만 하기 때문입니다."[66] 하나님께서 십자가에서 친히 죽으심으로써, 그리스도

---

65  Warum muss er ein wahrer und gerechter Mensch sein?/ Cur necesse est eum verum hominem, et quidem perfecte justum esse? 독일어 'muss'는 원형 'müssen'의 3인칭 단수이고, 라틴어에서 'necesse est'가 필연을 나타냅니다.
66  우르시누스, 『하이델베르크 요리문답강해』, 169

안에서 우리 죄의 대가를 배상하셔야만 합니다(속죄). 이를 성취하기 위해서 중보자의 인성은 참으로 우리와 같은 사람이 되셔야 합니다. 하지만 우리와 같이 죄를 지닌 사람이 되어서는 안 됩니다. 그 이유는 우선, 하나님께서 사람이 범한 죄에 대하여 하나님의 의가 그것을 요구하셨기 때문입니다. 하나님께서는 시편에서 다윗의 혈통에 따라서 이 땅에 태어난 그리스도를 통해서 다윗 후손의 본체와 본질, 속성을 유지하시겠다는 약속을 확증하셨습니다.[67] 둘째, 하나님의 의를 만족시키기 위해서는 중보자가 죄를 범한 우리와 동일한 본질을 지닌 존재가 되셔야만 합니다. 하나님의 구원 약속을 이루기 위해서 아담의 자손으로 이 땅에 태어나 우리의 형제가 되셔야만 합니다. 만약 중보자 그리스도께서 우리와 같은 육과 영을 지닌 존재로 오시지 않았다면, 그는 자기 백성을 대신하는 대체물의 임무를 수행하지 못하실 것입니다. 그리스도께서 영원히 우리의 형제가 되기 위해서 필연적으로 우리의 합법적 형제가 되셔야만 했습니다. 예수 그리스도께서 우리와 같은 인간이 되셨다는 것을 이해한 자는 그가 우리를 대신하여 은혜로운 최고의 제사장이 되신 분이라는 고백에 이르게 됩니다.

    이 땅에 오신 중보자는 우리와 같이 영과 육을 지닌 존재이지만, 우리와 달리 죄인은 아닙니다. 중보자가 우리의 합당한 구주가 되기 위해서, 그의 희생이 온전히 우리에게 유효하기 위해서, 그는 죄가 없으신 분이셔야만 했습니다. 그는 죄 없이 이 땅에서 태어나 하나님께서 주신 율법을 완전하게 성취하여 우리의 대속주가 되셨습니다. 중보자 예수 그리스도는 온전한 의로움을 지닌 참 인간으로서 율법의 요구에 완전히 순종하셨습니다. 그리고 우리의

---

67    올레비아누스, 권경철 옮김, 『새가족반』 (고양: 언약, 2022), 51-52.

죄를 대신할 만큼 충분한 형벌을 받으셨습니다. 이로써 율법의 두 가지가 성취되었습니다. ⑴ 그리스도의 의가 완전하고 충만하지 않았다면, 다른 사람의 죄를 보상할 수 없었을 것입니다. 그리고 ⑵ 그리스도께서 형벌을 받지 않으셨다면, 우리를 영원한 형벌에서 구원하지 못하셨을 것입니다. 율법의 순종을 통해서 율법을 이루셨고, 형벌을 통해서 율법을 이루셨습니다. 그가 우리를 위하여 고난을 받음으로써 우리는 영원한 정죄 아래에 있지 않게 되었습니다. 그리고 그리스도께서는 영을 통해서 우리 속에 율법을 성취하셨습니다.[68]

이뿐만 아니라 그리스도는 모든 피조물보다 더 강한 참 하나님이셔야 하는 이유를 묻습니다.

17문   왜 동시에 그분은 참 하나님이셔야만 합니까?[69]

답   그분께서 자기 신성의 능력으로 하나님의 진노의 짐을 자신의 인성에 짊어지실 수 있기 위해서, 또한 우리에게 의와 생명을 얻게 하여 우리를 다시 태어날 수 있도록 하시기 위해서입니다.

우리는 아담의 죄로 인해 하나님과 적대 관계에 놓였습니다. 하나님과 화해의 길로 들어가 위해서 하나님의 진노를 진정시켜야

---

68   하이델베르크 신앙교육서 2문의 세 번째 질문에 대한 대답에 해당합니다. 이를 하이델베르크 신앙교육서 86문에서부터 다룹니다. 86문에서 다루는 주제가 감사로서의 율법으로 십계명에 해당합니다.

69   Warum muss er zugleich wahre Gott sen?/ Quare oportet eum simul etiam vere Deum esse? 독일어는 동일하게 'müssen'의 3인칭 단수로 필연을 나타내고, 라틴어는 'oportet'로 필연을 나타냅니다.

만 했습니다. 이 일을 위해서 그리스도께서는 이 땅에서 죽으셔야 했습니다. 중보자가 참 하나님이셔야 하는 이유는 하나님의 진노의 짐을 견딜 수 있어야 하기 때문입니다. 중보자의 인성이 죄에 대한 무한한 진노를 감당하시고, 또한 죄의 형벌을 당하시기 위함입니다. 그 형벌의 기간은 일시적이지만 그 중함과 위엄과 가치에 있어서는 무한한 것이었습니다. "우리의 중보자께서 그저 사람에 불과했고, 그런 상태로 하나님의 진노의 짐을 스스로 짊어졌다면, 그는 그 무게에 눌려 뭉개졌을 것입니다."[70] 그러므로 그가 절망 가운데 빠지거나 무한한 형벌에 뭉개지지 않기 위해서 우리의 중보자 그리스도는 무한한 힘을 소유해야만 했습니다. 그래서 그는 하나님이셔야만 했습니다.

하이델베르크 신앙교육서는 중보자의 조건을 찾아 나섰습니다. 그 추론의 과정에서 우선, 중보자는 우리의 죄를 대신하셔야 하기에 우리와 같은 참사람이셔야 합니다(16문). 그리고 우리가 지은 엄청난 죗값을 짊어지기 위해서, 그리고 우리가 의와 생명을 얻어 다시 태어날 수 있도록 참 하나님이셔야만 합니다(17문). 이 조건을 충족시킨 분은 바로 예수 그리스도이십니다. 18문에 이르러서야 우리 주 예수 그리스도의 이름을 언급합니다.

> 18문  그러나 누가 참 하나님이시며 동시에 참인간이고 의로우신 그 중보자입니까?
>
> 답  우리 주 예수 그리스도, 즉 하나님께로서 나와서 우리에게 지혜와 의로움과 거룩함과 구속함이 되신 분입니다.

---

70  우르시누스, 『하이델베르크 요리문답강해』, 171.

이제 우리는 예수 그리스도를 찾아 나서야 합니다. 본질적으로 죄에 매여 있는, 하나님과 적대 관계에 놓여 있는 지금의 상태에서 벗어나기 위해서 "어디에서 예수 그리스도를 찾아야 합니까?"라는 질문을 던져야 합니다.

### 19문

## 신앙 고백의 기둥, 성경

하이델베르크 신앙교육서는 우리에게 한 줄기 희망을 전합니다. 하나님께서는 우리에게 하나님과의 관계를 회복할 중보자를 주셨으니까요. 우리에게 남은 것은 중보자이신 예수 그리스도를 찾아야만 한다는 사실입니다. 예수 그리스도, 그분만이 우리의 중보자(mediator, Mittler; Schiedmann)이십니다. 중보자는 서로 갈등이나 반목 상태에 있는 두 편을 화해시키는 자입니다. 두 편에 서서 화해를 간청하고 보상하며, 다시는 해를 끼치지 않겠다는 보장을 통해 피해자의 마음을 누그러뜨리는 역할을 합니다. 이런 중재의 기능은 법정적 의미의 '쉬트만(Schiedmann, 법률 중재인)'과도 같습니다. 하나님께서는 중보자 예수 그리스도를 통해서 두 방향에서 중재하십니다. 예수 그리스도는 하나님의 편에서 하나님의 의를 만족시키심으로써, 죄로 인해 죽음에 이를 수밖에 없었던 우리를 구원하십니다. 예수 그리스도는 인간 편에서 우리를 대신하여 일하십니다. 하나님과의 약속을 지키지 못하고 죄를 범하여 불러일으킨 하나님의 진노를 가라앉힙니다. 중보자는 자신이 죽으심으로써 우리의 죄를 대신하십니다. 중보자는 십자가의 죽음으로 하나님의 진노를 가라앉히시고 하나님의 정의를 만족시킵니다. 그 공로로 우리는 중생하고 새사람이 되는 은혜를 누립니다. 중보자는 하나님과 우리 사이에 화해의 다리를 놓음으로써, 그 둘 사이에 평화를 이루시는 분이십니다. 하나님께서 우리를 사랑하고 또한 우리가 하나님을 사랑하도록 하여, 둘 사이에 끊임없는 평화가 영원히 지속되도록 하십니다. 그러므로 하나님의 호의로 예수 그리스도의 구원 이야기를 받아들이는 일은 우리의 영광이자 위로입니다.

## 성경의 권위: 언약 사상

> 19문  당신은 이것을 어디에서 압니까?
> 답  거룩한 복음에서 압니다. 이 복음은 하나님께서 태초에 친히 낙원에서 이 복음을 계시하셨습니다. 그 후에 거룩한 족장과 사도를 통해서 선포하도록 하셨습니다. 그리고 제사와 율법의 다른 의식을 통해서 예표하셨습니다. 마지막으로 그의 아들을 통해서 성취하셨습니다.

이제 우리에게 남겨진 과제는 두 가지입니다. 우선, "완전한 구원과 의를 위해서 우리에게 거저 주어진" 중보자 예수 그리스도를 어디에서 찾아야만 하는지(19문), 둘째, 어떻게 중보자에게 속한 자가 될 수 있는지에 대한 답을 찾아야 합니다(21문). 이 두 질문의 답변이 우리가 그리스도인으로서 들어가는 길목에서 붙잡아야 할 두 기둥입니다. 우선, 하나님과 우리 사이를 중보할 구원자를 어디에서 찾아야 하는지를 하이델베르크 신앙교육서 19문을 통해서 생각해 보고자 합니다.

> 거룩한 복음에서 압니다. (1) 하나님께서 태초에 친히 낙원에서 계시하셨습니다. 그 후에 (2) 거룩한 족장과 사도를 통해서 선포하도록 하셨습니다. 그리고 (3) 제사와 율법의 다른 의식을 통해서 예표 하셨습니다. 마지막으로 (4) 그의 아들을 통해서 성취하셨습니다.

우리는 복음에서 중보자이자 구원자이신 예수 그리스도를 찾을 수 있습니다. 이 복음은 하나님께서 친히 계시한 구원의 약속에서 예수 그리스도의 십자가의 사역에 이르기까지의 전 과정을 포괄합니다. 이 언약의 이야기가 성경 전체를 아우르지만, 하이델베르크 신앙교육서는 이를 성경이라고 답하지 않고, '복음'이라고 답합니다.[71] 이는 하이델베르크 신앙교육서가 구원자 예수 그리스도의 사역에 집중하고 있음을 보여줍니다. 하이델베르크 신앙교육서 1문에서 그리스도 중심으로 삼위일체를 설명하고 있는 것과 일맥상통합니다. 하이델베르크 신앙교육서는 12문부터 18문에 이르기

---

[71] 하이델베르크 신앙교육서가 성경의 권위를 분명하게 나타내지 않고 약화시켰다고 비판합니다. 성경 자체의 신적 권위에 대한 논쟁이 일어난 시기는 17세기에 들어서입니다. 하이델베르크 신앙교육서가 작정 된 시기에는 성경의 신적 권위에 대한 논쟁이 일어나지 않았고, 단지 성경 해석의 권위가 어디에 있는지가 종교개혁의 논제였다는 점을 기억할 필요가 있습니다. 하이델베르크 신앙교육서는 3문과 21문에서 분명하게 성경에 대한 믿음을 드러내고 있습니다. 하이델베르크 신앙교육서 21문에서 참된 믿음은 하나님께서 말씀 가운데서 계시하신 모든 것이 참되다는 확실한 지식에서 찾습니다. 이 확실한 지식이 성경이 우리에게 가르치는 모든 것이 참되다는 믿음에서 시작된다는 것을 참된 믿음의 한 축으로 삼고 있다는 점이 이를 반증합니다. 이승구, "하이델베르크 요리문답의 강함과 부드러움" 「장로교회와 신학」 11(2014): 35-36.

까지, 중보자 예수 그리스도가 왜 필요한지, 그리고 그 조건이 무엇인지를 분명하게 가르칩니다. 예수 그리스도께서는 중보자로서 하나님과 우리의 관계를 회복하시며, 그의 구원과 의의 성취를 우리에게 전해줍니다. 이것이 복음입니다. 하이델베르크 신앙교육서는 자연스럽게 "복음"으로 시선을 옮겨갑니다. 이 복음에 담긴 신학적 의미를 19문을 통해서 찾아가 보고자 합니다.

하이델베르크 신앙교육서 19문이 제시하는 예수 그리스도는 언약의 중심입니다. 특히, 하나님과 우리의 화해를 위한 예수 그리스도의 중보사역을 강조합니다. 예수 그리스도는 언약의 기초이며 죄로 말미암아 파괴된 하나님과 우리 사이의 관계를 회복시키십니다. 예수 그리스도의 구원은 하나님께서 인간을 창조하던 그 시간과 공간에서부터 시작합니다. 아담과 하와는 하나님의 명령에 불순종함으로써 죄를 범하였습니다. 이 죄로 인해 아담과 하와는 하나님과의 관계가 끊어졌습니다. 바로 그 자리에서 하나님은 우리를 위한 구원을 직접 계시하심으로써 구원의 역사를 시작하셨습니다. 이것이 복음의 시작입니다. 이것이 창세기 3장 15절에 기록된 하나님의 언약의 메시지입니다. 이 언약의 메시지에는 하나의 대비가 숨겨져 있습니다. 종교개혁자는 이 대비를 '자연언약'과 '은혜언약'(우르시누스)이라고도 하였고, 자연언약 대신에 '창조언약'(올레비아누스)으로 이 대비를 설명하기도 하였습니다. 웨스트민스터 대·소요리문답에서는 '행위언약'으로 칭하였습니다. 우리에게는 '행위언약'과 '은혜언약'으로 알려져 있습니다. 하나님께서 아담과 하와에게 '선악을 알게 하는 나무의 열매를 먹지 말라'라고 한 명령은 행위언약에 해당하고, 창세기 3장 15절은 예수 그리스도의 구원의 역사(은혜언약)를 암시합니다. 우리에게 남겨진 과제는 오직 복음 안에서 중보자 예수 그리스도를 찾고, 그분께 온전히 의존함으로써 우리의 죄와 형벌의 문제에서 구원받는 길을 모색하는 것입니다.


**원복음: 창 3:15**

하나님께서는 아담과 하와를 창조하시고, 그들에게 동산 중앙에 있는 선악을 알게 하는 나무의 열매는 취하지 말라고 명령하셨습니다. 이로써 하나님, 아담, 하와는 약속의 관계에 들어섰습니다. 만약 이 약속을 어긴다면 하나님의 진노가 임할 것이라고 경고하셨습니다. 하나님께서는 우리가 선악을 알게 하는 나무의 열매를 먹는 날에는, 반드시 죽는다고 경고하셨습니다(창 2:17). 약속을 순종한 자에게는 영원한 생명이 약속되지만(행위언약), 하지만 약속을 어기는 자에게는 영원한 형벌과 하나님의 진노가 주어집니다. 뱀의 유혹으로 인간은 하나님의 말씀대로 살지 못하고 하나님의 진노 아래로 들어가게 되었습니다. 인간은 하나님의 말씀대로 영원한 죽음에 들어가게 되었습니다.[72]

그렇다면 타락한 아담은 하나님과 어떻게 다시 언약을 맺을 수 있을까요? 하나님께서는 의롭고 참되시기에, 창조 때 체결한 언약과 전혀 배치되지 않는 방식(은혜언약)으로 우리를 받아들이길 원하십니다. 하나님께서는 창세기 3장 15절에서 뱀에게 죄에 대한 형벌을 선고하십니다.

내가 너로 여자와 원수가 되게 하고 네 후손도 여자의 후손과 원

---

[72] 하나님과의 언약에 불순종한 형벌로 우리는 영원한 죽음을 맞이했습니다. 영혼은 하나님과의 관계가 끊어짐으로써 영원한 단절(죽음)에 들어갔고, 우리의 육신은 이 땅에서 죽음을 비껴갈 수 없게 되었음이 그 증거입니다.

수가 되게 하리니 여자의 후손은 네 머리를 상하게 할 것이요 너는 그의 발꿈치를 상하게 할 것이니라.

하나님께서는 뱀에게 우선, 여자와 원수가 되게 만들겠다고 하십니다. 하와가 뱀의 유혹에 빠져 하나님의 말씀에 불순종했으므로, 뱀과 여자가 당연히 원수가 됩니다. 이 원수 관계는 후손으로까지 이어집니다. 아담과 하와는 원래 하나님과 함께 있었으나, 선악과를 먹음으로써 하나님께 속한 존재가 아니라 사탄(뱀)을 편드는 존재가 되었습니다. 이로 인해 하나님께서는 아담과 하와 및 뱀 모두와 원수 관계에 놓이게 하셨습니다. 하나님께서는 이제 하나님과 아담과 하와, 그리고 뱀 사이에 선을 긋고, 뱀의 편을 들어서 하나님과 관계를 끊었던 하와를 다시 하나님의 편으로 데려오기 위한 구원의 역사를 시작하십니다. 하나님께서는 뱀과 하와의 후예인 인간 사이의 영원한 전쟁을 선포하십니다. 이 전쟁은 하나님과 인간 사이의 파괴된 언약 관계를 회복하기 위한 구원의 계획을 암시합니다.

우리에게 주어진 과제는 하나님께서 어떻게 전쟁을 끝내시는지 바르게 아는 일입니다. 하나님께서 어떻게 이 구원을 성취하시는가를 아는 것이 관건입니다. 하나님께서는 여자의 후손이 뱀의 머리를 상하게 할 것이고, 뱀은 여자의 후손의 발꿈치를 상하게 하신다고 합니다. 이제 여자의 후손과 뱀의 싸움이 시작됩니다. 이 싸움에서 뱀은 여자의 발꿈치를 상하게 할 겁니다. 이것으로 죽음에 이르게 됩니다. 이 죽음에서 벗어나는 길은 뱀의 머리를 상하게 하는 길뿐입니다. 이 싸움은 하나님의 백성의 마음에서 일어나는 '부패'와 '은혜'의 싸움입니다. 사탄은 인간의 부패성을 이용하여 우리를 공격하고 넘어뜨리려고 합니다. 그러나 하나님의 백성은 하나님이 주시는 전적인 은혜로 사탄의 공격에 맞서서 대적합니다. 이는 경건한 자와 세상 악인의 싸움으로 지속적으로 나타나기도 합니다.

이 싸움의 전면에 등장한 여자의 후손은 누구일까요? 이분은 하나님께서 약속한 예수 그리스도이십니다. 창세기 3장 15절의 하나님 말씀은 분명 뱀에게 하신 말씀하셨으나, 아담과 하와가 함께 있던 자리에서 하셔서 절망에 빠진 아담과 하와, 그리고 우리에게 은혜와 소망이 됩니다. 이 말씀은 하나님께서는 아담의 불순종으로 깨진 약속으로 생긴 상처를 즉시 치료해 주십니다. 아담과 하와는 절망에서 고개를 들지 못했지만, 하나님께서 주신 약속을 믿음으로 받아들였습니다. 그 약속이 에덴동산에서 쫓겨난 비참한 자리에서 다시 일어설 용기와 힘이 되었습니다. 그리고 그 복음은 족장에게 전달되었습니다. ① 하나님께서는 하와의 후손 중에 우리의 중보자이신 그리스도가 올 것이라고 직접 계시하셨습니다. 이는 불순종한 인간의 죄를 대신 짊어질 그리스도께서 이 땅에 오실 것이라는 그리스도의 성육신을 암시합니다.

② 하나님께서는 뱀이 여자 후손의 발꿈치를 상하게 할 것이라고 예고하셨습니다. 이는 그리스도의 고난과 죽으심을 내포합니다. 우리와 같은 몸을 지닌 그리스도께서 이 땅에서 당하게 될 고난을 예고하셨습니다. 이 땅에 태어난 예수님은 광야에서 사탄의 유혹을 받으시고, 유다를 통해서, 베드로와 대제사장을 통해서 사탄의 공격을 받으셨습니다. 하지만 그리스도께서는 유혹과 사탄의 공격이 무너지지 않고, 십자가의 죽음을 통해서 오히려 죽음의 세력을 잡은 마귀를 멸하셨습니다. 그리스도께서 십자가에 달리시고 발에 못이 박힐 때, 그의 발꿈치도 상했습니다. 또한 성도가 그리스도의 이름으로 고난 겪는 그 자리에서, 그리스도께서도

함께 고난을 당하셨습니다. 마귀는 성도를 시험하고 그들을 옥에 가두고 박해하고 죽이며, 그렇게 그리스도의 발꿈치가 상하게 되는 상징적 의미를 내포합니다.

③ 하지만 그리스도의 승리는 반드시 이루어 질 것입니다. 하나님께서는 분명하게 여자의 후손이 뱀의 머리를 상하게 할 것이라고 예고하셨습니다. 그리스도께서 사탄의 모든 책략과 권세를 멸하고 그의 나라와 그의 관심사를 완전히 뒤집어엎으실 것입니다. 이것은 분명 우리에게 기쁜 소식입니다. 이 기쁜 소식을 듣기 전까지는, 죄와 죽음에서 벗어나 구원의 길로 들어설 소망을 품을 수 없었습니다. 그리스도께서 사탄의 시험을 이기시고 영혼을 사탄의 손아귀에서 구해내셨습니다. "그리스도께서는 그의 죽으심으로 말미암아 마귀의 나라에 회복할 수 없는 치명적인 가격을 하셨고, 이 짐승의 머리에 절대로 치유할 수 없는 상처를 안기셨습니다."[73] 그러므로 우리는 자기 자신을 바라보던 데서 돌이켜 하나님의 지혜와 선하심과 권능을 바라보아야 하고, 마치 모든 일이 가망이 없는 것처럼 절망하지 말아야 합니다. 하나님의 약속을 승리를 굳게 믿어야 합니다.

**복음의 역사적 전승**

하나님께서 에덴동산에서 아담과 하와에게 주신 복음이 어떻게 전승되었는지를 살펴보고자 합니다. 하이델베르크 신앙교육서는 족장을 통해서, 그리고 사도를 통해서 복음이 선포되었다고 전합니

---

73 매튜헨리, 원광연 옮김, 『매튜헬린주석 창세기』 (고양: 크리스천다이제스트, 2008), 98.

다. 하나님께서 직접 주신 원복음이 어떻게 이스라엘 역사에서 나타나는지를 살펴보기 위해서 누가복음 24장 44절의 말씀에 주목하고자 합니다.

> 또 이르시되 내가 너희와 함께 있을 때에 너희에게 말한 바 모세의 율법과 선지자의 글과 시편에 나를 가리켜 기록된 모든 것이 이루어져야 하리라 한 것이 이것이라 하시고

예수 그리스도께서 십자가에서 죽으셨습니다. 하나님께서는 예수 그리스도를 십자가의 죽음에서 부활시키셨습니다. 예수 그리스도께서 하늘로 올라가시기 전에 제자에게 나타나셨습니다. 누가복음 24장 44절은 부활한 예수 그리스도께서 제자에게 직접 가르친 내용입니다. 부활한 예수 그리스도께서 제일 먼저 한 일은 제자에게 성경 전체를 가르치시는 것이었습니다. 예수님께서는 구약에서 이미 메시아가 예언되었고, 그 예언이 예수 그리스도의 십자가와 부활로 성취되었음을 가르치셨습니다. 우리는 예레미야 23장 5-6절과 시편 2편 7절을 중심으로, 구약에서는 구원자이신 중보자 예수 그리스도가 어떻게 예표되고 있는지 살펴보고자 합니다.

### 의로운 가지: 예레미야 23장 5-6절

선지자 예레미야는 23장 5-6절에서 하나님께서 다윗의 가문에서 한 의로운 가지를 일으키시겠다고 말씀하십니다.

> 5 여호와의 말씀이니라 보라 때가 이르니 내가 다윗에게 한 의로운 가지를 일으킬 것이라 그가 왕이 되어 지혜롭게 다스리며 세

상에서 정의와 공의를 행할 것이며

6 그의 날에 유다는 구원을 받겠고 이스라엘은 평안히 살 것이며 그의 이름은 여호와 우리의 공의라 일컬음을 받으리라

하나님께서 선포하신 "한 의로운 가지"는 누구일까요?[74] 이 가지는 세 가지 조건을 만족해야 합니다. 우선, 그 가지는 다윗의 가문을 통해 나타나야 합니다. 둘째, 의로운 가지는 왕이 되어 세상을 지혜롭게 다스리고 정의와 공의를 실현해야 합니다. 그날에 유다를 구원하고 이스라엘이 평안히 살 것입니다. 셋째, 한 의로운 가지의 이름은 우리의 공의를 대표해야 합니다. 이 세 조건을 만족하는 자가 의로운 가지입니다. 이 의로운 가지는 예수 그리스도이십니다. 예수 그리스도는 다윗 왕의 가문에서 태어났습니다. 마태복음 1장에 기록된 예수 그리스도의 족보에 "이새는 다윗 왕을 낳으니라 …."(마 1:6)라고 합니다. 이는 예수님께서 실제로 다윗 왕의 가문에서 태어나셨습니다. 선지자 예레미야가 기록한 한 조건을 만족시키셨습니다. 마태복음 1장 21절에서 예수님의 이름이 "자기 백성을 그들의 죄에서 구원할 자"라고 선포되어, 예수님께서 왕으로서 '자기 백성'을 구원하실 것입니다. 예수님은 왕으로서 죄에서 구원하여 정의와 공의를 행할 것입니다. 즉, 예레미야 선지자가 예언한 의로운 가지는, 우리에게 공의를 가져다주고 죄에서 구원하여 하나님과의 관계를 회복시키기 위해서 이 땅에 오셨습니다. 예수님은 우리를 죄에서 구원하여 의의 자리에 옮겨놓으셨습니다.

---

74 '의로운'의 해당하는 히브리어는 '합법적인', '유일한 진정한 것'이란 의미도 나타냅니다. 그는 하나님이 의도하신 진정한 왕이 될 것이며 예레미야 22장에 묘사된 왕과는 완전히 정반대로 공평하고 바르게 행할 것입니다. 그가 다윗의 보좌에 앉을 것입니다(22:2, 22:3, 13, 17을 보라).

우리는 분명하게 예레미야의 예언이 예수 그리스도 안에서 성취되었음을 보게 됩니다.

**하나님의 아들: 시편 2편 7절**

시편에 숨겨진 예수 그리스도에 대한 수많은 흔적 가운데 시편 2장 7절에서는 어떻게 그를 예언하였고, 그 예언이 실제로 그의 사역으로 성취되었는지를 살펴보고자 합니다. 시편 2편 7절은 "내가 여호와의 명령을 전하노라 여호와께서 내게 이르시되 너는 내 아들이라 오늘 내가 너를 낳았도다."라고 기록되어 있습니다. 이 구절에서 예수님이 세례 요한에게 세례받는 장면이 떠오릅니다. 예수님께서 요단강에서 세례 요한에게 세례를 받으시고 올라올 때, 기이한 현상이 일어납니다.

> 10 곧 물에서 올라오실새 하늘이 갈라짐과 성령이 비둘기같이 자기에게 내려오심을 보더니
> 11 하늘로부터 소리가 나기를 너는 내 아들이라 내가 너를 기뻐하노라 하시니라

하늘부터 성령이 내리며 하나님의 음성이 들려옵니다. 시편 기자의 노래와 같은 메시지가 들려옵니다. 하나님께서 예수 그리스도를 아들로 입양하시고 그에게 신적 권위를 부여하십니다.

이스라엘의 왕은 하나님의 대표 또는 대리인입니다. 시편 2편 7절에서 하나님께서 왕을 아들로 입양하시는데, 이는 사무엘하 7장 14절과 연속선상에 있습니다. 사무엘하 7장은 나단 선지자가 다윗 왕에게 전하는 메시지를 싣고 있습니다. 이것은 소위 다윗의

언약으로 알려져 있습니다. 사무엘 7장 13절에서 "그는 내 이름을 위하여 집을 건축할 것이요 나는 그의 나라 왕위를 영원히 견고하게 하리라."라고 약속하신 말씀은, 다윗 언약의 핵심인 '집'과 '나라'를 세울 것이며, 그 집과 나라를 '영원히' 견고하겠다는 하나님의 약속을 분명히 나타냅니다. 이 언약은 하나님께서 다윗과 맺은 언약의 영원성과 무조건성을 나타냅니다. 이 언약은 사무엘하 7장 14절에서 아버지와 다윗의 후손을 "나는 그에게 아버지가 되고 그는 내게 아들이 되리니."라는 관계를 세움으로써, 다윗의 후손이 영원히 버림받지 않을 것임을 선언하십니다. 아버지와 아들의 영원한 관계를 나타냅니다. 이제까지 하나님은 통치자이시고, 왕은 하나님을 섬기는 종이었습니다. 이 관계에 변화가 일어났습니다. 이제부터는 하나님과 왕의 사이가 아버지와 아들의 관계로 재정립됩니다. 아버지는 아들이 잘못해도 아들을 버리지 않으시며, 아버지와 아들의 관계는 영원히 지속될 것입니다.

둘째, 하나님께서는 다윗의 후손에게 "그가 만일 죄를 범하면 내가 사람의 매와 인생의 채찍으로 징계하려니와"(삼하 7:14)라고 말씀하십니다. 여기에서 '징계'는 부정적인 의미가 아니라, 징계하셔도 죽이거나 버리지 않겠다는 긍정적인 뜻을 내포합니다. 다윗의 후손이 하나님의 나라를 완성할 수 있도록 양육하고 훈련시키며, 잘못할 때에는 고쳐 사용하시겠다는 의미입니다. 셋째, 하나님께서는 다윗의 후손에게 징계를 주시더라도 인자하심을 거두지 않으시겠다고 약속하십니다(삼하 7:15). 이 은총이 히브리어로 헤세드(Hesed, חֶסֶד)입니다. 이 단어는 언약적 성실성을 뜻하며, 지정의를 모두 포함하는 개념으로, 하나님께서는 그의 언약을 반드시 성취하실 것이라는 인격적 성품을 나타냅니다. 사람이 잘못한다고 하더라도, 하나님의 인자하심은 변함없이 그 언약을 이루실 것입니다.

시편 2편 7절의 아버지와 아들의 관계는 다윗의 언약을 계승하며, 이 약속이 신약성경에서 예수 그리스도의 죽음에서 부활하신 시간에 적용됩니다. 사도행전 13장 33절에서 바울은 "하나님이 예수를 일으키사 우리 자녀들에게 이 약속을 이루게 하셨다 함이라 시편 둘째 편에 기록한 바와 같이 너는 내 아들이라 오늘 너를 낳았다 하셨고"라고 선포합니다. 이 구절에서 예수 그리스도의 부활을 그의 신성한 아들 되심에 대한 아버지의 입증으로 해석합니다. 이 해석은 로마서 1장 3-4절에서 예수 그리스도를 "육신으로 다윗의 후손이시고 죽은 자의 부활로 말미암아… 하나님의 능력의 아들로 정하신 우리 주님"이라고 선언한 것과 일맥상통합니다. 또한, 히브리서 1장 5절에서 부활의 주제를 하늘의 승천과 연결지으며 시편 2편을 같은 의미로 인용합니다: "하나님께서 어느 때에 천사 중 누구에게 너는 내 아들이라 오늘 내가 너를 낳았다 하셨으며 또다시 나는 그에게 아버지가 되고 그는 네게 아들이 되리라 하셨느냐." 히브리서 5장 5절에서는 "그리스도께서 대제사장 되심도 스스로 영광을 위하심이 아니요 오직 말씀하신 이가 그에게 이르시되 너는 내 아들이니 내가 오늘 너를 낳았다…."라는 왕의 모티브와 제사장의 모티브를 통합하여 다윗의 큰아들이 멜기세덱의 질서를 따라 왕-제사장, 즉 메시아-제사장으로 승천하고 즉위하셨음을 선포합니다(시 110편 참조). 이와 같이, 시편 2편 7절과 연결하여 하나님께서는 하나님의 아들 예수님께서 그리스도의 부활과 승천을 통해 우편에 앉으신 왕 예수 그리스도의 대관식을 선포하셨음을 선언하십니다.[75]

---

[75] 에스겔 34장 24절의 "참 목자"에 대한 성취도 이 맥락에서 이해됩니다: "나 여호와는 그들의 하나님이 되고 내 종 다윗은 그들 중에 왕이 되리라 나 여호와의

구약의 예언은 예수 그리스도를 통해서 이렇게 성취되었습니다. 예수님께서 제자에게 이를 가르치자, 놀라운 변화가 일어났습니다. 그들의 마음이 열리고 성경이 가르치는 바를 깨닫게 되었습니다(눅 24:45). 그들은 구약의 예언과 예수 그리스도의 성취를 깨닫게 됩니다(눅 24:44). 하나님의 아들인 예수 그리스도께서 이 땅에서 어떻게 예언을 성취하게 되었는지를 가르치십니다. 예수님은 이 땅에서 고난을 받았고 십자가에 달려 죽으시고 제삼 일 만에 살아나셨습니다. 하나님의 일은 여기서 멈추지 않습니다. 하나님께서는 예수 그리스도를 부활시키고 그의 이름을 높이셨습니다. 그리고 우리로 그의 이름에 무릎을 꿇게 하셨습니다. 우리는 그리스도 안에서 죄 사함을 받았습니다. 우리는 하나님이 우리를 위해 계획한 구원의 역사가 구약의 시대를 지나면서 예수 그리스도의 사역을 통해 완성되었음을 배웁니다. 이제 우리는 그리스도 안에서 죄사함을 받고, 하나님의 은혜를 세상에 전하는 증인의 삶을 살아야 합니다(눅 24:48).

예수 그리스도는 구약 시대에도 우리의 구원자로 예표 되었습니다. 구약의 백성은 복되고 즐거운 교회의 토대를, 그리스도의 인격에 두고 율법의 규례대로 제사를 드렸습니다. 그들은 예수 그리스도께서 이미 현존하셔서 자신을 중보하시며 장차 메시아로 육

---

말이니라." 이 구절에서 주님은 "내 종 다윗이 그들 가운데서 왕이 될 것"이라고 묘사합니다. 이사야 9장 6-7절의 성취도 동일하게 이 맥락에서 이해됩니다: "이는 한 아기가 우리에게 났고 한 아들을 우리에게 주신 바 되었는데 그의 어깨에는 정사를 메었고 그의 이름은 기묘자라, 모사라, 전능하신 하나님이라, 영존하시는 아버지라, 평강의 왕이라 할 것임이라 그 정사와 평강의 더함이 무궁하며 또 다윗의 왕좌와 그의 나라에 군림하여 그 나라를 굳게 세우고 지금 이후로 영원히 정의와 공의로 그것을 보존하실 것이라 만군의 여호와의 열심히 이를 이루시리라."

체를 입고 오실 것이라고 믿음을 품었습니다. 구약 시대에도 구원의 확신과 소망의 가치가 오직 그리스도 안에서 예표 되었습니다. 다윗의 나라가 영원하리라는 언약이 임마누엘의 이름으로, 곧 종이자 의로운 목자가 되신 그리스도 안에서 수립되었습니다. 오직 그리스도만이 머리로서, 하나님께서 우리와 영원한 평화의 언약을 맺으셨습니다. 이처럼 중보자로서의 그리스도의 복음은 구원론적 특성을 보입니다. 하나님께서 행위의 주체로 계시고 그 구원의 사역은 오직 그리스도를 중심으로 이루어집니다. 하나님께서 그의 백성과 그의 언약 안에서 화해하게 되었습니다. 이것은 법정적이며 외부적인 선언으로만 그치는 것이 아니라, 그의 아들의 인격 안에서 그분과 긴밀하고도 친숙한 영적 관계성을 맺게 되었습니다. 우리는 모두 단순히 언약의 참여자가 아니라, 그리스도와의 밀접한 연합을 이룬 관계에 참여하게 됩니다. 우리는 언약의 혜택만을 그저 약간 누리는 정도로 그치는 것이 아니라, 그리스도 안에서 그와 연합되어 그의 사역에 참여하게 되었습니다. 간단하게 말하자면, 하나님과 최고의 관계를 맺는 것은 그리스도와 연합된 상태에 머무는 것입니다. 그리스도 안에서의 참여는 그리스도인으로서 우리의 신분을 입증하는 것이며, 우리의 신분은 하나님과 맺은 언약 안에 확고히 속해 있음을 보여줍니다.

 그리스도 안에서 참여는 마치 하나의 그림에서 두 가지가 공존하는 것과 같습니다. 율법에 구원의 복음이 그리스도의 영으로 공존합니다.

르네 마르리트, 〈인간의 조건〉

　이 두 그림은 초현실주의자 르네 마그리트(René Magritte)의 작품입니다. 두 물체가 하나의 화폭에 담긴 그림이 수수께끼처럼 다가옵니다. 이런 체계를 '정신적 오브제'(mental object)라고 합니다. 물체의 결합을 통해서 재현되는 이미지는, 잠재하는 내용에 상응한다고 합니다. 이 그림에서 두 물체의 결합으로 신비감이 발생하는데, 이로 나타난 이미지가 정신적 오브제의 작용 결과입니다. 이같은 이미지가 더욱 완벽한 현실 인식의 단초가 되며, 그것이 바로 작품의 작가가 가진 원래 의도이자 신비를 경험하게 하는 기폭제가 됩니다. 그것이 바로 그림의 본질입니다. 바로 여기에서 그림을 처음 접하는 자는 회의감 속에서도 그 신비감을 느끼게 됩니다.

　나는 캔버스에 의해 가려진 풍경의 일부분을 정확하게 묘사한 그림을 방안 창문 앞에 두었습니다. 그래서 그림 속에 표현된 나무는 방 바깥의 나무를 시야로부터 가렸습니다. 말하자면 나무는 방안의 그림에서 그리고 방 밖의 실제 풍경에서 모두 감상자의 마음속에 동시에 존재하였습니다. 이것은 곧 우리가 세상을 바라보는 방식이 됩니다. 즉, 세상은 우리 내부에서 경험되는 정신적인 재현에 불과한 것이지만, 우리는 세상을 외부의 것으로 여깁니다.[76]

이 그림에서 창문이 안과 밖을 연결하는 통로입니다. 또한 창문은 현실과 인식 사이를 이어주는 경계이기도 합니다. 역설적으로도, 창문은 그림 속에 또 다른 그림을 넣어서 바깥 전경을 차단하는 장치로도 작용합니다. 즉, 그림 자체가 창문의 역할을 하며, 실제 창문을 통해 보이는 바깥 전경이 그림 안으로 들어옵니다. 여기에서 혼돈이 그림을 보는 우리의 눈에서 일어납니다. 우리가 어떤 사물을 인식한다는 것은 객관적 사물을 전제합니다. 하지만 사물의 인식은 그 자체만으로 이루어지지 않습니다. 사물을 인지하는 주체가 있어야 합니다. 주체와 객체의 만남을 통해서 인식이 이루어집니다. 그래서 객체는 독립적으로 존재하되, 주체와의 만남을 통해 의미를 갖게 됩니다. 객체는 존재하지만, 의미는 관계 속에서 생성됩니다.

르네 마그리트의 그림은 두 개의 사물이 하나의 사물로 존재할 가능성을 열어줍니다.[77] 내부와 외부가 하나의 화폭 안에서 동시에 표현됩니다. 우리는 객관적 대상을 인식할 때 주관적, 내면적

---

[76] Gablik Suzi, *Magritte*(London: Thames & Hudson, 1985), 94
[77] 마그리트의 '표절'이라는 그림은 꽃병에 꽂여 있는 꽃 그림 안에 나무를 그려넣었습니다. 두 개의 사물이 공존합니다.

인 의식과 끊임없는 긴장과 이완의 과정을 경험합니다. 이것이 한 화폭에 담겨 있습니다. 이와 같은 구조는 율법에 그리스도를 발견하는 우리의 신앙적 인식과도 닮아 있습니다. 율법을 통하여 들어가는 그 깊은 내면에서 그리스도의 영이 숨 쉬고 있다는 것을 느낍니다. 하나님께서 뱀에게 하신 말씀, 아브라함에게 주신 약속, 모세에게 주신 십계명을 통해 우리는 예수 그리스도의 형상을 봅니다. 그리스도의 영의 숨결을 느낍니다. 그 영의 숨결이 그 약속의 본질이며, 십계명의 본질입니다. 그렇게 이스라엘 역사를 통해 다양한 형태로 드러났지만, 구원의 숨결은 변하지 않고 우리에게 전해졌습니다. 그 구원의 호흡은 말씀 속에서 살아 움직이며, 지금도 우리의 인식 안에서 그리스도의 진리를 드러내고 있습니다.

**성경의 권위**

성경은 하나님께서 작정한 구원의 이야기를 우리에게 들려줍니다. 그 복음은 힘이 있어서 그리스도의 양심을 움직입니다. 이 복음의 확실성이 어떻게 우리 교회를 변혁시켰는지 루터의 이야기를 통해서 상고해 보고자 합니다.

두 개의 포도원이 한 동산 위에 마주하고 있습니다. 왼편은 교황의 포도 밭이고, 오른편은 루터의 포도 밭입니다. 이 두 포도원은 극단적인 대조를 이룹니다. 교황의 포도 밭의 담장은 멧돼지에 의해 파손됐지만, 루터의 포도원 담장은 튼튼합니다. 교황의 포도 밭은 황폐해져 갑니다. 포도나무는 말라비틀어졌고, 그나마 뿌리를 제거합니다. 열매는커녕 돌무더기만 수북합니다. 교황의 밭에서 일하는 농부의 얼굴에서 분노가 느껴집니다. 심지어 우물 안으로 돌을 던집니다. 그들은 농부가 아닌 약탈자처럼 보입니다. 교황의 포도원은 더 이상 소망이 없는 땅으로 변해버렸습니다. 그러나 루터의 포도원은 넉넉한 수확 때문에 기쁨으로 가득합니다. 루터의 포도 밭은 나무가 튼실하고 열매가 풍성하며 농부의 표정에도 희망이 넘쳐 보입니다. 우물에서 맑은 물이 넘쳐흐릅니다.

이 그림은 교황 레오 10세가 보낸 파문 칙서의 멧돼지를 연상시킵니다. 1520년 교황 레오 10세는 루터를 출교하겠다고 파문칙서를 발행했습니다. 이 교서의 이름은 "주님이여 일어나소서"(Exsurge Domine)입니다.

주님이여 일어나소서
주님의 의를 발하소서
당신의 이 교회, 이 포도원을,
숲속에서 나온 야생 돼지가 파괴할 것입니다.
이 흉측한 야생 동물은 교회를 통째로 갉아 먹고 있습니다.

시편 7편 7절의 "여호와여 진노로 일어나사 내 대적들의 노를 막으시며…"와 시편 80편 14절의 "숲속의 멧돼지들이 상해하며 들짐승들이 먹나이다."가 떠오릅니다. 교황은 루터를 교회를 어지럽히는 멧돼지로 여겼습니다. 이어서 1521년 1월 3일, 교황은 41개조에 이르는 교서로 루터를 이단으로 정죄하였고, 그의 문헌을 불에 태우도록 하였습니다. 하지만 이는 어떤 법적 효력을 지니지 못했습니다. 루터는 1521년 3월 보름스로 소환이 확정되었습니다. 사실 루터의 출교가 이미 확정되어 교서가 내려왔기 때문에 카를 5세는 루터에게 벌을 내려야만 했습니다.

1521년 4월 17일, 루터는 황제와 로마 교황 대사 앞에 섰습니다. 황제의 대변인인 요한 폰 데어 에켄(Johann von der Ecken)이 "여기에

루카스 크라나흐, 〈주님의 포도원〉, 1569, 비텐베르크 시교회

있는 책을 직접 쓴 것이 맞는가?"라고 질문했습니다. 루터의 법률 고문 히에로니무스 슈르프(Hieronymus Schurff)는 책의 제목을 불러달라고 했습니다. 폰 데어 에켄이 책과 소책자의 제목을 읽어 내려갔습니다. 그는 루터에게 두 가지의 질문을 던졌습니다. 첫째는, "그대는 여기 책에 적힌 내용을 여전히 지지하는가?"이고, 둘째는 "그대는 이 책들의 주장 가운데 어떤 것이라도 철회할 용의가 있는가?"입니다. 루터는 이 책을 자신이 썼다는 것을 인정한 다음, 두 번째 질문은 하나님의 진리와 믿음, 영혼의 구원에 관한 것이므로 신중히 생각하고 대답할 시간을 달라고 요구합니다. 이에 황제는 루터에게 하루의 시간, 24시간을 줍니다.

죽음 앞에서 주어진 허구의 시간, 무엇을 해야 할까요? 루터는 친구들과 시간을 보낸 뒤, 밤새 어떻게 대답할지 고민했습니다. 그리고 그다음 날 1521년 4월 18일, 그는 다시 의회에 섰습니다. 루터는 마지막 변론을 다음과 같이 끝맺었습니다.

> 제가 성경의 증언이나 명백한 이성에 의해 설득되지 않는 이상, 저는 교황과 공의회의 결정만 믿을 수는 없습니다. 왜냐하면 그들은 종종 오류를 범하며, 자기들끼리도 충돌하기 때문입니다. 저는 저에게 주어진 성경에 굴복하며, 양심은 하나님의 말씀 안에 사로잡혀 있기에, 그 어떤 것도 철회할 수 없으며 그렇게 하고 싶지도 않습니다. 왜냐하면 양심에 반하여 행동하는 것은 안전하지도 건전하지도 않기 때문입니다. 저는 달리 행할 수 없습니다. 제가 여기 서 있습니다. 하나님 저를 도와주소서. 아멘.[78]

---

78   WA 7, 838.

루터의 행동을 따라서 그의 마음 안으로 들어가 봅시다. 자신을 둘러싼 수많은 눈동자는 루터에게 분명 두려움이었습니다. 이 두려움의 자리에서 용기를 낼 수 있도록 추동한 힘은 무엇일까요? 루터는 분명 성경에 의한 설득과 순종에서 용기를 낼 수 있었다고 고백합니다. 성경이 주체가 되어 나를 설득하는 수동적 경험이 용기의 원동력입니다. 그것이 바로 "성경에 굴복한 양심"이자, "하나님의 말씀에 사로잡힌 양심"입니다. 루터는 하나님의 말씀에 붙잡힌 그의 양심의 결단에 따라서 행하였습니다. 하나님의 말씀은 선한 행위를 위한 판단의 기준이자 법칙입니다. 이 규칙은 하나님께서 객관적 규범으로서 우리에게 주셨습니다. 그래서 이것은 우리의 변하지 않는 방향성이자 판단의 기준입니다. 루터는 일 년에 두 번씩 성경 읽기를 몇 년간 지속했다고 합니다.

> 루터는 성경 안에서 그리고 성경과 함께 살았습니다. 성경은 그에게 삶의 거울과 규칙이 되었습니다. 로마 교회와의 싸움에서나 종교개혁자 내부의 싸움에서도 루터가 끊임없이 성경 말씀을 근거로 한 싸움을 원했던 것은 그의 의식이 하나님의 말씀에 사로잡혀 있었음을 보여 줍니다.[79]

누구의 말대로, 루터는 말씀에 붙잡혀 있었기에 자유롭습니다. "하나님과 그의 진리에 묶여 있으므로 자유롭습니다. 바로 그래서 하나님의 말씀에 사로잡힌 양심은 진정으로 자유로운 양심입니다."[80] 그가 말하는 양심의 자유는 하나님을 향해 있는 자유이

---

79  WA 7, 838.
80  M. Welker and B. Hamm, *Die Reformation: Potentiale der Freiheit*(Tübingen, 2008), 69-70.

안톤 폰 베르너, 〈보름스 의회의 루터〉, 1877

며, 하나님 안에서 노는 자유입니다. 이 자유는 하나님의 말씀이라는 놀이터에서의 놀이입니다. 이 틀 안에서 루터의 양심이 선과 악을 판단합니다. 루터의 양심이 지금 어느 방향으로 향해 있는지가 중요합니다. 이 맥락에서 루터는 "좋은 나무가 좋은 열매를 맺는다."라고 그리스도인의 행위의 원칙을 설정했습니다. 이 원칙을 루터의 동역자 크라나흐가 포도원으로 형상화하여 보여 주었습니다. 이 그림은 에스겔서의 포도나무 비유(겔 17:1-10)를 근거로 우리의 행위에 대한 하나님의 심판을 그려냅니다. 열매를 맺지 못하는 포도나무는 땔감으로밖에 쓸 수 없다는 심판의 목소리를 말입니다.

하이델베르크 신앙교육서는 하나님의 율법을 우리 삶의 방향이자 선과 악을 판단하는 기준으로 삼습니다. 그 기준에 따라서 하나님께서 주신 양심이 판단합니다. 하나님께서 주신 양심이 바로 옳고 그름을 판단하는 주체입니다. 우르시누스는 "양심이란 다른 것이 아니라 이 삼단논법-양심이 지성에 따른 확신-이 마음에 형성되는 것이다."[81]라고 정의합니다. 하지만 우리는 율법이 요구하는 행위를 만족할 수 없는 존재이기에, 율법에 따른 행위의 선고는 우리에게 슬픔과 절망만을 안겨 주기 때문에, 복음의 위로가 필요합니다. 우리에게 베풀어지고 우리의 중보자이신 하나님의 아들로 말미암아 죄 씻음을 받기 전에는 그 문제가 해결되지 않습니다. 그 이후로 어쩌면, 더 갈등과 혼돈이 있을 뿐입니다. 1520년 4월, 루터는 목숨이 위태롭다는 경고를 받았을 때 마음이 불안했다고 합니다. "배가 이리저리 흔들리고 있네. 때로는 희망이, 때로는 두려움이 나를 지배하지, 하지만 나는 신경 쓰지 않네."[82]라고, 고백했으

---

81   우르시누스, 『하이델베르크 요리문답해설』, 77.
82   스콧 헨드릭스, 손성현 옮김, 『마르틴 루터-새 시대를 펼친 비전의 개혁자』 (서

니까요! 바울이 로마서에서 '오호 나를 곤고한 자'라고 말하는 것과 같습니다.[83] 투명 인간으로 변하는 의사가 비텐베르크에 와서 죽일 것이라는 소문으로 흉흉했으니, 마음이 불안한 것이, 어쩌면 당연합니다. 우리는 내면의 싸움을 지속합니다. 폭풍 속의 배입니다. 방향을 찾지 못해 흔들립니다. 시편 기자처럼 "어느 때까지입니까?"라고 부르짖습니다. 하나님 앞에서 항변합니다. 배는 정박지에 머물 때 가장 안전합니다. 그러니 우리는 정박지를 찾아야 합니다. 이 길은 명확합니다. 하나님의 말씀이 우리에게 지시하고 계시니까요! 하나님의 말씀은 정박지까지 가는 길의 객관적 지표입니다. 그러므로 우리의 양심은 오롯이 하나님의 말씀에 붙잡혀 있어야 하며, 명백한 논증에 따라서 확신의 자리에 있어야 합니다.

우리의 삶은 시작함과 전진함으로 구성되어 있으며, 완전에 도달함은 여기 속한 것이 아닙니다. 성령에 가장 가까이 다가선 사람이 더 나은 해석자입니다. 만일 내가 달에 겨우 도달했다고 해도, 나는 내가 달을 움켜쥔 유일한 사람이라고 생각하지 않을 것이며, 다른 작은 별을 내려다보지도 않을 것입니다. 삶과 행동에는 여러 단계가 있는데, 이해라고 하여 어찌 그런 단계가 없겠는가? 사도[바울]께서도 우리가 영광에서 영광으로 변화될 것(고후 3:18)이라고 말씀하십니다.[84]

---

울: IVP, 2017), 199.
83  로마서 7장의 바울이 중생 이전인지, 아니면 그 이후의 고백인지에 대한 논의는 신약학자 사이에서 분분하다. 루터는 바울의 로마서 7장을 중생 이후에도 여전히 죄의 유혹으로 흔들리는 그리스도인으로 이해하였다.
84  핸드릭스, 『마르틴 루터-새 시대를 펼친 비전의 개혁자』, 234.

여기에서 분명 루터의 관심이 옳고 그름을 판단하는 윤리적 판단 기준으로서 양심을 언급하고 있지 않습니다. 분명한 것은 그가 진리에 대한 최고의 권위에 대한 복종입니다. 성경 안에 있는 복음을 의미합니다. 당시 논쟁의 중심은 누가 성경을 해석하고 그 안에 담긴 시의적절한 진리를 분별할 수 있느냐의 문제였습니다. 성경 해석의 주제로 교황이 아닌 그리스도인을 중심으로 세웁니다. 하나님의 말씀 앞에서 확실한 것은 바로 성경이 가르치는 것, 성경이 말하는 것, 즉 복음뿐입니다. 성경의 권위는 복음에 기원합니다. 이 복음이 하나님의 신적 권위이며 이 권위가 성도가 하나님의 말씀에 귀를 기울이게 하는 힘입니다.

**20-21문**

# 신앙 고백의 기둥, 참된 믿음

우리는 아담의 죄로 인해 하나님과의 관계가 단절되었습니다. 하지만 하나님께서는 우리를 위한 구원의 역사를 시작하셨습니다. 에덴동산에서 아담과 하와가 추방될 때, 하나님께서는 그들에게 예수 그리스도를 예표 하셨습니다(창 3:15). 하나님의 계획안에서 선포된 구원의 메시지는 구약 시대에 족장을 통해서, 그리고 모세의 율법을 통해서 이 땅에 나타내셨습니다. 제사장의 율법의 의식과 희생 제사를 통하여 예수 그리스도의 십자가를 예표하셨습니다. 하나님께서는 아들 예수님을 이 땅에 보내어 우리를 위한 구원의 사역을 감당하게 하셨습니다. 예수 그리스도께서는 이 땅에서 기꺼이 십자가에서 피 흘리심으로써 그 사명을 감당하셨습니다. 하나님께서는 십자가에서 우리의 구원을 위한 제물이 된 예수 그리스도를 살리셨습니다. 예수 그리스도께서 십자가에서 죽음의 권세를 이기셨습니다. 예수 그리스도는 구약의 약속이 자신을 통해서 성취되었음을 제자에게 가르치셨습니다. 하나님께서는 우리를 위한 영원한 구원의 이야기, 즉 예수 그리스도의 복음을 선포하셨습니다. 그 복음의 이야기가 성경에 기록되었습니다. 성경은 예수 그리스도의 구원 이야기를 전하는 유일한 책입니다. 여기에 성경이 지닌 신적 권위가 있습니다.

## 참된 믿음: 그리스도 연합

> 20문  그러면 아담 안에서 모든 사람이 멸망한 것처럼 그리스도를 통하여 모든 사람이 구원받습니까?
>
> 답  아닙니다. 참된 믿음으로 그리스도에게 접붙여지고 그의 모든 호의를 받아들이는 사람만 구원을 받습니다.
>
> 21문  참된 믿음이란 무엇입니까?
>
> 답  참된 믿음은 확실한 지식입니다. 나는 하나님께서 그의 말씀으로 계시하신 모든 것이 참되다고 확신합니다. 이뿐만 아니라 참된 믿음은 진정한 신뢰입니다. 이것은 성령이 복음을 통해서 내 속에서 일으키시는 것입니다. 이것은 하나님께서 죄 사함, 즉 영원한 의와 구원을 다른 사람에게뿐만 아니라 나에게도 제공하십니다. 오직 순수하게 은혜로만, 오직 그리스도의 공로만으로 그렇게 하십니다.

성경이 전하는 예수 그리스도의 구속 이야기는 널리 알려졌습니다. 이제 우리에게는 하나의 질문이 남아 있습니다. 그것은 바로 "그 구원의 이야기가 어떻게 나의 이야기가 되는가?"란 질문입니다. 하나님께서 예수 그리스도를 통해서 성취한 구원의 역사는 성경에 기록되어 우리에게 전해졌습니다. 그렇다면, 이 구원의 이야기가 어떻게 나의 이야기로 적용될 수 있을까요? 우리가 어떻게 실제로 구원의 길에 들어서게 될까요? 하이델베르크 신앙교육서 20문은 이러한 질문에 대해 이렇게 묻습니다.

> 20문  모든 사람이 아담을 통해서 잃어버렸던 것처럼 다시 그리스도를 통해서 구원을 얻게 됩니까?
> 답  아닙니다. 오히려 오직 참된 믿음을 통해서 그[그리스도]에게 접붙여지고 그의 모든 호의를 받은 자만이 그렇습니다.

이 질문을 읽으면 우리는 로마서 5장 15절의 바울의 말이 떠오릅니다. "… 곧 한 사람의 범죄를 인하여 많은 사람이 죽었은즉 더욱 하나님의 은혜와 또한 한 사람 예수 그리스도의 은혜로 말미암은 선물은 많은 사람에게 넘쳤느니라." 한 사람(아담)이 죄를 범함으로써 온 인류가 죄의 나락에 빠졌습니다. 이처럼 한 사람(예수 그리스도)을 통해서 온 인류가 구원을 얻게 되는지를 질문하는 건, 어쩌면 자연스러운 대칭 구조를 지닌 질문입니다.[85] 하지만 하이델베르크 신앙교육서의 대답은 단호합니다. "그렇지 않습니다." 아담을 통해 죄가 들어온 것은 모든 인류에게 영향을 미쳤지만, 그리스도를 통해 구원을 받기 위해서는 조건이 있습니다. 그것은 바로 그리스도와의 연합입니다. 그리스도에 접붙여진 자만이 구원의 자리에 들어설 수 있습니다. 바로 이 연합이야말로 우리 구원의 보증

---

85  하나님의 작정에 따른 예정론으로 이어집니다. 예정론에 둔 유기된 자에 대한 논쟁은 종교개혁 이후 17세기 주요 논쟁으로 등장하였습니다. 이 논쟁에서 대안으로 가설적 만인구원론의 토대를 만들었습니다.

이며, 우리의 칭의와 영광, 모든 위로의 근거입니다.

바로 여기에서 성령의 역할이 중요하게 드러납니다. 성령께서 우리에게 주시는 선물은 바로 예수 그리스도와 우리를 연결하는 끈입니다. 이 끈이 참된 믿음입니다.

> 그리스도께서는 오직 성령의 사역으로 우리와 연합시킵니다. 이 성령의 역사를 통하여 우리가 그리스도의 몸의 지체가 되며 그리스도는 그의 생명으로 우리를 먹이시고 또한 그리스도를 우리 자신의 것으로 소유합니다.[86]

성령 하나님께서 우리를 그리스도와 연합하게 하십니다. 그 연합으로 우리는 그리스도와의 영적 교제에 들어가게 됩니다. 이 교제가 우리 구원을 위한 확신의 토대이며 보증입니다. 우리는 성령이 주시는 참된 믿음을 통해서 그리스도와의 영적 교제를 나누는 그리스도의 지체가 됩니다.[87] 이것이 바로 하이델베르크 신앙교육서가 우리에게 주는 위로입니다. "이 위로의 골자는 우리가 믿음으로 말미암아 그리스도와 연합하며, 그를 통하여 우리가 하나님과 화목하게 되며 또한 그에게 사랑을 받으며, 그리하여 그가 우리를 영원토록 구원하시고 보살"피는 데 있습니다.[88] 이 위로는 하나님의 작정에서 이루어진 은혜입니다. 하나님께서는 그리스도 안에서 구원을 성취하십니다. 성령은 우리를 불러 그리스도와 연합하게 하십니다. 이 연합은 하나님께서 주시는 은혜의 선물이며, 이

---

86   칼빈, 『기독교강요』, 3.1.3.
87   칼빈, 『기독교강요』, 3.2.24.
88   우르시누스, 『하이델베르크 요리문답해설』, 61.

은혜는 우리에게서 참된 믿음으로 나타납니다.

**믿음의 대상: 예수 그리스도**

하이델베르크 신앙교육서에서는 하나님의 호의를 받아들이는 자에게 유일한 위로의 선물인 참된 믿음을 주신다고 가르칩니다. 그렇다면 하나님의 호의로 주어진 참된 믿음은 우리에게 어떻게 나타날까요? 우선, 우리는 하나님의 호의로 주어진 성령을 통해서 새사람이 됩니다. 이 성령이 우리 안에서 어떻게 행하시는지, 그 경험이 궁금합니다. 사도행전 16장에 기록된 바울과 실라의 이야기를 통해서 이 경험이 우리에게 어떻게 나타나지 살펴보고자 합니다. 바울과 실라는 기도하러 가는 중, 점을 치는 능력을 지닌 귀신 들린 여자를 만납니다. 성경은 이 귀신 들린 여인이 바울과 실라가 지나다닐 때마다 "이 사람들은 지극히 높은 하나님의 종으로서 구원의 길을 너희에게 전하는 자라."(행 16:17)고 소리쳤다고 기록합니다. 놀랍게도, 이 여인만이 바울과 실라가 누구인지 정확히 알고 있었습니다. 그런데 바울과 실라는 이 귀신 들린 여인으로 말미암아 "마음이 심히 괴로웠다."고 전합니다(행 16:18). 이상합니다. 귀신이 바울과 실라를 정확하게 알고 선포했는데, 왜 바울은 심히 괴로웠을까요? 왜 바울은 며칠 동안이나 그 여인을 그냥 두고, 즉시 귀신을 쫓아내지 않았던 걸까요?[89]

---

[89] 17절에서 귀신 들린 소녀가 외친 "지극히 높은 하나님의 종"이라는 말은 오해의 소지가 있다고 합니다. 하나님이라는 말은 당시 제우스에게도 사용되었던 말입니다. 최고의 신을 지칭하기 때문입니다. 둘째, "구원의 길을 너희에게 전하는 자라."는 말에서 구원이라는 단어에 대한 오해입니다. 유대인에게 구원은 죄로부터의 구원을 뜻하지만, 이방인에게는 사람과 물질세계를 다스리고 있는 권세로부

우선, 이 일이 일어난 곳은 로마 제국의 도시인 빌립보였습니다. 이곳은 로마 제국의 신을 섬기는 도시입니다. '지극히 높으신 신'이라는 표현은 종종 제우스를 가리키는 말로 사용되었습니다. 또한, 여인이 외친 '구원'이라는 단어 역시 기독교에서 말하는 죄로부터 구원이 아닌, 물질적· 사회적 해방이나 권력으로부터의 구제를 뜻합니다.[90] 이러한 문화적 배경에서 귀신 들린 여인의 외침은 오히려 오해를 불러올 수 있었습니다. 귀신 들린 여인이 외치는 그 소리로 인해, 빌립보의 시민이 바울과 실라를 제우스를 전하는 자로 오해할 수 있었던 것이지요. 바울과 실라는 예수 그리스도를 통한 죄로부터의 구원을 전하려 했지만, 귀신들린 여인의 외침은 복음의 본질을 흐리게 하고, 사람에게 잘못된 이미지를 줄 위험이 있었습니다. 바울이 괴로워했던 이유는 바로 여기에 있습니다. 복음이 중심이 되어야 하는데, 귀신들린 여인의 외침이 복음을 가리는 도구가 될 수 있었기 때문입니다. 그래서 바울과 실라는 한동안 그녀의 외침을 묵인한 채 조용히 지나쳤던 것으로 보입니다.

그러나 시간이 흐르며, 바울은 마음속 불편함을 넘어서 이제는 분명히 드러내야겠다는 결단을 하게 됩니다. 드디어 바울은 여인을 향해 분명하게 "예수 그리스도의 이름으로 그에게서 나오라." (행 16:18)라고 선포합니다. 그때 여인에게서 놀라운 일이 벌어집니다. 귀신이 "즉시" 여인에게서 나옵니다. 여인은 귀신에게서 해방되고, 진정한 자유를 얻게 됩니다. 이 장면은 바울과 실라가 자신들이 예수 그리스도를 전하는 자임을 분명히 드러내는 순간이기도 합니

---

터 해방된다는 뜻입니다. 당대의 빌립보의 주민이 이렇게 이해하고 있기에 바울과 실라의 정체를 혼란스럽게 했기 때문이라 여겨집니다.

90  Kenneth O. Gangel, *Holman New Testament Commentary Acts*, 16:16-18, 1998 [Logos].

다. 그들은 로마의 제우스가 아니라 예수 그리스도를 믿는 자임을, 그리고 죄에서 자유롭게 할 구원자 예수 그리스도를 전하는 자임을 드러냈습니다. 하지만 이 사건을 새로운 문제를 불러옵니다. 귀신들린 여인의 주인이 화를 내기 시작한 것입니다. 이유는 단순합니다. 여인이 점을 칠 수 없게 되자 경제적 수익이 끊겼기 때문입니다. 이에 분노한 주인은 바울과 실라를 장터로 끌고 갔습니다. 주인은 관리에게 "이들[바울과 실라]은 유대인인데 우리 성을 심히 요란"(행 16:20)하게 했다고 고소했습니다. 그러나 실상은, 바울과 실라는 단지 기도하고, 귀신 들린 여인의 병을 고쳐주었을 뿐입니다. 이 일이 성을 요란하게 할 일인지 의구심이 듭니다. 주인은 로마 사람이 "받지도 못하고 행하지도 못할 풍속을 전한다."(행 16:21)라고 고소하였습니다. 이 로마인이 받지 못하고 행하지 못할 풍속은 분명 바울이 전하는 복음, 예수 그리스도의 구속 이야기입니다.

복음과 로마인의 풍속에는 무슨 차이가 있을까요? 로마 사람은 수많은 신을 섬기고 있었습니다. 로마제국은 각 지방의 신을 로마제국의 신으로 받아들이는 정책을 통해, 하나의 통일된 국가를 형성할 수 있었습니다. 그 실례가 만신전입니다. 만신전(萬神殿, Pantheon)은 모든 신이 거하는 전을 뜻합니다.[91] 로마인은 바울과 실라가 전하는 예수 그리스도의 복음을 자신들이 "받지도 못하고 행하지도 못할 풍속"이라고 비난했습니다. 로마인이 섬기는 신과 기독교의 하나님은 분명히 다르니까, 로마인의 기독교를 향한 비

---

91  만신전을 나타내는 판테온(Pantheon)은 판(pan)과 테온(theon)을 결합한 단어입니다. 판은 '모든'을 뜻하고 테온은 '신'을 의미합니다. 판테온은 모든 신을 뜻합니다.

난은 일견 타당해 보입니다. 로마의 수많은 신은 인간보다 뛰어난 능력을 갖추고 있으나, 인간과 별반 다르지 않습니다. 로마의 신은 인간처럼 화를 내기도 하고 슬퍼하기도 합니다. 그리고 눈으로 볼 수 있는 신입니다.[92] 그리고 로마 사람은 황제를 반신반인(半神半人)의 신으로 여겼습니다. 그래서 황제의 동상을 만들어 그 앞에 절했습니다. 로마 사람이 바울과 실라가 전하는 하나님에 대해서, 그리고 예수 그리스도의 복음에 대해서 이해하지 못하는 것은 어쩌면 자연스러운 일이었습니다. 로마의 관리도 당연히 바울과 실라가 전하는 이야기를 이해할 수 없었습니다. 로마의 상관은 바울과 실라의 옷을 벗기고 매로 치라고 판결했습니다. 상관의 판결에 따라서 바울과 실라는 매를 맞고 감옥에 갇혔습니다. 그들은 도망하지 못하게 발에 차꼬를 채운 상태로 감옥에 갇혀 있어야 했습니다. 그곳에서 바울과 실라는 하나님께 기도했습니다. 그리고 하나님께 찬양을 올렸습니다.

이 모습을 본 간수는 어떤 마음이 들었을까요? 분명히 이상하게 느꼈을 것입니다. 바울과 실라는 억울하게 매를 맞고 갇혔습니다. 그런데 기쁨으로 찬양을 부르고 있습니다. 고통 중에도 즐겁게 찬양하는 모습은 간수에게 매우 낯설고도 충격적인 장면이었을 것입니다. 그날 밤, 지진이 일어납니다. 성경에 따르면 옥터가 흔들리고, 옥문이 다 열리며, 모든 사람의 매인 것이 다 벗어졌다

---

92 빌립보 지역의 신은 그리스인의 신화 속 뱀인 비단뱀은 아폴로 신전을 지키고 있었습니다. 서기 50년경에는 비단뱀이 예언하는 귀신 들린 사람을 묘사할 때 비단뱀이라는 단어를 사용했습니다. 이교도 장군은 전쟁에 나가기 전에 '비단뱀의 영혼'을 가진 사람과 상담하곤 했는데, 이런 비단뱀에 홀린 노예 소녀를 소유하는 것은 주인에게는 금광과도 같은 일이라고 합니다. Kenneth O. Gangel, *Holman New Testament Commentary Acts*, 16L16-18, 1998 [Logos].

고 합니다(행 16:26). 잠에서 깬 간수는 옥문이 열린 것을 보고 죄수가 다 도망했겠다고 단정했습니다. 자연스러운 추론입니다. 죄수란 감옥에서 벗어날 날을 기다리며 살기 때문이지요. 그러니 옥문이 열렸을 뿐 아니라 차꼬까지 풀려 자유의 몸이 되었으니, 그들이 감옥 안에 머물러 있을 리 만무하지 않습니까! 그들은 멀리 도망쳤을 겁니다. 간수는 절망에 빠졌습니다. 자신이 맡은 책무를 다하지 못했다는 자책과 두려움이 그를 짓눌렀습니다.

지진은 자연재해입니다. 인간의 영역을 넘어서 일어나는 사건입니다. 간수의 책임이 아니라는 말입니다. 그런데 간수는 죽음을 선택합니다. 칼을 빼서 자결하려고 합니다. 왜 스스로 목숨을 끊으려고 했을까요? 그 이유는 아마도 로마인이 믿는 신의 특성과 연관이 있다고 여겨집니다. 로마의 신은 인간이 정성을 다해 섬기면, 그 정성에 상응하여 복을 내려주는 존재였습니다. 일종의 기브 앤 테이크(Give-and-Take), 주고받는 원칙이 명확한 종교 체계였습니다. 로마의 시민은 자신의 직무를 성실히 수행할 때에 신의 은총을 받을 수 있다고 믿었습니다. 반대로 직무를 소홀히 하거나 실패하면, 신과 황제의 진노와 형벌을 피할 수 없다고 여겼습니다. 간수는 자신이 죄수를 지키는 책임을 다하지 못했다고 여겼고, 그에 대한 처벌과 신의 저주를 두려워했던 것입니다. 그래서 그는 스스로 죽음을 택하려 한 것입니다.

간수가 목숨을 끊으려고 하자, 바울은 "네 몸을 상하지 말라 우리가 다 여기 있노라."라고 소리쳤습니다. 그제야 간수는 등불을 달라고 하며 뛰어 들어가 바울과 실라 앞에 엎드려 질문을 던집니다.

선생들이여 내가 어떻게 하여야 구원을 받으리이까?(행 16:30)

간수는 바울과 실라에게 구원을 얻는 방법을 묻습니다. 간수는 바울과 실라가 믿는 신이 궁금했습니다. 그들은 다른 죄수와 달랐습니다. 매를 맞고 들어왔음에도 기도하고 찬양했습니다. 바울과 실라는 불안해하거나 두려워하지 않았습니다. 이들은 오히려 평안했습니다. 이뿐 아닙니다. 지진으로 탈출할 기회가 주어졌는데, 바울과 실라는 도망하지 않았습니다. 바울과 실라는 왜 도망하지 않았을까요? 꼬리에 꼬리를 무는 질문이 일어납니다. 바울과 실라를 비롯하여 감옥에 있는 모든 죄수가 도망하지 않았습니다. 바울이 간수에게 "네 몸을 상하게 하지 말라 우리가 다 여기 있노라."라는 외쳤으니까요! 감옥에 있는 다른 죄수도 탈출하지 않았다니, 놀랍습니다. 바울과 실라의 기도와 찬양이 감옥의 죄수를 변화시키는 힘이 되었습니다.[93] 위기의 상황에서 무엇을 우선순위에 두어야 하는지, 하나님께서 맡겨주신 사명의 길을 묵묵히 걸어간다는 것이 무엇을 의미하는지 배우게 됩니다.

바울과 실라는 지진으로 인해 도망할 기회를 포기하고 감옥 안에 머물렀습니다. 간수는 바울과 실라가 믿는 하나님이 궁금했습니다. 다른 사람의 처지를 염려하고 목숨을 구해준 그들의 용기에 더욱 놀랐습니다. 고난의 시간임에도 불구하고 찬양을 드리는 인내와 평안은 어디에서 온 건지 궁금했습니다. 바울과 실라가 믿는 믿음의 대상이 알고 싶었습니다. 간수도 이 참담한 상황에서 구원받기를 원했습니다. 그래서 그는 바울에게 어떻게 구원을 얻을 수 있는지 묻습니다. 이에 바울은 간수에게 대답합니다.

---

93　이 놀라운 변화가 일어난 것은 지진을 하나님의 임재를 나타내는 상징으로 해석하기도 합니다.

주 예수를 믿으라 그리하면 너와 네 집이 구원을 받으리라(행 16:30).

바울은 이 땅의 고난에서 우리를 구원할 자가 예수 그리스도 이심을 명확하게 선포합니다. 간수는 바울과 실라가 신뢰한 예수 그리스도 앞에 무릎을 꿇었습니다. 그리고 간수는 예수 그리스도의 증인으로써 복음을 듣고, 전하기 시작합니다(행 16:32). 간수의 구원에 대한 확신은 개인을 넘어서, 그의 가족 전체로까지 이어졌습니다.

바울과 실라는 귀신 들린 여종이 외친 대로 "지극히 높은 하나님의 종으로서 구원의 길"을 전하는 자였습니다. 그는 감옥에 있는 죄수에게, 그리고 감옥을 지키는 간수에게 구원을 길을 보여주었습니다. 간수도 만신전 중의 한 신(神)-그리스 신화의 비단뱀으로 아폴로 신전을 지키는 신-을 믿었습니다.[94] 그리고 황제의 보호 아래에서 살았습니다. 바울과 실라, 그리고 간수는 신을 믿었습니다. 하지만 지진이라는 예기치 못한 사건에 이들의 반응이 다릅니다. 왜 이런 차이가 생긴 것일까요? 우선, 그들이 믿는 믿음의 대상이 달랐습니다. 바울과 실라가 믿는 믿음의 대상은 예수 그리스도였습니다. 예수 그리스도는 하나님과 우리를 화해시킨 분이셨습니다. 간수가 믿는 신은 간수가 행한 그 행위에 보답하는 신이었습니다. 그에게 전적으로 은혜를 베푸는 신이 아니었습니다. 둘째, 믿음의 내용도 달랐습니다. 바울과 실라가 믿은 예수 그리스

---

94 빌립보 지역의 신은 그리스 신화에 나오는 피톤(뱀 또는 용과 같은 존재, 점을 치는 악령)으로 아폴로 신전을 지켰다고 합니다. 서기 50년경에는 뱀이 예언하는 귀신 들린 사람을 묘사할 때 이 단어를 사용했다고 합니다. 장군이 전쟁터에 나가기 전에 비단뱀의 영혼을 가진 자와 대화를 했다고 합니다. Kenneth O. Gangel, *Holman New Testament Commentary Acts*, 16:16-18, 1998 [Logos].

도는 기꺼이 하나님의 뜻을 따라 십자가에서 죽으심으로, 우리를 죄에서 자유케 하신 분이었습니다. 예수님의 희생은 우리를 위한 은혜의 선물이었고, 그로 인해 우리는 참된 자유인이 되었습니다. 그러나 간수가 믿는 만신전의 신은 자신을 위해 목숨을 내놓지 않은 신이었습니다. 오히려 간수가 신과 황제를 위해 자신의 목숨을 바쳐야만 했습니다. 이처럼 서로 다른 신을 믿고 있었기에 그들의 삶에 대한 태도와 반응이 다를 수밖에 없었습니다.

**바울의 회심**

바울은 고난의 자리에서 당당하게 예수 그리스도를 전했습니다. 그렇다면 바울의 확신은 어디에서 비롯된 것일까요? 바울은 원래 예수님을 믿는 사람을 박해하는 자였습니다. 그날도 바울은 예수를 믿는 자들을 핍박하기 위해서 다메섹으로 가는 길에 있었습니다. 그 길에서 하늘로부터 홀연히 밝은 빛이 그를 둘러 비추었습니다. 그 빛으로 인해 그는 땅에 엎드려졌고 하늘로부터 들려오는 소리에 귀를 기울였습니다. "사울아 사울아 네가 어찌하여 나를 박해하느냐?"(행 9:4)는 예수님의 목소리를 들었습니다. 놀란 바울은 "주여 누구시니이까."라고 묻습니다. 이에 "나는 네가 박해하는 예수라 너는 일어나 시내로 들어가라 네가 행할 것을 네게 이를 자가 있느니라."(행 9:5-6)하셨습니다. 이 음성은 바울에게만이 아니라 바울과 함께 동행하던 주변에 있는 자들에게도 들렸습니다. 하지만 "같이 가던 사람들은 소리만 듣고 아무도 보지 못하여 말을 못하고 서 있었습니다."(행 9:7). 주님은 바울에게만 직접 빛으로 나타나셨습니다. 땅에 엎드려진 바울이 일어났지만, 눈을 떴을 때 아무것도 보이지 않았습니다. 그는 시력을 잃은 상태로 사흘 동안 아무 것도 보지 못한 채 지냈습니다. 이 시간 동안, 바울은 어떤 마음이었을까요?

하나님께서는 그 시간 바울을 위해서 일하고 계셨습니다. 주님께서 아나니아라는 제자에게 말씀하셨습니다: "일어나 직가라 하는 거리로 가서 유다의 집에서 다소 사람 사울이라 하는 사람을 찾으라 그가 기도하는 중이니라."(행 9:11). 아나니아는 바울의 명성을 익히 알고 있었기에 망설입니다. 그는 주님께 "주여, 이 사람이 예루살렘에서 주의 성도들에게 얼마나 악한 일을 했는지 제가 들었습니다. 그는 여기서도 주의 이름을 부르는 자들을 결박할 권한을 대제사장들에게서 받았습니다."(행 9:13-14)라고 고했습니다. 이에 주님께서 "가라 이 사람은 내 이름을 이방인과 임금들과 이스라엘 자손들에게 전하기 위하여 택한 나의 그릇이라 그가 내 이름을 위하여 얼마나 고난을 받아야 할 것을 내가 그에게 보이리라."(행 9:15-16)라고 명하셨습니다. 아나니아는 주님의 명에 따라서 바울을 찾아가 그를 위해서 기도합니다. 아나니아가 "형제 사울아 주 곧 네가 오는 길에서 나타나셨던 예수께서 나를 보내어 너로 다시 보게 하시고 성령으로 충만하게 하신다."(행 9:17)라고 말씀을 전합니다. 그때 사울의 눈에서 비늘 같은 것이 떨어져 나갔고, 그는 다시 보게 되었습니다(행 9:18). 놀라운 회복이 일어난 순간이었습니다. 주님께서 아나니아를 보낸 목적은 두 가지입니다. 첫째는 사울의 눈을 뜨게 하기 위해서입니다. 둘째는, 사울을 성령으로 충만하게 하기 위함입니다(행 9:17). 바울은 즉시 세례를 받고, 주의 사명을 감당하기 위해서 길을 떠납니다.

바울은 놀라운 경험을 통해서 그리스도를 만났습니다. 그리고 그는 예수님의 복음을 세상에 전하는 전도자로서의 사명을 받았습니다. 이 변화는 바울의 결단으로 이룬 것이 아닙니다. 이 사건은 외부의 강력한 그 무엇이 바울에게 들어옴으로써 이루어진 의도치 않은 일입니다. 이는 성령께서 주시는 선물입니다. 바울은 예수 그리스도를 만난 이후, 어떤 어려움에서도 흔들리지 않는 굳건한 믿음을 소유하게 되었습니다. 바울은 첫째, 하늘에서 홀연히 빛이 자신을 비추는 것을 경험했습니다. 이 빛이 사방을 비추고 번개처럼 강렬하게 비추었기 때문에 영혼 깊숙한 곳까지도 파고들었습니다. 이 빛이 그의 존재와 세계관을 흔들며 근본적인 변화를 일으켰습니다. 이 사건은 우연한 사건이 아니라, 역사의 주인이고 만물의 주인이신 하나님께서 계획한 초월적인 현상이었습니다. 둘째, 이 기이한 현상으로 바울과 함께 있었던 사람에게도 소리가 들렸지만, 아무것도 보지 못했다는 사실입니다.[95] 오직 바울에게만 예수님이 나타나셨고, 이는 매우 개인적이고도 독특한 만남이었습니다. 셋째, 바울은 그 자리에서 균형을 잃고 쓰러졌습니다. 이는 단순한 육체적 반응이 아니라, 예수 그리스도 앞에서의 전적인 항복을 상징합니다. 넷째, 아나니아의 기도를 통해 바울의 눈이 다시 열립니다. 하나님께서는 아나니아라는 동역자를 통해서 일하셨습니다. 바울은 이 손길을 통해서 성령의 충만함을 받고, 마침내 사명의 길에 들어섭니다.

이 바울의 개종 이야기의 주인공은 바울입니다. 하지만 그는 이 이야기에서 주체가 아니라 수동적인 존재로 머물러 있을 뿐입니다. 하늘에서 갑자기 빛이 내렸고 소리가 들렸습니다. 이 사건으로

---

[95] 사도행전 22장 9절에서 "나와 함께 있는 사람들이 빛은 보면서도 나에게 말씀하시는 이의 소리는 듣지 못하더라."라고 합니다. 이것으로 사울과 동행했던 이들도 사울과 같이 같은 것을 보고 들었어야 했습니다. 하지만 이상한 현상을 경험하면서도 본 것 같기도 하고 들은 것 같기도 하여 애매한 말을 하고 있는 것으로 보아 전승이 두 가지 형태로 있었던 것으로 보입니다.

사울은 보지 못하게 되었습니다. 아나니아가 그에게 찾아가 눈을 뜨게 하였습니다. 이 이야기는 우리에게 두 가지 중요한 메시지를 전해줍니다. 첫째, 바울의 삶을 변화시키신 주체는 하나님이십니다. 하나님께서 사울을 선택하셨고 이방인을 위한 선교로 그 사명의 자리로 부르셨습니다. 이처럼 그리스도인의 삶은 하나님의 계획에 따라서 이루어집니다. 우리는 하나님의 부르심 앞에 응답하는 존재일 뿐입니다. 둘째, 이 이야기에서 아나니아의 역할에 주목할 필요가 있습니다. 그는 이야기의 중심은 아니지만, 그의 사역이 없었다면 바울은 존재하지 않았을 것입니다. 아나니아는 하나님의 명령 앞에서 두려움을 느꼈지만, 그 두려움을 딛고 순종의 용기로 나아갔습니다. 그가 자신의 사명을 감당했기에, 바울은 하나님께서 맡기신 위대한 선교의 여정을 시작할 수 있었습니다. 하나님의 일에는 크고 작음이 없습니다. 하나님께서는 우리 각 사람을 통해서 그의 계획을 이루어가실 뿐입니다.

**참된 믿음**

하이델베르크 신앙교육서는 참된 믿음을 어떻게 가르치는지 21문을 통해서 살펴보고자 합니다.

> 참된 믿음은 확실한 지식입니다. 이것을 통해서 나는 하나님께서 그의 말씀으로 계시하신 모든 것이 참되다고 확신합니다. 이뿐만 아니라 참된 믿음은 진정한 신뢰입니다. 이것은 성령이 복음을 통해서 내 속에서 일으키시는 것입니다. 이것은 하나님께서 죄 사함, 즉 영원한 의와 구원을 다른 사람에게뿐만 아니라 나에게도 제공하십니다. 오직 순수하게 은혜로만, 오직 그리스도의 공로만으로

그렇게 하십니다.

하이델베르크 신앙교육서는 참된 믿음을 우선, 확실한 지식이라고 합니다. 이 지식의 확실성은 우선, 지식의 원천인 하나님께 있습니다. 하나님께서 계시하신 모든 말씀이 그분 자신의 진리이며, 오류 없는 신적 권위를 담고 있습니다. 하나님께서 직접 자신의 구원을 계시하셨으며, 이 계시는 성경 속에 담긴 예수 그리스도의 구속 이야기로 나타납니다. 이 구원의 이야기는 우리에게 역사적이고 객관적 실재로 전해졌습니다. 둘째, 하나님께서 계시한 구원 이야기는 우리가 "말씀 안에 뿌리내리고 말씀을 더 잘 깨닫고 더욱 깊이 묵상"하게 합니다. 우리는 "성경의 증언 속에서 순수하게 다가오는 형상을 지니신 그리스도를 붙잡습니다." 우리는 이 지식이 확실하다는 확신에 이릅니다. 이 지식은 모든 의심을 배제합니다. 이 확신은 모든 의심을 초월하게 하는 동시에 우리를 결코 절망에 빠뜨릴 수 없습니다.[96] 이 확신의 주체가 인간이 아니라 하나님의 영이며, 하나님 아버지의 권위에 의존하기 때문입니다. 그러므로 우리는 하나님께서 이 확실한 믿음을 은혜로 우리에게 주심을 감사해야 합니다.

하이델베르크 신앙교육서가 말하는 참된 믿음은 또한 굳건한 신뢰입니다. 이 신뢰는 성경의 주체이신 하나님께서 말씀하셨다는 사실에서 출발합니다. 성경의 주체이신 하나님께서 나에게 말씀하셨고, 그 말씀을 통해 나와 관계를 맺으셨으며, 나의 아버지가 되셨다는 사실에서 신뢰가 시작됩니다. 이처럼 변하지 않으시는 하나님, 신실하신 하나님께서 나와 함께하신다는 사실은, 우리

---

96  바빙크, 『믿음의 확실성』, 58.

에게 깊은 기쁨과 평안을 줍니다. 이 기쁨에 머무는 자는 결코 하나님 아버지와의 관계를 가볍게 여기지 않습니다. 이것이 과학적 확실성과 구분되는 지점입니다. 갈릴레오 갈릴레이(Galileo Galilei, 1564-1642)는 지구가 태양 주위를 회전한다는 과학적 지식을 확신했습니다. 하지만 그는 가톨릭의 종교재판에서 자신의 과학적 신념을 세 번이나 철회하였습니다. 형벌에 대한 두려움이 더 컸기 때문입니다. 지구가 회전한다는 이 명제로 자신의 목숨을 내놓는 자가 어디 있겠습니까? 하지만 아버지 하나님께서 베푼 그리스도의 구원 사역에 붙잡힌 자는 기꺼이 자신의 목숨을 내놓습니다. 당시 수많은 종교개혁자와 신앙의 선배는 신앙을 위해서 자신의 목숨을 걸었던 것을 기억할 필요가 있습니다. 그들은 분명하게 알았습니다. 자신의 믿음을 지키는 일이 비록 이 땅에서는 자기의 목숨을 내놓는 일일지라도, 마지막에 자신을 지키는 일이라는 것을! 이 믿음에 머무는 것이 최고의 안식과 평안과 자유를 얻는 길이라는 것을 말입니다. 이 믿음을 지킨 자는 어떠한 유혹과 위협 앞에서도 흔들리지 않습니다. 죽음 앞에서도 두려워하지 않습니다. 바빙크는 이 믿음은 하늘에 빛이 빛나는 태양의 확실성보다도 더욱 강하다고 표현하였습니다. 그래서 그는 르네 데카르트(René Descartes, 1596-1650)의 명제로 유명한 "나는 생각한다. 그러므로 나는 존재한다."(cogito ergo sum)를 철학적 사유의 확실성으로 삼은 것에 빗대어, 신앙인은 "나는 믿는다. 따라서 나는 존재한다. 그러므로 하나님이 존재하신다."(Credo, ergo sum, ergo Deus est)라고 고백해야 한다고 주장했습니다.[97]

참된 믿음은 "진리를 담는 근거"가 아닙니다. 또한 "지식이 흘러나오는 근원"도 아닙니다. 믿음은 "객관적이며 자기 스스로 존재

---

97   바빙크, 『믿음의 확실성』, 65.

하는 진리를 인식하는 영혼의 기관입니다." 우리는 하나님의 영께서 성경과 함께, 성경과 더불어 가르치는 진리를 깨닫습니다. 하나님의 영이 가르치는 진리를 전인격적으로, 온몸으로 받아들입니다. 이때 우리는 하나님의 영 안에서 주체(나)와 객체(진리)의 일치를 경험합니다. 이 일치는 우리의 사유 능력이나 지적 작용을 배제하지 않습니다. 오히려 성경에 기록된 하나님의 구원 역사를 읽고 해석하는 사유의 과정을 통해, 우리는 진리에 대한 확신에 이르고, 그 진리를 입술로 고백하게 됩니다. 이러한 인식의 과정은, 진리를 가르치는 하나님을 신뢰하고, 그 가르침이 확실하다는 신뢰의 고백으로 이어집니다. 그래서 "믿음은 믿는 사람이 하나님의 말씀이라는 우물로부터 생명수를 길어 나르는 두레박과 같습니다. … 태양이 하늘에서 빛을 내는 것만으로는 충분하지 않습니다. 우리가 태양의 빛을 바라보기 위해서는 눈이 필요합니다."[98]라는 비유가 성립됩니다. 믿음은 진리를 만들어내지 않지만, 진리를 보게 하고 받아들이게 하는 통로입니다.

하이델베르크 신앙교육서는 사도신경으로 넘어가는 길목에서, 신앙인이 가져야 할 두 축을 19문과 21문에서 가르칩니다. 한 축은 19문의 성경이고, 다른 한 축은 21문의 참된 믿음입니다. 이 두 문답을 연결하는 20문에서는, 성령께서 주시는 참된 믿음이, 성경이 가르치는 예수 그리스도와 우리를 하나로 연합시키는 결과를 낳는다는 사실을 설명합니다. 이 연합은 하나님의 호의로 우리에게 주어진 선물입니다. 이 일치를 우리는 그리스도와의 연합이라고 부릅니다. 이 연합이야 말로 그리스도인의 존재론적 변화이자, 실존적 결단입니다. 그렇기 때문에 구원의 문이 모든 사람에게 열

---

98  바빙크, 허동원 옮김, 『믿음의 확실성』 (고양: 우리시대, 2019), 130.

려있는 것은 아닙니다. 구원은 영원 전 하나님의 선택에 근거한 은혜의 역사이며, 이 선택은 제한적이며 신비한 하나님의 작정에 속해 있습니다. 하이델베르크 신앙교육서는 이를 "성령께서"-외부에서-"복음을 통해서"-매체를 통해서-내 안(마음)에 일으키는 것이라고 합니다. 이것은 전적으로 "하나님의 은혜로만" 이루어지는 성령의 사역입니다. 이 은혜와 선택은 신비이며, 우리에게 설명을 요구하지 않는 절대적인 하나님의 주권입니다. 결론적으로, 하이델베르크 신앙교육서의 두 축인 성경과 참된 믿음은 그리스도와의 연합이 가져다주는 은혜의 선물로 이어집니다. 이 연합은 하나님의 주도적인 구원 계획 속에서 성령을 통해 우리에게 적용된 구원입니다.

부록

# 하이델베르크 신앙교육서

# Catechismus

Oder
Christlicher Vnderricht/
wie der in Kirchen vnd Schu-
len der Churfürstlichen
Pfaltz getrieben
wirdt.

Gedruckt in der Churfürstli-
chen Stad Heydelberg/ durch
Johannem Mayer.
1563.

하이델베르크 신앙교육서
(Heidelberger Katechismus, 1563)

**하이델베르크 신앙교육서**

## 왜 여전히 읽어야 하는가

하이델베르크 신앙교육서(Heidelbaerg Katechimus)는 신성로마제국 "팔츠"(Pfalz)영방(領邦, 제후국)[1]의 성도를 위해 만들어진 교리문답서입니다. 1563년에 처음 출판되었고, 1564년부터 팔츠의 수도 하이델베르크는 개혁 신앙의 중심지가 되었습니다. 이 신앙교육서가 도르트 총회(Synod of Dordt, 1618-1619)[2]에서 개혁교회의 신앙교육서로 채택되었으니까요! 도르트 총회는 하이델베르크 신앙교육서를 "기독교 정통 교리의 아주 정확한 개요"(admodum accuratum Orthodoxae doctrinae Christinae compendium)라고 높이 평가했습니다.[3] 그러므로 우리는 하이델베르크 신앙교육서를 배우고 다음 세대에 전수해야 합니다.

하이델베르크 신앙교육서가 출판되자마자 개혁교회의 주춧

---

1  신성로마제국은 300여 개의 제후국으로 이루어져 있습니다. 각 제후국은 독립적 권한을 가지고 있고 신성로마제국은 제후국의 집합체로서의 정치 체제를 가지고 있습니다.
2  트리엔트는 이탈리아 북부에 위치한 도시로 로마 가톨릭교회가 프로테스탄트의 종교개혁에 대항하여 연 교회회의입니다.
3  이남규,『우르시누스 올레비아누스-하이델베르크 요리문답서의 두 거장』(서울: 익투스, 2017), 238.

돌이 된 것은 아닙니다. 당시 신성로마제국은 1555년 체결된 아우크스부르크 평화협정에 따라, 루터파와 로마 가톨릭만 공식 종교로 인정하였습니다. 즉, 칼빈주의를 따르는 개혁교회의 신앙은 이단으로 정죄되었습니다. 1563년, 신성로마제국의 황제 페르디난트 I세(Ferdinad I, 재위 1556-1564)는 하이델베르크 신앙교육서를 아우크스부르크 평화협정의 범위에서 벗어났다고 경고를 보냈습니다. 하이델베르크 신앙교육서에 대한 반대는 점점 거세졌고, 1566년 아우크스부르크 제국의회에서 최고조에 다다랐습니다. 이러한 반발은 트리엔트 공의회(로마 가톨릭의 반종교개혁 회의) 이후 황제가 새로 제정한 법령 때문이었습니다. 이 법은 루터파 제후(선제후)와 기사에게 종교의 자유를 허용했기 때문입니다. 황제 막시밀리안 2세(Maximilian II, 1527-1576)는 팔츠의 선제후[4] 프리드리히 3세(Friedrich III, 1515-1576)에게 새로운 교회법과 교리문답서를 포기하라고 명령했습니다. 하지만 프리드리히 3세는 죽음을 앞두고 다음과 같이 고백합니다.

> 나는 오직 한 주님만 섬깁니다. 그래서 황제의 명령에 복종할 수 없습니다. 하나님의 말씀에 근거하여 양심을 팔 수 없으며, 내 신앙을 포기할 수 없습니다.

그는 황제 앞에서 당당하게 자신의 신앙을 증언했고, 그의 연설은 하이델베르크 신앙교육서가 아우크스부르크 신앙고백서에서 벗어나지 않았다는 평가를 받기에 부족함이 없었습니다. 하지만 그 결단의 대가는 컸습니다. 프리드리히 3세는 신성로마제국 내 루터파 진영으로부터 고립되는 정치적 불이익을 감내해야만 했

---

4　황제를 투표할 수 있는 권리를 가진 제후를 의미한다.

팔츠의 선제후 프리드리히 3세
(Friedrich III, 1515-1576)

습니다.[5]

하지만 하이델베르크 신앙교육서는 신성로마제국을 넘어 유럽 전역의 개혁교회로 널리 퍼져나갔습니다. 그 이유를 다섯 가지로 정리할 수 있습니다.

먼저, 하이델베르크 신앙교육서는 딱딱하고 어려운 신학적 용어가 아닌 성경의 용어로 신앙의 내용을 설명했기 때문에 성도가 이해하기에 쉬웠습니다. 둘째, 이 신앙교육서는 개혁교회의 신학적 특징인 예정, 언약, 섭리의 교리를 가르치고 있기 때문입니다.[6] 당시

---

5   이남규, 『우르시누스 올레비아누스-하이델베르크 요리문답서의 두 거장』, 234-235.

6   Herman Selderhuis, "The Heidelberg Catechism and the unity of the reformed churches," 43.

트리엔트 공의회
(Council of Trent, 1545-1563)

정치적, 종교적 압박에도 이 핵심교리를 포기하지 않고 담아냈습니다. 셋째, 하이델베르크 신앙교육서는 '나와 너'의 관계(Ich-Bezogenheit)에서 질문하고 답하는 형식으로 구성되어 있습니다. 이는 단순한 지식 전달이 아닌, 가르치는 자와 배우는 자의 인격적 관계를 의미합니다. 이 과정은 학습자가 내용만 배우지 않고 자신의 신앙도 고백하는 데까지 이르게 합니다.[7] 넷째, 이 신앙교육서는 논리적 구조로 이루어져 있을 뿐만 아니라, 아름다운 운율로 되어 있어서 청소년이 암송하기에 매우 적합합니다. 이 신앙교육서를 작성할 때부터 다음 세대를 위한 교육적 효과를 염두에 두었습니다. 다섯째, 하이델베르크 신앙교육서가 처음에는 독일어로 작성되었지만, 곧바로 유럽의 공용어인 라틴어로 출판되었습니다. 그래서 이 신앙교육서는 빠르게 유럽 여러 나라의 개혁교회로 퍼져 나갈 수 있었습니다. 이 다섯 가지 특징 덕분에, 하이델베르크 신앙교육서는 지역 교리문답서를 넘어 개혁교회의 공통된 신앙고백서로 자리 잡을 수 있었습니다.

하이델베르크 신앙교육서는 네덜란드 개혁교회에 가장 큰 영향을 끼친 교리문답서였습니다. 당시 네덜란드의 개혁교회 성도는 에스파냐와의 독립전쟁으로 박해를 피해 팔츠의 프랑켄탈(Frankenthal)로 피난하였습니다. 이들은 하이델베르크 신앙교육서를 자신의 신앙교육서로 받아들이고, 이를 적극적으로 보급하기 시작했습니다.

---

[7] 이것이 교리교육의 목적입니다. 이 과정에서 우리는 첫째, 하이델베르크 신앙교육서가 가르치는 교회의 전통을 배우면서 나 자신이 전통과 하나님의 말씀의 전수자임을 확인합니다. 둘째, 하이델베르크 신앙교육서를 배움으로써 교회의 가르침과 나의 신앙의 일치를 확인합니다. 셋째, 이 과정에서 나 자신이 교회의 지체이자 전통을 다음 세대로 계승해야 함을 확인합니다. 이로써 개혁교회의 전통과 나의 신앙고백의 일치(동일)가 믿음 안에서 생기(生起)하는 것을 체험합니다.

1567년 데벤터(Deventer)에 있는 인쇄소에서 하이델베르크 신앙교육서 1,000부를 인쇄하여 안트베르펜(Antwerpen)으로 보냈습니다.[8] 그 결과, 1568년 베젤(Wesel)에 모인 네덜란드 지도자들이 하이델베르크 신앙교육서를 네덜란드 개혁교회의 공식 교리문답서로 채택하기로 결정했습니다. 이 결정은 1571년 엠덴회의에서 다시 확인되었고, 1618-19년 도르트총회에서 하이델베르크 신앙교육서를 전 개혁교회의 공식 신앙교육서로 확정하였습니다.

하이델베르크 신앙교육서는 프랑스어로도 번역되었는데, 이는 프랑스어를 사용하는 네덜란드 발도파 공동체를 위한 것이었습니다. 독일에 머물던 발도파를 위해 1607년에는 독일어와 프랑스어를 나란히 편집한 대조본도 출판되었습니다. 발도파는 종교개혁 이전부터 성경 중심의 신앙을 지켜온 공동체로, 종교개혁자들과도 깊이 연대하고 있었습니다. 특히, 칼빈의 사촌 올리베탕(Olivétan)이 1535년에 프랑스어로 성경을 번역하자 발도파는 재정적으로 이를 지원했습니다. 이 성경 번역본의 서문을 칼빈이 직접 작성했지요. 발도파의 그리스도인은 하나님의 말씀을 사모하여 종교개혁자의 성경번역 사역을 후원하였습니다. 하나님께서는 사람의 달란트를 사용하셔서 함께하는 교회개혁의 길을 보여주셨습니다.

이외에 스코틀랜드 교회는 1591년, 하이델베르크 신앙교육서를 자국에서 출판하였습니다. 에든버러에서 인쇄된 판본에는 "스코틀랜드에서 사용하기 위해서 왕의 공인을 받았다."는 내용이 명시되어 있습니다. 이는 하이델베르크 신앙교육서가 스코틀랜드에서도 공식적인 교리문답서로 채택되었음을 보여줍니다. 다뉴브(도나우) 상부지역 개혁교회는 하이델베르크 신앙교육서를 일찍 받아

---

8   이남규, 『우르시누스 올레비아누스-하이델베르크 요리문답서의 두 거장』, 236.

들였습니다. 이후 1646년 헝가리 개혁교회총회는 모든 교회가 하이델베르크 신앙교육서를 사용하도록 결정하였습니다. 헝가리에서는 이미 1577년 번역 출판한 바 있습니다. 이후 1607년에는 시편 찬송과 함께 신앙교육서를 출판하여 예배와 교육에 함께 활용했습니다. 또한 1600년 이후에는 라틴어와 헬라어를 나란히 편집한 책도 출판하여, 고전어 교육에도 도움을 주었습니다. 이처럼 하이델베르크 신앙교육서는 독일과 네덜란드를 넘어 스코틀랜드, 헝가리, 동유럽까지 확산되며 개혁신앙의 기틀을 다지는 초석이 되었습니다. 단지 교리교육서의 의미를 넘어서 개혁교회의 정체성과 연합을 이루는 중심 문서로 자리매김하게 된 것입니다.[9]

---

9  18세기 후반부터 계몽주의의 영향으로 하이델베르크 교리 설교는 점차 자리를 잃었습니다. 19세기에 들어서 특히 1817년 루터교회와 개혁교회의 연합이 여러 곳에서 시작되면서 하이델베르크 교리문답 설교는 급격히 약화하였습니다. Willem J. op't, "Die Predigt des Heidelberger Katechismus", Handbuch Heidelberger Katechismus, 86.

하이델베르크 신앙교육서

# 어떻게 작성되었나

## 종교개혁의 길목에서

1555년 체결된 아우크스부르크 평화협정으로 하이델베르크는 종교개혁을 본격적으로 추진하게 됩니다. 이 평화협정은 '그 지역의 통치자가 선택한 종교를 그 지역의 주민이 따른다'(cuis regio, eius religio)를 기반으로 합니다. 즉, 제후가 로마 가톨릭이나 루터파, 둘 중의 하나를 선택하면 그 지역의 모든 주민은 해당 종교를 받아들여야만 했습니다. 팔츠의 선제후 오트하인리히(Ottheinrich, 1502-1559, 재위 1556-1559)가 즉위하자, 이 협정에 따라서 팔츠 지역은 공식적으로 종교개혁을 단행하였습니다.

그 이전에도 종교개혁을 향한 열망이 없었던 것은 아닙니다. 팔츠 지역의 선제후였던 프리드리히 2세(Friedrich II, 1544-1556)는 종교개혁의 씨앗을 뿌렸습니다. 그는 종교개혁자의 설교를 공식적으로 허용하지 않았지만, 종교개혁의 정신에 기반한 설교를 암묵적으로 승인했습니다. 이뿐 아닙니다. 1545년 성찬식에서 놀라운 일이 일어납니다. 이 성찬식에서 프리드리히 2세와 궁중 고관들은 떡과 포도주를 모두 받았습니다. 당시 로마 가톨릭에서 일반 신자는 떡만 받을 수 있었고, 포도주는 사제만 받는 것이 일반적이었습니다. 정치적으로 높은 선제후와 고관이 포도주까지 함께 받았다는 것은, 종교개혁의 성찬 이해, 즉 이종배찬을 수용했다는 강력한 증거입니다. 이 사건은 프리드리히 2세가 종교개혁의 핵심 정신을 받아들이고, 교회개혁의 방향을 어느 정도 허용했음을 보여줍니다. 프리드리히 2세는 종교적 차원을 넘어 정치적 차원에서도 개혁 진영을 지지했습니다. 1546-1547년에 발발한 슈말칼텐 전쟁(Schmalkaldischer Krieg) 때, 그는 프로테스탄트 제후의 군사동맹인 슈말칼텐연맹을

아우크스부르크 제국의회
(Peace-of-augsburg, 1555)

지원하며 군사를 파견했습니다. 그러나 이 전쟁에서 신성로마제국의 황제 카를 5세가 승리하였고, 프리드리히 2세는 그에 대한 배신의 대가를 치러야 했습니다. 카를 5세는 프리드리히 2세에게 '선제후의 지위를 유지하고자 하면 자신 앞에서 세 번 무릎을 꿇고 용서를 빌라'고 요구했습니다. 프리드리히 2세는 선제후로서 자신의 정치적 지위를 보전하기 위해서 황제 앞에 무릎꿇었습니다.

이제 오트하인드리히는 팔츠 지역에서 본격적으로 종교개혁을 단행하기 시작했습니다. 그는 우선 예배개혁을 단행했습니다. 1556년 4월 16일, 오트하인리히는 로마 가톨릭의 미사를 금지하는 임시 명령(1556.4.16.)을 내렸습니다. 이어서 새로운 교회법도 반포했는데, 이 교회법은 사실상 1553년 프리드리히 2세 통치 시절에 뷔르템베르크에서 시행된 교회법을 바탕으로 한 것이었습니다. 프리드리히 2세가 뿌린 개혁의 씨앗이, 오트하인리히에 의해 꽃을 피웠습니다. 그는 이렇게 팔츠 교회의 기초를 확고히 세웠습니다. 이제 남은 것은 대학 개혁입니다. 그는 개혁신학의 토대를 세우기 위해 유능한 신학자 틸레만 헤스후스(Tilemann Heshus, 1527-1588), 토마스 에라스투스(Thomas Erastus, 1524-1583), 피에르 보퀴누스(Pierre Boquinus, 1518년 이전-1582)를 초빙하였습니다. 오트하인리히는 신학과 교육의 기반을 다지며 종교개혁의 열매를 맺기 위한 토양을 충실히 준비했습니다.

그러나 하이델베르크 대학은 신학적 갈등이라는 도전에 직면하게 됩니다. 이 사건은 학생 스테판 실비우스(Stephan Silvius)의 박사학위 취득을 위한 방어식에서 일어났습니다. 당시 신학부 학장이었던 헤스후스는 "주의 만찬에서 단순한 표를 받아들이는 츠빙글리의 오류"라는 제목을 학생 실비우스에게 주었습니다. 그러나 실비우스는 이 논문 제목을 받아들일 수 없었습니다. 그는 성만찬에 대한 츠빙글리의 해석, 즉 상징설을 따르고 있었기 때문입니다. 이

프리드리히 2세
(Friedrich II, 1544-1556)

오트하인리히
(Ottheinrich, 1502-1559)

하이델베르크 구대학(Old University Heidelberg)

갈등은 종교개혁 내부의 깊은 신학적 차이를 드러내는 사건이었습니다. 이 논쟁의 핵심은 예수 그리스도의 피와 몸이 성찬의 떡과 포도주에 어떻게 임재하시는가였습니다. 이 방식에 따라서 네 가지 주요 입장으로 나뉘었습니다. 로마 가톨릭은 떡과 포도주가 실제로 그리스도의 몸과 포도주로 변한다는 화체설을 가르칩니다. 루터파는 공재설로, 그리스도의 몸과 피가 떡과 포도주에 함께 존재한다고 가르칩니다. 칼빈파는 성령 안에서 예수 그리스도의 몸이 실제로 임재한다는 영적임재설을 가르칩니다. 이와 달리 츠빙글리파는 떡과 포도주가 그리스도의 몸과 피를 상징한다고 가르칩니다. 루터파와 칼빈파, 츠빙글리파[10]는 종교개혁을 주도한 프로테스탄트로, 이들 모두 로마 가톨릭의 화체설을 반대했습니다. 이제 성찬의 떡과 포도주를 어떻게 해석하는가는 프로테스탄트 진영의 과제로 주어졌습니다. 특히 루터의 성만찬 해석(공재설)과 칼빈의 성만찬 해석(영적 임재설)을 따르는 이들의 긴장과 갈등이 심화되었습니다. 종교개혁이라는 공통의 과제를 짊어졌으나, 신학적 입장에서 차이를 드러내었지요. 이 갈등이 하이델베르크의 종교개혁이 막 시작된 시점에서 외적으로 표면화된 것이 실비우스의 사건입니다. 이 사건은 안타깝게도 오트하인리히가 마무리 짓지 못하고 숨을 거두어, 팔츠의 선제후가 된 프리드리히 3세에게로 고스란히 넘겨졌습니다.

---

10   성만찬 해석은 루터파, 칼빈파, 츠빙글리파 세 그룹으로 나뉩니다. 이 세 그룹은 이후 신학 회의 과정을 거치면서 루터주의자, 칼빈주의자, 츠빙글리주의자로 나타납니다.

### 더 나은 종교개혁으로!

선제후 프리드리히 3세는 오트하인리히의 뒤를 이어 즉위하자마자, 하이델베르크에서 벌어진 성만찬 논쟁을 해결해야 했습니다. 이 논쟁은 단지 한 학생의 논문 제목을 둘러싼 문제가 아니라, 이미 오트하인리히가 종교개혁을 추진하면서 내부에 품고 있던 신학적 갈등이 표면화된 것이었습니다. 오트하인리히는 교회와 대학의 개혁을 위해 뛰어난 신학자를 초빙했습니다. 하지만 그는 정치가였지, 신학자가 아니었기 때문에, 종교개혁자들이 서로 다른 성만찬 해석을 가지고 있다는 사실을 깊이 인식하지 못했습니다. 오트하인리히가 초빙한 헤스후스는 루터파의 공재설을, 에라스투스는 츠빙글리파의 기념설을, 보퀴누스는 칼빈주의자로서 영적 임재설을 지지했습니다.

성만찬 해석에 따른 신학적 갈등은 새로운 것이 아니었습니다. 이미 1529년 마르부르크 회담에서 루터와 츠빙글리는 성찬 해석을 두고 충돌하였습니다. 이후 이 문제는 유럽 전역에서 프로테스탄트 진영 내부의 분열 요인으로 남았습니다. 칼빈은 상징설을 주장하는 츠빙글리파와의 화합을 시도하였고, 그는 1549년 불링거와 함께 성만찬 해석의 일치를 도출하여 취리히협의서(Consensus Tigurinus)를 작성했습니다. 루터주의자는 이 합의서를 반대했습니다. 루터파는 취리히협의서를 지지하는 자를 경멸의 의미로 '칼빈주의자'라고 부르며 공격했습니다. 이 시기 유럽 전역은 성만찬 해석 문제로 인해 긴장과 분열의 상황에 놓여 있었습니다. 선제후 오트하인리히는 언제 터질지 모르는 불화의 씨앗을 품에 안고 종교개혁을 단행했던 것이지요. 실비우스로 시작된 성만찬 논쟁은 잠재된 갈등이 밖으로 표출된 사건이었습니다.

프리드리히 3세는 성만찬 문제를 해결해야만 했습니다. 그는 당시 신성로마제국의 종교개혁을 이끌었던 핵심 인물 필리프 멜란히톤(Philipp Melanchton, 1497-1560)에게 특사를 보내 자문을 구했습니다. 멜란히톤은 루터의 동역자이자 독일 종교개혁의 중추적 인물로 신학적으로 온건하고 조율 능력이 뛰어난 인물이었습니다. 멜란히톤은 고린도전서 10장 16절에 따라서 성찬의 유익은 그리스도의 몸과 연합하는 데 있다고 답변했습니다.

> [사도바울은] 교황파처럼 떡의 본성(naturam panis)이 변한다고 말하지 않습니다. 브레멘파처럼 떡이 그리스도의 본성적 몸(substantiale corpus)이라고도 말하지 않습니다. 헤스후스처럼 떡이 그리스도의 참된 몸(verum corpus)이라고 하지 않습니다. 그러나 교통(koinonia)이 일어납니다. 즉 그리스도의 몸과 연합(consocietio cum corpore)합니다. 이 연합은 [성만찬 예식] 실행에서 생기는데, 마치 쥐들이 떡을 씹어 먹는 것처럼 지각없는 것이 아닙니다…. 거기서 확실히 믿는 자에게 효과가 있습니다. 그리고 떡 때문이 아니라 사람 때문에 함께 하십니다…. 그러나 이 유익에 대해 참되고 단순한 교리를 어떤 이들은 변장한 것이라고 하면서, 마치 떡 때문에 이 성례가 세워지고 교황의 예배가 세워지는 것처럼 몸이 떡 안에 있는지 또는 떡의 나타남에 있는지 말해지기를 요구합니다. 나중에 그들은 몸이 어떻게 떡에 포함되었는지를 생각해 냈는데, 어떤 이들은 변화를, 어떤 이들은 본질 변화를, 어떤 이들은 [몸의] 편재를 생각해 냈습니다.[11]

멜란히톤의 편지에서 첫째, 사도 바울이 가르치는 성만찬에 대한 이해는 로마 가톨릭의 화체설이 아니라는 사실을 분명하게

---

11  Menanchithon, Iudicium de Controversia Coenae Domini(Heidelberg, 1560), p. A,2-3.

했습니다(교황파). 둘째, 루터파에서는 성만찬에 대한 다양한 해석이 있다는 것을 알 수 있습니다. 루터파의 한 분파인 브레멘파는 성찬의 떡과 포도주에 예수 그리스도의 몸과 피의 '실체'(substanz)가 함께 한다는 의미(본질변화)로 이해하였습니다. 헤스후스는 떡과 포도주가 예수 그리스도의 참된 몸으로 함께 한다(편재, uniquität)는 의미로 이해하였습니다. 멜란히톤은 성경을 근거로 명확하게 강한루터파 헤스후스와 로마 가톨릭교회, 브레멘파의 이해를 거절하고, 칼빈주의자의 해석에 가까운 입장을 지지하였습니다. 멜란히톤의 답장은 개혁파에 큰 힘을 실어주었고, 프리드리히 3세에게 신학적 지침이 되었습니다. 그는 멜란히톤의 답장을 근거로 하여, 성찬에 대한 입장을 칼빈주의적 해석, 즉 영적 임재설로 방향을 정하려 했습니다. 하지만 헤스후스는 강하게 반대했습니다. 그는 멜란히톤의 입장도 공개적으로 비판했을 뿐만 아니라, 그를 반박하는 책까지 저술하며 저항했습니다. 이처럼 성만찬 논쟁은 단순한 신학 논쟁을 넘어서, 팔츠 지역의 교회가 개혁을 위해서 나아가야 할 전체 방향을 흔드는 중대한 위기였습니다.

프리드리히 3세는 이 논쟁을 끝내고 본격적인 개혁의 길로 나가고자 했습니다. 하지만 그를 막는 가장 큰 걸림돌은 다름아닌 자신의 아내 마리에(Marie von Brandenburg-Kulmbach, 1519-1567)였습니다. 그녀는 확고한 루터파 신자였으며, 남편 프리드리히 3세가 개혁신학으로 기울어지는 것을 매우 걱정했습니다. 그녀는 이를 마귀의 유혹으로 여기며, 자기의 사위에게 자기 남편을 설득해 달라고 부탁했습니다. 사위 역시 장인 프리드리히 3세가 이단에 빠지고 있다고 판단하고, 그녀의 요청을 받아들였습니다.[12] 사위는 결혼식에 루터

---

12    이남규, 『우르시누스 올레비아누스-하이델베르크 요리문답서의 두 거장』, 122.

파 신학자 요한 슈토셀(Johann Stössel)과 막시밀리안 뫼를린(Maximilian Mörlin)을 데리고 왔습니다. 결혼식은 졸지에 루터주의와 칼빈주의 신학자가 맞붙은 토론의 장이 되었습니다. 이 논쟁에서 칼빈주의 대표로 신학자 에라스투스가 나섰습니다. 보퀴누스는 프랑스 사람이라 독일어에 익숙하지 않았기 때문입니다. 에라스투스는 그리스도의 참된 몸에 참여하는 것은 우리의 영을 위한 것이지, 몸을 위한 양식이 아니라는 것을 설득력 있게 설명하였습니다. 논쟁을 지켜본 프리드리히 3세는 이 해석이 성경에 더 합당하다는 확신을 갖게 되었습니다.

성만찬 논쟁을 거치면서 프리드리히 3세는 진정한 교회개혁을 위하여 바른 교리를 가르쳐야 할 필요를 느꼈습니다. 그는 팔츠 지역의 교회에서 로마 가톨릭교회의 잔재를 없애고 개혁신앙에 따라 예배와 교리를 정비할 필요성을 느꼈습니다. 이를 위해 그는 예배모범과 교회법을 정비하고, 바른 내용을 체계적으로 가르칠 교리문답서를 작성하기로 결심합니다. 이 노력이 하이델베르크 신앙교육서로 결실을 보게 되었습니다.

### 동역의 아름다움: 우르시누스와 올레비아누스

성만찬 논쟁 이후, 루터파 신학자 헤스후스는 대학에서 더 이상 가르치지 못하게 되었습니다. 하이델베르크 대학은 규칙에 따라 신학부 교수진을 재구성할 필요가 생겼습니다. 기존에 교의학을 맡았던 보퀴누스가 신약을 담당하여 구약과 교의학을 맡을 새로운 교수를 청빙해야 했습니다. 프리드리히 3세는 구약 교수로 유대인이면서 개혁신학으로 개종한 임마누엘 트레멜리우스(Immanuel Tremielius, 1510-1580)를 초빙했습니다. 트레멜리우스는 칼빈이 제네바아

D.ZACH. VRSINUS SS.THEOL.DOCT.
REGENS COLI SAPIENT. HEIDELB.

우르시누스
(Zacharias Ursinus, 1534-1583)

올레비아누스
(Caspar Olevianus, 1536-1587)

카데미 설립할 때, 교수로 초빙하려고 했던 인물이었습니다. 그때는 제후의 거절로 제네바로 갈 수 없었지만, 지금은 하나님의 은혜로 갈 수밖에 없게 되었습니다. 트레멜리우스는 하이델베르크 신앙교육서를 히브리어로 번역하였고, 이는 유대인 선교를 위한 중요한 업적이 되었습니다.[13] 교의학은 카스파르 올레비아누스(Caspar Olevianus, 1536-1587)에게 맡겼습니다. 그는 당시 신학박사 학위가 없었음에도 불구하고 프리드리히 3세의 전폭적인 신뢰로 교수로 초빙되었습니다. 당시 대학 규칙에 따르면, 교수는 신학박사학위가 있어야 하기 때문이지요. 하지만 신학박사학위가 없어도 신학 교수로 초빙할 정도였으니, 프리드리히 3세의 신뢰가 남다르다는 걸 알 수 있습니다. 올레비아누스가 교수로 임용된 4개월 후 학위를 받았지만 말입니다.

사실 프리드리히 3세와 올레비아누스는 특별한 인연이 있습니다. 올레비아누스는 프리드리히 3세의 아들인 공자 헤르만 루드비히(Herman Ludwig)와 그의 가정교사 유덱스와 함께 부르주 가까이에 있던 강가를 산책하였습니다. 산책하는 도중에 술 취한 독일 귀족 학생들과 마주쳤습니다. 이들은 함께 배를 타고 강을 건너가자고 제안했습니다. 올레비아누스는 거절하였으나, 루드비히와 그의 가정교사는 배에 올랐습니다. 배에 탄 학생들이 배를 흔들며 장난치다가 배가 뒤집히면서 모두 물에 빠지고 말았습니다. 가정교사 유덱스는 루드비히를 끌고 강가로 가려고 했으나 가라앉고 말았습니다. 올레비아누스도 뛰어들어 구조를 시도했지만, 진흙 바닥에 빠져 생명이 위태롭게 되고 말았습니다. 그는 하나님께 살려달라고 기도했습니다. '하나님께서 살려주신다면, 고향 트리어(Trier)로

---

13   이남규,『우르시누스 올레비아누스-하이델베르크 요리문답서의 두 거장』, 128.

돌아가서 복음을 전하겠다'고 서원하였습니다. 이때 놀라운 일이 일어납니다. 주인을 구하려고 급하게 도착한 하인이 올레비아누스를 주인으로 착각하고 구조했던 것이지요. 약속대로 트리어에서 종교개혁을 주도하다 추방된 올레비아누스를 하이델베르크로 데려왔습니다. 프리드리히 3세는 또 다른 동역자 자카리아스 우르시누스(Zacharias Ursinus, 1534-1583)를 초빙하기 위해 스위스 취리히의 종교개혁자 불링거(Heinrich Bullinger, 1504-1575)에게 두 번이나 연락했습니다. 이때 우르시누스는 브레슬라우(지금은 폴란드의 도시)에서 종교개혁을 시도하던 중 로마 가톨릭과의 갈등으로 사역을 중단하고, 취리히에 직책도 없이 머무르고 있었습니다.[14] 그는 고향 브레슬라우 시의회가 부르면 바로 돌아오겠다고 약속했었기 때문에, 처음에는 하이델베르크의 초청을 정중히 거절하였습니다. 하지만 일 년 넘게 아무런 연락이 없었고, 경제적 어려움과 사역을 하지 못하는 상황은 우르시누스를 더욱 지치게 만들었습니다. 그는 개혁교회를 세우고 싶었고, 특히 학생을 가르치고 싶은 열망이 컸습니다. 결국 우르시누스는 프리드리히 3세의 두 번째 초청을 받아들여 하이델베르크로 가기로 결정합니다. 프리드리히 3세는 팔츠의 종교개혁에 필요한 인재를 구하는 일에 삼고초려를 마다하지 않았습니다. 우르시누스가 하이델베르크에 도착했을 때는 이미 개혁의 방향대로 일을 추진할 준비가 되어있던 터라 그의 학문적 달란트는 팔츠

---

14 우르시누스가 브레슬라우에서 종교개혁을 단행하면서 로마 가톨릭과 예배, 성만찬, 축귀의식 등으로 논쟁에 있었습니다. 이때 이 지역의 프로테스탄트 목사를 추방하고 로마 가톨릭 사람으로 대치하라는 명령이 내려졌습니다. 이로 브레슬라우에서도 목사를 감옥에 가두고 추방하는 일이 일어났습니다. 이런 상황에서 우르시누스는 공식적으로 일을 그만두고 시의회가 다시 부르면 오겠다는 약속을 한 상태에서 취리히에 와 있던 상황이었습니다. 이남규, 이남규, 『우르시누스 올레비아누스-하이델베르크 요리문답서의 두 거장』, 63-64.

개혁의 큰 축으로 더욱 빛을 발하게 되었습니다.

프리드리히 3세는 개혁을 멈추지 않고 더 나은 개혁을 위해서 적재적소에 인재를 배치하는 탁월한 리더쉽을 발휘했습니다. 연구와 가르치는 일에는 재능이 있으나 설교를 항상 두려워한 우르시누스에게는 하이델베르크 대학의 일을 맡겼고, 학문적 능력이 부족한 건 아니지만 설교에 더 큰 재능을 보여준 올레비아누스에게 하이델베르크의 중심 교회인 성령교회(Heiliggeistkirche)의 설교직을 맡겼습니다.

교회개혁의 길은 혼자서 걸어갈 수 없습니다. 프리드리히 3세는 함께 할 동역할 자를 찾아다녔고, 찾은 뒤에는 같이 일하기 위해 삼고초려도 마다하지 않았습니다. 그는 올레비아누스를 초빙할 뿐만 아니라 일할 공간도 마련해 주었습니다. 하나님의 일을 위해 자기 물질을 아낌없이 사용하는 것, 그것은 하나님께서 그에게 주신 은사였습니다.

# 하이델베르크 신앙교육서

## 왜 작성하였나

하이델베르크 신앙교육서는 당시 팔츠의 교회 상황에 따른 응답이었습니다.

하이델베르크는 이미 종교개혁을 단행했습니다. 선제후 프리드리히 2세와 오트하인리히가 진리를 향한 교회 개혁을 시도했지만, 열매는 맺지 못했습니다. 프리드리히 3세는 여기에서 멈출 수 없었습니다. 그는 개혁을 향한 열망을 멈추지 않고 더 나은 개혁을 향해 발걸음을 내디뎠습니다: "여러 가지 면에서 합당하고 진지한 노력이 시행되지 않았고, 열망했던 열매가 나타나지 않았다."

당시 팔츠의 학생들은 신앙 교육의 장(場)인 학교와 교회에서 교리를 배우지 못했습니다. 그들은 교리에 진지하지 않았고, "확실하고 하나된 교리문답서" 없이, 각자의 판단에 따라 선악을 구분하였습니다. 학생들은 교회의 합의인 교리의 권위를 소홀히 하고 자의적 해석과 판단을 더 높이 평가한 결과, "하나님에 대한 경외와 말씀에 대한 지식이 없이" 무분별하게 되었습니다. 하나의 일치된 교리를 교육받지 못하니 쓸모없는 질문과 이질적인 교리의 유혹에 신앙이 흔들렸습니다. 교리교육이 올바르게 시행되지 못하는 상황은 팔츠 교회의 신앙적 위기였기에 하이델베르크 신앙교육서의 작성하였습니다.

프리드리히 3세는 하이델베르크 신앙교육서를 통해서 "바름"과 "같음"의 목적을 회복하기를 원했습니다. 팔츠의 교회는 하나님의 말씀에 기초한 신앙고백으로 바른 교리를 가르치려고 했고 신앙의 통일성과 공동체의 연합을 이루려 했습니다. 이 두 가지는 하나님을 경외하고, 말씀을 아는 지식으로 나아가는 것이 목적입니다.

하이델베르크 신앙교육서는 단순히 지식만 전하는 문서가 아닙니다. 실제로 그 지식을 삶으로 살아내는 그리스도인을 길러내는 것이 목표입니다. 프리드리히 3세는 하나님의 말씀을 "모든 덕과 순종의 유일한 기초로" 삼았습니다. 그래서 그는 교리를 아는 데서 멈추지 말고, "정직과 다른 모든 선한 덕"이 삶 속에서 나타내라고 강조했습니다. 하이델베르크 신앙교육서 서문에 "신앙은 교리를 가르치는 데서 멈추지 않고, 더 나아가서 행하고 살아내는 것"(thun und leben)이어야 한다고 작성하여 재차 강조합니다.

서문대로 하이델베르크 신앙교육서는 참된 진리를 따라 바르게 사는 그리스도인의 양육을 목적으로 합니다. 교리의 가르침이 실제로 학생의 삶에 드러나게 하기 위해서는, 가르치는 자가 먼저 교리의 가르침에 따라서 살아내야 합니다. 참된 교리교육은 말로만 전달하는 것이 아니라 삶의 본을 통해서 하나님의 자녀답게 살아가도록 이끄는 것이어야 하기 때문입니다. 하이델베르크 신앙교육서는 지식을 넘어 참된 진리 가운데 바르게 살아가는 그리스도인을 양육하기 위한 도구입니다. 그것은 단순한 신학의 요약이 아니라 삶의 개혁과 믿음의 실천으로 나아가는 길을 제시하는 신앙의 나침반이었습니다.

**하이델베르크 신앙교육서**

# 어떤 구조인가

하이델베르크 신앙교육서 2문은 1문에서 말하는 '유일한 위로'를 얻기 위해는 반드시 물어야 할 세 가지 질문으로 이루어져 있습니다. 이 질문은 하이델베르크 신앙교육서의 숲을 보게 하는 중요한 질문입니다. 1문은 하이델베르크 신앙교육서 전체 내용의 요약이자 전제라면, 2문은 그리스도인이 되는 문턱에서 반드시 던져야 할 질문을 제시합니다. 2문의 질문은 다음과 같습니다.

> 2문  이 위로[1문: 그리스도와의 연합] 가운데 복되게 살고 죽을 수 있다는 것을 알기 위해서 당신이 꼭 알아야 할 것은 몇 가지입니까?
>
> 답  세 가지입니다. 첫째로 나의 죄와 비참함이 얼마나 큰가. 둘째로 어떻게 내가 모든 죄와 비참함에서 구원을 받는가. 셋째로 어떻게 내가 그러한 구원을 주신 하나님께 감사를 드려야 하는가.

2문은 신앙의 여정에서 그리스도인의 삶과 믿음의 본질을 향한 깊은 자기 성찰을 이끌어주는 문입니다. 이를 위해 그리스도인은 세 질문을 자신에게 던지고, 그에 대한 답을 삶 속에서 찾아가야 합니다. 이 세 질문은 단지 신앙의 시작점에서만 필요한 것이 아니라, 그리스도인의 전 생애를 관통하는 핵심 질문입니다. 하이델베르크 신앙교육서는 이 세 질문에 대한 답을 전체 구조 속에서 세 단계로 풀어냅니다: 우선, 3문에서부터 11문까지는 "나의 죄와 비참함이 얼마나 큰지"를 다룹니다. 이 단계에서 인간의 죄된 현실과 구원이 필요한 이유를 분명하게 보여줍니다. 둘째, 12문에서 85문까지는 "죄와 비참함에서 어떻게 구원을 받을 수 있는가"란 질문에 대한 답입니다. 12-18문은 하나님과의 관계를 회복시킬 중보자는 어떤 조건을 갖추어야 하는지(12-18문), 어디에서 중보자를 찾아야 하는지(19문), 어떻게 중보자를 얻을 수 있는지를 묻습니다(21문). 이것이 디딤돌이 되어 믿음의 내용(23-58)과 구원의 유익을 다룹니다(59-85). 셋째, 86문부터 129문까지는 "믿음으로 구원받은 자가 어떻게 하나님께 감사하며 살아가야 하는가"를 다룹니다. 감사를 해야 하는 이유를 86-91문에서 다룹니다. 감사의 행위로서의 십계명(92-115)과 은혜의 수단으로서의 기도(116-129)를 다룹니다. 하이델베르크 신앙교육서 2문의 세 질문은 그리스도인으로 살아가는 삶의 여정에서 매일 되새겨야 할 질문입니다.

**죄인으로서의 실존적 자각**
하이델베르크 신앙교육서 2문을 관통하는 핵심 개념은 "죄와 비참함"입니다. 여기에서 '죄'는 인간이 하나님의 법(과녁)에서 벗어나는 것을 의미합니다. 하나님의 법이 참과 거짓의 객관적 기준이 되고,

이 기준을 벗어나는 모든 것이 죄입니다. 이에 반해 '비참함'은 본향에서 떨어진 자가 느끼는 실존적 감정입니다. 죄에 매여 살아가는 인간이 느끼는 원초적 상실감, 즉 고향을 잃어버린 나그네의 감정입니다. 우리는 본향을 떠나 이 땅에서 살아가는 존재입니다. 우리는 아담과 하와처럼 에덴동산에서 쫓겨났고, 이스라엘 백성처럼 바빌론 포로가 되어 하나님이 약속한 땅에서 떠나야 했던 사람들입니다. 이 땅은 비참함의 장소입니다. 우리는 이 땅을 떠나 다시 본향으로 돌아가야 합니다. 우리의 본향으로 되돌아가 그곳에서 함께 영원히 사는 것이 '복된 삶'이며 '영원한 행복'입니다.

그렇다면 우리는 어떻게 본향으로 되돌아갈 수 있을까요? 하이델베르크 신앙교육서는 이 질문에 대한 여정을 이렇게 시작합니다. 첫째, 우리는 자신의 죄와 비참함의 처지를 깨달아야 합니다. 이를 위해 우리는 죄와 비참함에 대한 지식이 있어야 합니다. 죄와 비참함을 아는 자만이 그 죄와 비참함에서 벗어나려는 열망을 갖기 때문입니다. 자신이 병에 걸렸다는 것을 알 때, 그 질병에서 벗어나려고 치료 약을 찾아 나서는 것과 같습니다.[15] 죄와 비참함에 대한 지식 없이 구원을 갈망할 수는 없습니다. 자신의 질병에 무지한 자는 의사의 진료를 받지 않는 것과 같습니다. 그래서 하이델베르크 신앙교육서는 인간의 실존적 상태, 즉 본향에서 추방되어 이 땅에서 나그네로 살아가는 자기 인식에서 출발합니다. 우리는 여기서는 순례자이고 나그네입니다. 본향을 향해 가려는 방법을 절실하고 절박한 심정으로 찾고 구해야 합니다.

---

15   우르시누스, 원광연 옮김, 『하이델베르크 요리문답 해설』 (고양: 크리스찬다이제스트, 2013), 67.

> 구하라 그리하면 너희에게 주실 것이요, 찾으라 그리하면 찾을 것이요, 문을 두드리라 그리하면 너희에게 열릴 것이니(마 7:6)

　　죄와 비참한 처지를 아는 지식이 위로의 원인은 아니라 할지라도, 위로의 동기가 됩니다. 죄와 비참함이 우리에게 두려움을 갖게 하지만, 그 두려움이 죄와 비참함에서 벗어나고자 갈구하게 하므로 오히려 유익이 되기 때문입니다.

　　둘째, 우리가 처한 죄와 비참함이 얼마나 큰지를 알아야 합니다. 이것을 알지 못하면, 죄와 비참함의 늪에서 꺼냄을 받았을 때 그 구원에 대한 '감사'을 가질 수 없기 때문입니다. 우리가 처한 죄와 비참함의 무게를 알 때, 우리가 받은 구원의 복이 얼마나 큰지 올바르게 판단할 수 있습니다. 셋째, 죄와 비참함을 알지 못하면 복음을 들어도 그 유익을 전혀 누릴 수 없기 때문입니다. 율법의 죄와 그 죄에 대한 하나님의 진노를 바로 알아야 하나님 은혜를 간구할 수 있습니다. 만약 그렇지 않으면, "육신적인 안일함이 뒤따르게 되면서 우리의 위로가 불안정하게 되고 말기 때문입니다."[16] 확실한 위로는 율법에 비추어 자기 의를 포기하고 자신의 실존을 바로 보는데서 시작됩니다. 그 길의 끝에는 반드시 회개와 새 생명이 있습니다.

　　하이델베르크 신앙교육서 2문의 첫 번째 질문은 죄의 기원을 되돌아보게 합니다. 하이델베르크 신앙교육서는 예수 그리스도가 가르친 율법 앞에 선 '나'의 존재를 직면하게 하여 '나'의 실존의 전적 부패와 무능력을 인정하게 합니다(3-5문). 이 실존적 인식은 다시 죄

---

16　우르시누스, 『하이델베르크 요리문답 해설』, 68.

의 시작점인 에덴동산으로 돌아가게 합니다. 그곳에서 하나님과의 관계를 끊어버린 인간의 역사를 통해서 죄의 기원을 설명합니다(6-11문). 그 죄와 비참함의 무게가 숨이 막히도록 우리를 짓누릅니다. 하나님의 진노와 심판에서 벗어나고자, 우리는 갈망과 절규로 발버둥칩니다.

### 중보자를 찾아서: 죄와 비참함에서 복음으로

하이델베르크 신앙교육서 13문은 우리가 죄와 비참함의 늪에 더욱 깊게 빠져있음을 가르칩니다(13문). 이 늪에서 스스로 벗어날 방법이 없습니다. 이 늪에서 건져내 줄 자가 필요합니다. 이제 우리는 이 늪에서 건져 줄 분, 곧 하나님과의 관계를 다시 회복시킬 중보자를 찾아 나섭니다(12-18문). 우리가 찾아야 할 중보자는 우선, 하나님의 의를 만족시켜야 합니다. 그리고 우리의 죄를 대신 짊어질 수 있어야 합니다. 어떤 피조물도 그 조건을 충족할 수 없습니다. 하이델베르크 신앙교육서는 이 중보자가 어떤 조건을 충족해야 하는지를 차근차근 설명하면서, 논리적인 흐름을 따라 자연스럽게 예수 그리스도에게 시선을 돌리게 합니다.

이제 "어디에서 중보자 예수 그리스도를 찾아야 하는가"란 질문을 던져야 합니다. 이 질문은 3문에서 우리의 죄를 어디에서 찾아야 하는지에 대한 질문과 대비되는 구조를 이룹니다.

3문 당신의 비참함을 어디에서 압니까?
답 하나님의 율법에서 압니다.

19문 어디에서 당신은 이것[중보자 예수 그리스도]을 압니까?

답  거룩한 복음에서 압니다. 이 복음을 하나님께서 친히 처음에 낙원에서 계시하셨고, 그 이후에 거룩한 족장들과 선지자들을 통해서 선포하도록 하셨습니다. 그리고 율법의 희생 제사들과 다른 의식들을 통해서 예표하셨습니다. 마지막에는 자신의 사랑하는 아들을 통해서 완성하셨습니다.

율법은 죄와 비참함을 자각하게 하는 거울이라면, 복음은 그 죄와 비참함에서 벗어나게 할 중보자를 보여주는 창입니다. 하이델베르크 신앙교육서는 3문과 19문을 통해서 율법과 복음, 행위언약과 은혜언약의 구속사적 대비를 명확하게 보여줍니다.[17] 하나님께서는 아담이 타락한 그 자리에서 친히 복음을 계시하셨습니다(창 3:15). 이것이 은혜언약의 시작입니다. 하나님께서는 이후 이스라엘 역사에서 족장과 선지자를 통해서 계속해서 선포하게 하셨습니다. 이뿐 아닙니다. 하나님께서는 제사장을 통해서 중보자의 그림자를 미리 보여주셨습니다. 마침내 하나님께서는 자신의 아들 예수 그리스도를 통해서 이 언약을 완성하셨습니다.

이 하나님의 언약은 성경에 기록되어 있습니다. 성경은 예수 그리스도의 구원 이야기(복음)를 담은 유일한 책입니다(19문).[18] 예수 그리스도의 십자가는 죄와 비참함에 빠진 우리를 위한 실제적이며 객관적(역사적) 사건입니다. 그리고 이 사건은 성령의 사역을 통해서, 각 사람의 삶 속에 실제로 적용됩니다. 우리는 예수 그리스도의 십

---

17  이남규, 『우르시누스 올레비아누스-하이델베르크 요리문답서의 두 거장』, 184.
18  하이델베르크 신앙교육서는 성경의 권위와 특성을 다루지 않으나, 19문에서 복음의 역사를 다룸으로써 성경이 구원의 이야기를 담은 유일한 책이라는 사실을 가르치고 있습니다. 성경의 신적 권위에 대한 논쟁은 합리주의 태동과 함께 시작된 교회의 대답이었음을 기억해야 합니다.

자가 앞에서 죄를 내려놓고, 그 십자가의 그늘 아래에서 그리스도의 보혈과 인간의 죄가 교환되는 놀라운 일을 경험합니다. 루터는 이를 "즐거운 교환"(fröhliche Wechsel)이라고 불렀습니다. 이 경험이 구원의 실제 경험이며 구원에 대한 확신의 증거입니다. 왜냐하면 성령께서 주는 지혜와 확신(믿음)으로 예수 그리스도의 구속 사건이 '나의 사건'임을 고백하게 하기 때문입니다(21문). 예수 그리스도의 십자가는 죄의 부정에서 출발하여 하나님께서 의롭다고 인정(칭의)하는 긍정의 길을 열어줍니다. 이 믿음의 길을 걸어가는 자에게 사도신경(23~64문)과 은혜의 수단으로서의 성례를(65-85문)을 가르칩니다.

### 감사의 길, 선행

하나님은 그리스도 안에서 우리를 구원하십니다. 이 구원은 하나님의 은혜이자 선물입니다. 하나님의 은혜를 선물로 받은 자는 그에 합당한 보답을 해야 합니다. 하이델베르크의 종교개혁자 우르시누스는 예수 그리스도와 연합된 자가 반드시 감사해야 하는 이유를 네 가지로 설명합니다.[19] 첫째로 하나님께서는 감사하는 자들에게만 구원을 베풀어 주시기 때문입니다. 감사는 하나님의 은혜에 대한 표징이며, 하나님께 감사하는 자는 하나님이 베푼 구원을 경험한 사람입니다. 그러므로 우리는 감사의 표시로 하나님께 예배를 드려야 합니다. 우르시누스는 감사를 "구원의 주된 목적이요, 의도"라고까지 표현했습니다. 둘째로 하나님께서는 자신이 베푼 은혜에 합당한 감사를 받기 원하시기 때문입니다. 하나님의 은혜에 합당한 감사는 그의 말씀 속에 기록되어 있으며, 하나님께서

---

19    우르시누스, 『하이델베르크 요리문답 해설』, 69.

는 그 방식을 통해서 감사받기를 원하십니다. 참된 감사는 자기 생각대로 드리는 것이 아니라 하나님의 말씀을 배워 하나님의 뜻에 합당하게 드려야 합니다. 셋째로 하나님과 이웃을 위하여 어떤 의무를 행하든 간에, 그것은 "하나님의 은혜에 대한 감사의 선포"임을 잊지 않게 하기 위함입니다. 그리스도인의 선한 행위는 구원의 원인이 아닌 결과임을 잊어서는 안 됩니다. 선한 행위는 감사의 동기에서 비롯되어야 합니다. 넷째로 감사의 행위는 믿음의 결과이자, 믿음을 더욱 확고하게 만드는 동력이기 때문입니다. 우리는 감사의 삶을 살 때 믿음에 대한 확신을 얻게 되며, 이는 다시 삶에서 위로와 기쁨으로 나타납니다. 감사의 행위는 믿음의 결과라서 감사의 행위를 통해서 믿음에 대한 확신(원인)에 도달하게 됩니다.

하이델베르크 신앙교육서는 감사의 행위를 그리스도의 형상을 닮아가게 하는 과정(86문)으로 설명합니다. 우리는 중보자 예수 그리스도를 믿음으로 하나님의 자녀라는 새로운 신분을 얻었습니다. 그래서 하나님의 자녀답게 살아야 합니다. 우리는 하나님께 감사와 찬양으로 온전한 예배를 드려야 합니다. 우리는 하나님의 영광을 위해 선한 행위를 해야 합니다. 이때, 하나님의 율법[십계명]은 선한 행위의 기준 내지는 척도입니다(91문). 참된 믿음은 우리가 선한 행위를 하게 하는 동기를 부여합니다(91문). 우리는 선한 행위를 통해서 다른 사람에게 본이 되며, 그들을 그리스도께 인도하는 통로가 됩니다(86문). 오늘을 살아가는 우리도 십계명을 지켜야 합니다. 십계명은 구약시대 모세를 통해 이스라엘 민족에게만 주어진 법이 아니라, 예수 그리스도 안에서 새사람이 된 그리스도인에게도 적용되는 삶의 기준입니다. 이를 율법의 제3용법이라고 부릅니다. 우리는 최고 해석자이신 예수 그리스도의 가르침을 따라 십계명의 의미를 새롭게 배우고, 그 기준에 따라 살아가야 합니다(92-114문).

하지만 아무리 감사의 행위를 하려고 해도 우리는 여전히 죄와 비참함에 매여있는 존재라는 걸 깨달을 뿐입니다. 그래서 우리는 더욱더 예수 그리스도를 붙잡고 살아가야 합니다(115문). 하나님은 이 길을 올바르게 걸어갈 수 있도록 은혜의 수단으로 기도를 주셨습니다. 기도는 그리스도인이 누리는 가장 큰 위로이자 특권입니다(116-129).

하이델베르크 신앙교육서 2문은 우선, 우리로 하여금 자신의 죄와 비참함에 직면하게 하고, 그 늪에서 우리를 건져낼 예수 그리스도를 바라보게 합니다. 예수 그리스도의 보혈로 구원의 자리에 옮겨진 우리는 이제 세상을 향해 당당하게 나아갑니다. 그 당당함이 나 자신에게서 비롯된 것이 아니라 하나님으로부터 주어진 정체성에서 시작됩니다. 이 여정은 하나님께서 그리스도 안에서 우리를 선택하신 작정에 기초합니다. 그 작정은 창조부터 종말까지 아우르며, 그 안에서 우리는 참된 자유와 확신을 누립니다. 그리스도인은 세상의 파고에 휩쓸리지 않고 당당하게 맞서며, 죄와 비참함 상태에서도 하나님의 온전한 뜻을 이루어 갑니다. 바로 여기에 그리스도인의 진짜 힘이 있습니다. 이것이 참된 그리스도인의 자아 정체성입니다.

**하이델베르크 신앙교육서**

## 어떻게 교회에 적용되었는가

팔츠 교회는 하이델베르크 신앙교육서를 교회법에 첨부하여 실제로 교회에서 활용하였습니다. 신앙교육서가 가르침과 삶을 결코 분리하지 않기 때문입니다. 선제후 프리드리히 3세는 예배가 하나님의 말씀에 따른 바른 지식에 근거하여 이루어지길 원했습니다. 그는 통치자로서 하나님께서 자기에게 주신 사명이 백성의 평안만이 아닌 "전능하신 하나님과 그의 구원하는 말씀에 대한 바른 지식과 경외를 가르치고 거기로 인도하는 것"이라고 분명하게 표명했습니다. 이에 따라 팔츠 교회는 교리교육을 통해서 하나님의 지식을 가르치고, 하나님께 합당한 예배를 드리는 그리스도인을 길러내고자 했습니다.

　이러한 목적 아래, 하이델베르크 신앙교육서를 매 주일 공예배 설교 전에 회중 앞에서 낭독하게 했습니다. 당시에는 문맹률이 높았기 때문에, 신앙교육서를 직접 읽을 수 없는 성도를 위한 배려였습니다. 교회는 하이델베르크 신앙교육서 전체를 요약하여 9주에 걸쳐 낭독하게 하였습니다. 이렇게 하면, 일 년에 적어도 다섯 번을 들을 수 있었다고 합니다.[20] 당시 도시에서는 주일에 오전, 정오, 오후에 한 번씩, 총 세 번 예배를 드렸기에, 두 번째 예배 설교 전에 신앙교육서를 낭독했습니다. 시골에서는 오전, 오후 두 번 예배를 드려서, 오후 예배 순서 중 십계명 낭독 대신, 신앙교육서를 '요약'(십계명 포함)하여 낭독했다고 합니다.

그런데 재미있는 것은 하이델베르크 신앙교육서를 배워야 하는 목적과 당위성을 설명할 때, 팔츠 교회는 바로 2문에서 제기한 세 질문을 토대로 가르쳤습니다.

> 그리스도인은 세 가지를 알 필요가 있습니다. 첫째, 우리의 죄와 비참함이 얼마나 큰지, 둘째, 우리가 거기서 어떻게 구원받는지, 셋째, 우리가 구원받은 후 하나님께서 우리에게 요구하는 감사는 어떤 것인지. 1. 우리의 죄와 비참함을 우리는 하나님의 율법에서 아는데, 거기에 하나님과 우리 이웃에 대한 완전한 사랑이 요구되었습니다…. 2. 어떻게 모든 우리의 죗값을 완전히 치르고 세상 시작부터 택함 받은 우리가 모두 우리의 비참함으로부터 구원받았는지 하나님께서 거룩한 복음 안에서 우리에게 가르쳐주셨습니다…. 3. 우리가 구원받은 후 하나님께서 우리에게 요구하시는 감사를 우리는 역시 하나님의 율법에서 배웁니다.[21]

---

20  9번에 걸친 낭독 범위를 다음과 같다. 첫 번째: 1-11문, 두 번째: 12-28문, 세 번째: 29-45문, 네 번째 46-58문, 다섯 번째: 59-74문, 여섯 번째: 75-85문, 일곱 번째: 86-103문, 여덟 번째: 104-115문, 아홉 번째: 116-129문. KO 14, 342.
21  KO 14, 378-80.

이 내용은 신앙교육서 2문에 담긴 질문과 대답입니다. 이것은 신앙교육서의 전체 내용을 요약하고 체계화하는 도구로 사용되었습니다. 그리고, 성도가 신앙교육서의 숲을 보는 눈을 가지도록, 매일 자신의 삶을 되돌아보아 하루를 허락하신 하나님께 감사하는 태도를 가지도록 하였습니다.

팔츠 교회법은 하이델베르크 신앙교육서를 실제로 교회 예배 예식의 정식 요소로 수용했습니다. 예배 순서는 설교-세례-교리문답서-성만찬의 순서로 구성되었습니다. 교회법에서는 먼저, 설교를 첫 번째 자리에 둡니다. 설교는 복음을 선포하는 자리입니다. 이 복음은 신앙교육서 2문이 던진 질문에 대한 답입니다. 그러니까 성경이 가르치는 바는 2문이 던진 세 가지 질문, 즉 자신의 죄와 비참함이 얼마나 큰지, 어떻게 죄와 비참함에서 구원을 받을지, 죄와 비참함에서 구원을 받은 자가 어떻게 감사를 드려야 하는지에 대한 답변입니다. 그래서 성경을 해석할 때, 하이델베르크 신앙교육서 2문의 내용을 찾으라고 팔츠의 목회자에게 권면했던 것이지요. 팔츠 교회에서 행해지는 모든 설교는 하이델베르크 신앙교육서의 내용, 즉 2문의 내용을 담고 있다고 해도 무방합니다.

둘째, 하나님 말씀의 선포 후에 세례를 둡니다. 설교를 맡은 자가 세례를 집례한다는 것은, 설교와 세례는 하나의 직분, 하나의 명령으로 연결되어 있다는 것을 보여줍니다. 설교는 하나님의 말씀을 전달하는 일로, 신앙 교육이라고 할 수 있습니다. 세례는 신앙 교육의 시작점이며, 분리될 수 없습니다. 종교개혁 당시 태어난 아이는 모두 유아세례를 받았습니다. 세례를 받은 아이는 "그리스도의 것으로 하나님의 복음을 받으며 양육되고 주 예수 그리스도 안에서 성장하고 자라나야" 했습니다.[22] 이를 위해 부모와 가족, 친척, 그리고 공동체의 모든 지체는 "하늘에 계신 하나님께서 계시하신 신구약에 심겨 둔 기독교 신앙의 조항과 교리를 따라 바른 지식을 갖고 하나님을 경외하고" 주 예수 그리스도를 따르는 신앙인으로 자라도록 노력해야 했습니다.[23]

셋째, 유아 세례받은 자는 하이델베르크 신앙교육서를 체계적으로 배우고, 성찬에 참여하게 됩니다.[24] 이것은 자연스러운 신앙의 여정이었습니다. 성찬에서 그리스도의 몸을 먹고 피를 마시는 것은 "그리스도 안에 거하고 동시에 우리 안에도 거하는 성령으로 말미암아 우리가 점점 더 그분의 축사된 몸과 하나가 되는 것"입니다. 이를 통해서 하늘에 계신 그리스도와 이 땅의 우리 사이는 무한의 거리가 있지만, "우리는 그분의 살 중의 살이요 그분의 뼈 중의 뼈가 되는 것"입니다. "마치 우리 몸의 지체가 하나의 영혼에 의해 살고 다스림을 받는 것처럼, 우리가 한 분 성령에 의해 영원히 살고 다스려짐"(76문)을 경험하는 시간입니다. 그러므로 성찬은 신앙고백과 함께 영적 연합을 전제로 하는 거룩한 참여입니다.

그래서 성찬에 참여하기 전, 교회는 교리문답에 있는 십계명과 주기도문을 암송할 수 있는지를 체크하여 신앙의 진실함을 점검하였습니다.

> 문: 하나님의 말씀이 다음 세 가지 부분을 우리에게 깨닫게 합니다. 첫째 우리의 죄, 둘째 우리의 구원, 셋째 감사입니다. 우리

---

22  *KO* 14, 341.
23  *KO* 14, 341.
24  당시 유아세례를 받기 때문에 세례 이후에 교리문답 교육이 이루어진 후에 성찬을 받는 것은 자연스러운 순서라 할 수 있습니다.

는 하나님께 대한 죄책이 있습니다…. 우리가 이것들을 전혀 지키지 못했으며 우리의 죄와 비참함이 결국 또 영원한 멸망이 거울처럼 분명히 우리에게 있습니다. 그러므로 여러분에게 먼저 묻노니, 저와 여러분이 하나님의 앞에서 그것을 고백하고 여러분 스스로 그것을 불쾌해하며 예수 그리스도의 의와 은혜에 목마르십니까?

답: 네[25]

하이델베르크 신앙교육서 2문의 첫 번째 질문은 우리로 하여금 죄와 비참함이 얼마나 큰지를 깨닫게 합니다. 이 질문은 죄에 대한 자각과 하나님과 단절된 인간의 처지를 정직하게 마주하게 합니다. 그리고 두 번째 질문은 상당히 길고 구체적입니다. 왜 예수 그리스도께서 십자가 사역을 감당하셔야 했는지, 그리고 그로 인해 우리가 얻게 되는 유익이 무엇인지를 정리합니다.

하나님은 공의로우시기에, 죄를 범한 인간을 아무 일 없었던 것처럼 용서하실 수는 없습니다. 죄는 반드시 심판받아야 하며, 어떠한 피조물도 인간의 죄를 대신하여 벌 받을 수 없습니다. 그래서 하나님께서는 자신의 아들 예수 그리스도를 이 땅에 보내셨고, 그가 십자가에서 몸과 영혼의 고난을 받으심으로써 우리 대신 죗값을 완전히 치르셨습니다. 예수 그리스도의 십자가는 바로 하나님

---

25  Die well uns das wort Gottes dies drey stücj fürhelt, erstlich unsere sünden, zum, andern unsere erlösung, zum dritten die danckbarkeyt, so wir Gott dargegen schuldig seind … nachdem wir deren stück nie kiens gehalten, wirdt uns unsere sünden und elend, endlich auch die ewige verdammnuß als in einem spiegel fürgestellt. Derhalben frag ich euch fürs erst, ob wir mit mir solches für dem angesicht Gottes bekennet und derwegen euch selbst mißfallt und dürstet euch nach der gerechtigkeyt und gnaden Jesu Christi? Antwort, Ja, *KO* 14, 382.

의 공의와 자비가 만나는 자리입니다. 두 번째 질문은 복음의 핵심을 요약한 뒤, 우리가 이 구원의 유익을 참되게 믿고 누리고 있는지를 묻습니다. 세 번째 질문은 그리스도인이 이 구원에 대해 어떻게 살아가야 하는지를 점검합니다. 예수 그리스도께 평생 감사하며, 모든 죄를 미워하고 새로운 삶을 향해 나아가겠다는 결단이 있는지를 묻습니다. 이 세 가지 질문과 대답은 주일 성만찬 참여를 준비하며 토요일에 이루어지는 중요한 신앙 점검 과정입니다. 이것은 교회를 세우는 데 있어서 중요한 사역이며 목회자에게 주어진 사역 가운데 하나입니다.[26]

우리는 성찬에 나아갈 때마다 스스로를 점검해야 합니다. 이 점검의 기준이 바로 하이델베르크 신앙교육서 2문입니다. 첫째, 성찬에 나아가는 자는 스스로 죄가 있는지를 점검해야 합니다. "자신의 죄 때문에 자신을 불쾌하게 여겨야" 합니다. 하나님께서는 죄에 대해 진노하시며 죗값을 반드시 치르게 하십니다. 둘째, 각 사람은 하나님의 구원 약속을 믿는지 점검해야 합니다. 즉, "그리스도의 고난과 죽으심으로 말미암아 나의 죄를 용서하셨다는 것을 확신"하는지를 스스로 묻고 확인해야 합니다. 그리스도께서 십자가에서 성취한 의가 전가되어 새로운 피조물이 되었는지 스스로 물어야 합니다. 셋째, 이후로 남은 생애 동안 하나님께 감사하며 끊임없이 유혹하는 악의 세력에 대항하며 살겠다는 결심이 드는지 살펴야 합니다. 즉, 그리스도와 연합한 존재로서 이웃을 사랑하면서 살겠다는 다짐이 있는지 살펴보아야 합니다. 이 세 가지 점검은

---

26    Es soll auch der kichen diesner, da es die erbauung der kirchen erfordern und die zeit leiden würde, außerdem cateschismo oder summa des catechismi das volck inden fürnemsten puncten nach notturft underrichten, ···. *KO* 14, 383.

하이델베르크 신앙교육서 전체 내용의 요약이면서, 동시에 81문에 나온 '주의 만찬에 누가 참여할 수 있는지'에 대한 답의 확장이라 할 수 있습니다.

하이델베르크 신앙교육서 2문에 나타난 삼중구조는 하이델베르크 신앙교육서의 전체 내용의 요약입니다. 부쉬(Busch)는 이 삼중구조를 '하나님께서 스스로 인간에게 행하신 구원 행위'의 맥락에서 설명합니다.[27] 이것은 하나님의 형상대로 창조되었지만, 하나님과의 약속을 어기고 죄의 길에 들어선 우리를 향한 하나님의 자비와 공의가 주제입니다. 하나님은 예수 그리스도가 이 땅에서 십자가의 고난을 통해서 구원을 성취하게 하십니다.

이 사건은 역사 속에서 실제로 일어난 객관적 사건입니다. 하나님께서는 그리스도 안에서 성령을 보내셔서 예수 그리스도의 구원을 확신하도록 하십니다. 이 확신의 경험이 내 안에서 일어나는 주관적 사건입니다. 그러므로 하이델베르크 신앙교육서는 "인간에 대한, 그리고 인간을 위한 그리고 그와 더불어 하시는" 하나님의 구원 사역을 보여줍니다. 하나님의 구원 사역에서 꼭 알아야 하는 것이 바로 2문입니다. 우리는 첫째, 나의 죄와 비참함이 얼마나 큰지 알아야 합니다. 둘째, 어떻게 구원을 받게 되는지 알아야 합니다. 셋째, 나의 구원에 어떻게 감사해야 하는지를 알아야 합니다. 이 간략한 구조의 내용이 삶과 죽음의 모든 순간에서 우리가 붙잡아야 할 유일한 위로입니다.

---

27  Busch, Der Freiheit zugetan.

# 크리스천르네상스 도서 목록

## 신학과 삶을 위한

**수난당하시는 그리스도**
클라스 스킬더 설교집 1
클라스 스킬더(지은이)
손성은 (옮긴이)
647쪽
34,000원

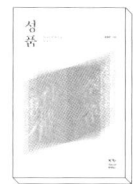

**성품**
하나님의 형상을 찾아서
임경근(지은이)
296쪽
21,000원

**스물한 가지, 기독교강요**
21가지 주제로 읽는 해설집
박동근(지은이)
732쪽
38,000원

**믿배따닮**
예수를 믿고 배우고 따르고 닮다
서창원(지은이)
440쪽
23,000원

**칼빈의 예정론과 섭리론**
그의 중간개념(medium quiddam)을 중심으로
김재용(지은이)
300쪽
20,000원

**성경과 환경문제**
이신열(지은이)
336쪽
24,000원

**한 권으로 읽는 튜레틴 신학**
이신열, 권경철, 김은수, 김현관, 문병호, 유정모, 이은선(지은이)
344쪽
25,000원

**신학은 삶이다(개정판)**
서창원(지은이)
272쪽
16,000원

## 말씀 이해를 돕는 <XR 성경강해>

**민수기 - 시리즈 1**
이광호 (지은이)
424쪽
24,000원

**에스겔 - 시리즈 2**
이광호 (지은이)
556쪽
26,000원

**시편 강해 1**
그 아들에게 입맞추라
신 혁 (지은이)
264쪽
19,000원

**목회서신**
디모데전서 / 디모데후서 / 디도서
송영찬 (지은이)
496쪽
27,000원

## 예배를 돕는 <시편찬송가>

**시편찬송가**
크리스천르네상스 (지은이)
448쪽
25,000원

## 고백과 신앙을 위한

**웨스트민스터 신앙고백, 삶을 읽다(상,하)**
웨스트민스터신앙고백 해설서
정요석 (지은이)
540쪽, 548쪽
각 27,000원

### 선교사들의 이야기 <안경말 시리즈>

**언더우드와 함께 걷는
정동 - 시리즈 1**
양신혜 (지은이)
388쪽
24,000원

### 그리스도인의 발자취

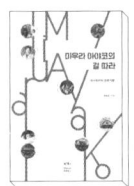

**미우라 아야코의 길 따라**
아사히카와 문학기행
권요섭(지은이)
168쪽
16,000원

**<워크북>
언더우드와 함께 걷는
정동 워크북**
양신혜 (지은이)
80쪽
8,000원

**기욤 파렐과 종교개혁**
16세기 스위스 로망드 지역
종교개혁사
권현익(지은이)
806쪽
50,000원

**아담스와 함께 걷는
청라언덕 - 시리즈 2**
양신혜 (지은이)
352쪽
24,000원

교리학교 시리즈 1

참된 나를 찾아가는 하이델베르크 신앙교육서 1-21문

# 유일한 위로 Only comfort

2025년 9월 5일 초판 인쇄
2025년 9월 15일 초판 발행

**지은이** 양신혜
**펴낸이** 정영오

**펴낸곳** 크리스천르네상스
**출판등록** 2019-000004(2019. 1. 31)
**주소** 경기도 안산시 단원구 와동로 5길 301호(와동, 대명하이빌)
**표지디자인** 디자인집(02-521-1474)

ⓒ 양신혜 2025

※ 신저작권법에 의하여 한국 내에서 보호받는 저작물이므로
　무단 전재와 무단 복제를 금합니다.
※ 잘못된 책은 구입처에서 교환하여 드립니다.

ISBN 979-11-94012-09-2(03230)

값 20,000원